Yago de la Cierva

Scenari di crisi nella Chiesa

Esercizi per l'allenamento di vescovi e di comunicatori ecclesiali

TERZA EDIZIONE AMPLIATA

Pontificia Università della Santa Croce
Roma, 2024

Scenari di crisi nella Chiesa – 3ª edizione
Autore: Yago de la Cierva
ycierva@pusc.it
Agosto 2024

Per avere più informazione:
Facoltà di comunicazione istituzionale della Chiesa
Pontificia Università della Santa Croce
Piazza di sant'Apollinare, 49
00186 Roma
comunicazione@pusc.it

Indice

Presentazione

Il presente volume è stato pensato come complemento pratico alla teoria della comunicazione di crisi nelle istituzioni ecclesiali che ho sviluppato nel manuale *La Chiesa, casa di vetro*[1]. Raccoglie scenari di situazioni di conflitto o di crisi da utilizzare per la discussione di gruppo. Entrambi i libri sono le colonne del corso "Comunicazione preventiva e gestione di crisi" che tengo da piú di vent'anni nella facoltà di Comunicazione Sociale Istituzionale della Pontificia Università della Santa Croce. In comunicazione, non basta sapere la teoria: bisogna pure saper applicarla alla realtà delle situazioni.

Le storie riportate hanno un'importanza essenziale nell'impostazione pedagogica del corso. Il sistema che si è dimostrato più efficace per imparare a gestire una crisi è, infatti, il metodo dell'analisi del caso (*case study*, in inglese). Immedesimarsi in alcune situazioni aiuta a comprendere meglio le dinamiche reali di una crisi, come ad esempio la necessità di dover agire senza avere tutti gli elementi in mano, la rapidità in cui gli eventi evolvono, l'importanza che possono avere i fattori emozionali, e i grandi vantaggi di avere un piano di crisi per non dover improvvisare davanti alla minaccia di essere investiti da un treno in corsa.

Li ho preparati pensando ai miei studenti: sacerdoti, religiosi e laici che si preparano ad assumersi la responsabilità della comunicazione istituzionale di una diocesi o una famiglia della vita consacrata, di una conferenza episcopale, di un movimento apostolico o di altre realtà ecclesiali come ospedali, università, scuole, ONG.

Tuttavia, gli scenari che seguono possono essere utili anche in altri contesti formativi: corsi di aggiornamento per delegati diocesani e per direttori di comunicazione di ogni tipo di realtà ecclesiale, esercitazioni di squadre di crisi, materiale per lo

---

[1] *La Chiesa casa di vetro – Proposte ed esperienze di comunicazione durante le crisi e le controversie mediatiche*, Edusc, Roma 2014.

studio personale di chi occupa posizioni di responsabilità all'interno della Chiesa, come corsi di media training per vescovi e superiori.

A causa del modo in cui sono nati questi esercizi (una facoltà in cui gli studenti provengono dai cinque continenti), gli scenari corrispondono a diverse coordinate geografiche, politiche, religiose, culturali e giuridiche.

Questo approccio originale è, a mio avviso, utile anche per chi lavora solo in ambito italiano. Aiuta a differenziare ciò che è essenziale, da fare sempre, da ciò che depende delle circostanze e deve adattarsi al proprio contesto. Inoltre, sottolinea che tutto ciò che accade in un paese sperduto, potrebbe avere un impatto sulla Chiesa universale. Nel bene e nel male, la comunicazione di Chiesa è sempre un fenomeno globale.

La prima parte ricorda gli elementi basici per poter usare il libro: come aproffittare il metodo del caso, e quali sono i passi di ogni risposta istituzionale ad una crisi. Faccio qui un riassunto del capitolo VIII del manuale caso mai quel libro non sia a portata di mano.

La seconda parte del libro raduna cinque scenari di crisi di diverso tipo, complementati con le mie proposte di soluzione, per capire meglio un modo concreto di sviluppare le proprie proposte. Come opinioni personali sono discutibili, ma possono rendere un'idea di come preparare la proposta personale di soluzione.

Il terzo comprende cinquantacinque scenari di vario genere. Alcune sono crisi a tutto campo (attacchi illegali, abusi e comportamenti scorretti, rivelazione di vizi nascosti, polemiche mediatiche, incidenti con vittime, ecc.); In altri casi, lo scenario disegna una situazione difficile ma non necessariamente critica, dove gestire bene la comunicazione istituzionale pone rischi particolari.

Alla fine di ogni scenario ci sono varie domande, che troveranno risposta durante le discussioni generali, e che servono come falsariga per il lavoro personale di preparazione. In alcuni casi si sono aggiunte alcune considerazioni, per non dimenticare elementi che potrebbero essere utili.

Infine, il libro si chiude con un indice tematico, in modo che sia facile trovare e scegliere un argomento specifico o un particolare tipo di istituzione.

Avrei voluto che queste storie fossero frutto solo della mia immaginazione, ma sfortunatamente sono adattamenti di casi reali che sono stati semplificati, molte volte ammorbiditi per facilitare la discussione in classe e modificati per non ledere né la *privacy* né la carità. Molte volte, la realtà supera qualsiasi fantasia. Solo in due casi ho messo i veri nomi, visto che avevo pubblicato quei casi altrove.

Non mi stupirei se, ogni tanto, il lettore riconoscesse l'istituzione sotto mentite spoglie. È pure possibile che, anche senza sapere di quale istituzione si tratta, alcuni di questi casi riportino alla mente tristi e spiacevoli eventi simili che chi legge ha vissuto in prima persona: errori gravi di giudizio, tradimenti, corruzione, miserie. Nonostante ciò, li considero un elemento indispensabile per comprendere concretamente le linee guida proposte nel manuale.

In fondo queste storie vanno viste come un medico guarda una ferita purulenta: la sua attenzione è focalizzata su come curare il paziente, senza speculare su come sia arrivato a quel punto e molto meno – nel caso dei buoni medici – scandalizzarsi.

Inoltre, spero che, leggendo queste storie poco edificanti, il lettore si lasci un po' spaventare e pensi: "questo potrebbe succedere a me", e decida di mettere in atto le misure appropriate sia per evitare che accadano sia per essere colti preparati se non riescono ad evitarli.

Questo libro vuole essere solo uno strumento di lavoro per i professionisti della comunicazione ecclesiale. Ogni suggerimento per migliorarlo sarà benvenuto; l'indirizzo di posta elettronica dell'autore, riportato qui sotto, serve a facilitare eventuali segnalazioni.

Ringrazio specialmente i miei ex studenti – e ora colleghi – Donato Lacedonio e Antonio Chimenti, che hanno trasformato la prima stesura *itagnola* in un italiano più fluido e chiaro, e non solo: i loro suggerimenti sono stati decisivi per migliorare la forma e il contenuto: grazie davvero!

Dedico il libro a Mons. Alvaro del Portillo, beatificato nel 2014 a Madrid. Lui mi chiese se volessi dedicarmi alla comunicazione (la mia formazione universitaria fu in giurisprudenza); poi ebbe una pazienza infinita con le mie imprudenze e mancanze, e finalmente da lui ho imparato la prima regola della comunicazione ecclesiale: amare appassionatamente il Papa e la Chiesa universale, e lavorare per loro con la miglior qualità professionale di cui uno è capace.

Affido all'intercessione di don Álvaro che queste pagine siano un contributo valido alla comunicazione della e nella Chiesa.

Montevideo, 16 agosto 2024

ycierva@pusc.it

Il metodo del caso

Lo studio dei casi è un metodo efficace e pratico per imparare a prendere decisioni, è anche appassionante e divertente, e perfino usato nelle migliori scuole di *management*. Può però creare confusione se non applicato bene. Questa introduzione vuole offrire chiarimenti su come utilizzare la metodologia dello studio dei casi e come trarre il meglio di essa.

In parole semplici questo metodo consiste nella discussione su situazioni di vita reale che dirigenti – in questo caso, i responsabili di istituzioni ecclesiali e i loro capi di comunicazione – hanno dovuto affrontare. Ogni caso descrive una situazione che richiede immedesimazione, analisi interna, decisioni su cosa fare e preparazione per presentare e difendere le proprie conclusioni in classe.

Il case study è solitamente completato da una o più note tecniche, che spiegano la teoria necessaria per prendere decisioni prudenti in un determinato caso. Ad esempio, se il conflitto riguarda un boicottaggio promosso da un gruppo di attivisti, è importante studiare prima quale sia il profilo tipico di un attivista, le condizioni perché un boicottaggio funzioni, ecc.

Per facilitarne l'accesso a questo materiale in un corso di gestione e comunicazione di crisi nella Chiesa ho inserito nel manuale del corso ciò che penso dovrebbe essere studiato prima di risolvere i casi. Pertanto, l'ordine appropriato sarebbe: prima studiare il capitolo corrispondente all'argomento di discussione (ad esempio, una turbolenza digitale), e poi affrontare il caso specifico.

I casi mettono a fuoco le proprie capacità analitiche perché, per difendere la propria posizione, bisogna fornire elementi quantitativi e qualitativi che accreditino le proprie ragioni. Un esercizio che mette alla prova la capacità di risolvere problemi e di pensare e ragionare in maniera rigorosa.

Diversamente a quanto succede in una lezione tradizionale, in cui lo studente arriva all'aula senza sapere del tema, sente con attenzione, prende note e poi torna a casa dove studia, qui l'ordine è inverso. Bisogna arrivare all'aula sapendo la teoria, e con una proposta di soluzione al problema di cui si discuterà. Lo scopo del metodo del caso non è insegnare teoria bensì imparare a metterla in pratica.

Arrivare preparato significa, ad esempio, che si la crisi riguarda un boicottaggio organizzato da un gruppo attivista, bisogna studiare le pagine del manuale che spiegano come agiscono questi gruppi e quelle best practices per rispondere ai loro attacchi. Inoltre, i partecipanti portano il bagaglio della propria conoscenza e soprattutto la ricchezza delle esperienze vissute, degli atteggiamenti personali, delle diversità culturali, dei diversi incarichi ricoperti in varie attività.

Spesso s'impara molto anche dai propri compagni. Per questo è fondamentale, imprescindibile direi, partecipare con le proprie idee e proposte, mettendo da parte qualsiasi timidezza. Chi interviene di più impara di più, chi invece rimane in silenzio non saprà mai se il suo modo di affrontare i problemi è saggio perdendo, così, una opportunità per diventare più acuto e rigoroso grazie alle discussioni del professore e degli altri partecipanti.

Il docente ha il compito di fare da filo-conduttore durante la discussione, stimolando il dialogo e il dibattito. In un certo senso si potrebbe dire che insegna ponendo domande: perché vorresti fare questo? Come reagirà ogni stakeholder? Quali sorprese potresti dover affrontare?

Quindi, alla fine della sessione, il professore può sviluppare gli apprendimenti del caso. Ma anche in questo caso è bene chiedere agli studenti quali insegnamenti utili traggono dall'episodio, applicabili al loro lavoro professionale presente e futuro.

Il vantaggio più prezioso del metodo del caso è, senza dubbio, imparare a individuare in fretta quale sia il problema e quali siano le domande giuste da porsi. Le risposte sono importanti, ma più ancora lo sono le domande; chi sa porsi le domande giuste, si trova già a buon punto. In questo senso, bisogna non lasciarsi fuorviare dalle domande riportate alla fine dei casi o dagli interventi del professore: sono i partecipanti che devono identificare i veri problemi e dare una risposta.

Qualche consiglio pratico su come prepararsi per risolvere i casi. Non c'è un modo unico! L'esperienza insegna che i casi devono leggersi almeno tre volte: una prima lettura veloce domandandosi *qual è il problema in gioco?* Una seconda più attenta, prendendo note, sottolineando gli elementi più importanti ed immedesimandosi nel problema: *cosa dovrei fare in queste circostanze?* Infine, una terza lettura per controllare che non siano stati tralasciati elementi importanti.

Dopo la triplice lettura segue la preparazione della propria analisi e di un piano di attuazione: un vero programma di azione da calendarizzare. Scrivere il programma di azione aiuta ad essere sintetici e sistematici. Per maggior chiarezza nella parte I si propongono alcuni esempi di risoluzione di casi.

Anche se il caso sarà discusso in sessione plenaria, non è una cattiva idea riunirsi in piccoli gruppi di quattro o sei persone per confrontarsi e mettere le proprie idee alla prova. Si può far benissimo in un ambiente informale, come un pranzo, una passeggiata o un incontro per un caffè, perché lo scopo di questa sessione di gruppo non è arrivare al consenso sulle decisioni da prendere, bensì alla definizione delle proprie idee e alla personale impostazione del caso.

Come risulta evidente, preparare un caso richiede tempo: di solito un paio di ore almeno. Si può fare in meno tempo e addirittura seguire un caso quasi senza averlo letto neppure una volta; ma facendo così si perde un'opportunità preziosa per acquisire un metodo e un perfezionamento che giustifica questi anni di studio e di sforzi.

L'ultima tappa è la discussione in classe. Il professore guida il dibattito con domande mirate a fare ragionare i partecipanti sulle conseguenze delle diverse risposte, sugli elementi prioritari e secondari, su come non allontanarsi dalle giuste domande. Più che le conoscenze teoriche sulla materia – che si considera già studiata e assimilata – interessa il processo decisionale. Non si cerca la *decisione perfetta*, che molte volte non esiste, ma un modo ragionevole e coerente di impostare la risposta.

Alle volte, la parte finale della sessione va dedicata a come andò a finire la storia. Lo scopo di fare così non è soddisfare la curiosità dei partecipanti, ma esaminare la risposta istituzionale e come gli stakeholder hanno reagito ad essa, e tirare fuori altre lezioni. Ma ci tengo a ribadire che non sempre ad una buona decisione seguono buoni risultati, né all'inversa. Alle volte ci sono circostanze sconosciute ai gestori, che comunque hanno dovuto prendere una decisione con informazione parziale. Ma questo è anche un altro insegnamento di valore, perché capita spesso nella vita reale. La virtù della prudenza, che è il vero cuore della gestione e comunicazione di crisi, non consiste in azzeccare le risposte più proficue bensì quelle più giuste.

Anche se durante le lezioni viene proposto un modo concreto di affrontare un problema, lo studente deve saper applicare quella soluzione al proprio contesto culturale, sociale ed ecclesiale. Una proposta valida negli Stati Uniti può essere completamente sbagliata nel Congo, così come un piano adeguato a una diocesi delle Filippine sarà, forse, inutile in Guatemala.

Non si impara a nuotare leggendo libri di nuoto, bensì tuffandosi in mare o in piscina, preferibilmente con un istruttore; allo stesso modo, non si impara a prendere decisioni se non facendolo. Il metodo del caso è il miglior surrogato delle esperienze dirette di governo e di comunicazione.

La risposta istituzionale alla crisi in sei passi

Il libro di testo spiega in dettaglio le tappe per rispondere in modo sistematico a una situazione critica[1]. Per facilitare il lavoro di risoluzione dei casi raccolti in questo libro, riassumiamo questi suggerimenti in forma telegrafica.

Convocazione della squadra

Il primo passo è convocare la squadra di crisi. Lo scopo di questa prima riunione è unificare le informazioni disponibili, assegnare le diverse responsabilità fra i componenti della squadra e decidere la posizione istituzionale.

Dovrebbe iniziare con l'intervento del capo principale dell'organizzazione, che sottolinea i valori che dovrebbero ispirare la risposta istituzionale. Queste linee guida aumentano la consapevolezza dell'identità, che i fatti siano valutati con gli stessi criteri, e promuovono l'unità operativa della squadra e dell'intera istituzione.

Poi, la raccolta sistematica di informazioni su ciò che è successo. Bisogna completare ciò che già si sa, e confermare ciò che è accaduto (non tutto ciò che è stato detto o scritto è vero: nelle crisi ci sono molte voci, informazioni esagerate, ecc.). È necessario sapere come, quando e perché; ciò che sappiamo per certo e ciò che non lo è; se è la prima volta o era già successo; e metterlo in una relazione cronologica.

La mappa dei pubblici della crisi è fatta di seguito. Bisogna identificare il pubblico interessato, cosa sa e cosa sente, quali danni ha subito, le sue paure e aspettative, e come percepisce il ruolo svolto dall'organizzazione e la sua responsabilità in ciò che è accaduto. L'efficacia della risposta

[1] Cfr. capitolo VIII di *La Chiesa, casa di vetro.*

dipende in larga misura dalla conoscenza delle parti interessate.

Una classificazione generica non è sufficiente: è necessaria una descrizione il più *possibile particolare*, perché le differenze tra loro avranno conseguenze sulla loro percezione della crisi e sul modo in cui comunicano con loro. Di solito è utile fare un ritratto di ogni gruppo: elencare e descrivere sinteticamente le caratteristiche di ognuno.

Pensare prima di agire

È fondamentale resistere alla tentazione di agire prima di avere le idee chiare. E` urgente pensare. Suggerisco di strutturare le riflessioni come segue:

1. *Ricordare chi sono io*. Il punto di partenza sono i principi fondamentali dell'identità istituzionale, fonte di ispirazione per la risoluzione del problema.

2. *Definire il problema*. Qual è l'essenza del conflitto con i pubblici prioritari, al di là delle apparenze? È bene riassumerlo in una sola riga. Le crisi hanno una narrativa nella quale i personaggi si dividono quasi sempre gli stessi ruoli: il cattivo, l'eroe, la vittima, il testimone, l'esperto, il garante, ecc. Definire il problema evidenzia anche qual è il mio ruolo nella scena pubblica.

3. *Individuare di chi è il problema*. Ci sono problemi che possono verificarsi all'interno della sede istituzionale e tuttavia essere problemi di altri: dell'autorità sanitaria (un'epidemia), della polizia (una rapina), del governo (un attacco terroristico); oppure, possono esserci problemi di cui condivido la responsabilità. L'individuazione del problema mi aiuterà a sapere se sono io a dover prendere l'iniziativa, oppure se devo comunicare immediatamente l'accaduto a qualcuno e rendermi disponibile.

4. *Pensare a come può evolvere la situazione*. È essenziale non concentrare l'attenzione soltanto sul breve termine; bisogna immaginare come potrebbe evolvere la situazione nei giorni e nelle settimane successive. Non va mai scartata l'ipotesi che emergano altri danni, che alcune delle misure adottate si

dimostrino inefficaci, che ci siano reazioni inaspettate da parte dei pubblici, ecc.

5. Occorre, infine, *distribuire i compiti all'interno della squadra*, stabilendo chi è responsabile delle misure che verranno assunte. Questo non significa che da quel momento in poi ciascuno si dedicherà alle sue mansioni per conto proprio. Il vero lavoro di squadra inizia precisamente in quel momento, poiché l'impostazione della risposta istituzionale e l'identificazione dei pubblici colpiti dalla crisi sono frutto del lavoro congiunto.

Impostazione della risposta istituzionale

Sulla base delle riflessioni di cui sopra, si decide la posizione istituzionale sul problema: cosa significa per me e cosa dovrei fare al riguardo. Queste sono le decisioni di base che l'organizzazione prende per rispondere alla crisi:

Quale ruolo gioca l'organizzazione *nella sua risoluzione* (guardando al presente): se il problema è nostro, cosa faremo per risolverlo; se no, cosa faremo per portarlo all'attenzione di coloro che sono competenti, e metterci a loro disposizione.

Che ruolo abbiamo avuto in quello che è successo (guardando al passato). Devono essere assunte responsabilità che vengono dimostrate: l'organizzazione deve assumere tutto ciò che è stato provato e nulla che non è stato dimostrato. Non si tratta di categorie giuridiche, ma di categorie etiche.

A mio avviso, ci sono quattro possibili impostazioni:

1) Se c'è certezza della responsabilità dell'organizzazione, questa deve essere riconosciuta, si deve chiedere scusa e assumere la responsabilità del caso. Deve essere fatto subito, anche se legalmente non c'è ancora stata una sentenza (oppure quando essa sia impossibile, perché ad esempio la condotta ha prescritto).
2) Se c'è la certezza che si tratti di un'accusa falsa, c'è l 'obbligo morale di difendersi: cioè di chiarire la verità sui fatti ai miei stakeholder.
3) Se invece non si sa, non c'è certezza sui fatti e sulle loro cause, allora deve essere avviata un'indagine per chiarire cosa è successo ed esprimere la volontà di rispondere di tutto ciò che sia provato. Si tratta di

un'accettazione generica, perché finché non si accreditano responsabilità e danni, non c'è bisogno di discutere di eventuali sanzioni, risarcimenti economici specifici, ecc.

4) Infine, se la risposta appropriata fosse "è complicato" (ad esempio, perché sono accusato di qualcosa che non ho fatto, ma la gente ancora non sa che sì sono responsabile di qualcosa di simile), la risposta migliore è fare un esercizio di trasparenza: dire di cosa sono innocente e di cosa sono responsabile.

Ciò che dovrà essere riformato nell'istituzione (guardando al futuro) in modo che non possa accadere di nuovo. In questo momento iniziale della crisi, non ci resta che decidere (e poi comunicare, *in quest'ordine*) che quando sapremo con certezza cosa è successo, procederemo a riformare ciò che è necessario.

Contenuto della risposta istituzionale

La risposta deve contenere due elementi: la spiegazione di quanto è successo, che serve come interpretazione ufficiale dell'accaduto (così noi vediamo il problema); e le decisioni dell'istituzione al riguardo.

Questa prima risposta è sempre importante, perché stabilisce gli *standard* e l'orientamento che guiderà l'attività da quel momento in poi. Se la partecipazione dell'alta direzione istituzionale è sempre importante, in questo momento è indispensabile.

Riguardo le decisioni da prendere, Stocker consiglia di seguire la regola delle cinque R: ripudiare, risolvere, ricercare, riformarsi e restituire. A queste vorrei aggiungere una quinta R: rinnovarsi.

- *Ripudiare il male fatto*: si deve mostrare di essere dispiaciuti e addolorati per l'accaduto e per i danni causati. Il pubblico vuole sentire immediatamente che si ripudia ciò che è successo, non se si è colpevoli o responsabili dell'accaduto, ma che si è perlomeno dispiaciuti. Se poi è già chiaro che la responsabilità è dell'istituzione, occorre riconoscerlo.
- *Risolvere*: adottare provvedimenti immediati per interrompere gli effetti negativi sulle vittime e sugli *stakeholder*, e

bloccare l'effetto domino. Ad esempio, fermare la produzione di un prodotto sotto inchiesta e annunciare il ritiro di quelli venduti dal mercato, affidare a qualcuno la cura delle vittime, sospendere i presunti responsabili dalle loro funzioni, ecc.; ... e farlo senza ritardi. Ci vuole rapidità nell'affrontare i problemi.

- *Ricercare*: nella stragrande maggioranza delle crisi, non si sa bene cosa è successo. Quindi, l'istituzione deve iniziare un'investigazione per conoscere chi è intervenuto, chi sapeva, cosa si è fatto con i soldi, ecc. Quando il problema è gestito dalle autorità, la risposta logica è confermare che si collaborerà con l'inchiesta ufficiale; se invece lo gestiamo noi, si deve iniziare un'investigazione, interna o esterna.
- *Riformarsi*: studiare le cause di quanto è accaduto; cambiare quanto c'è da cambiare affinché l'episodio non si ripeta più; e una volta accertata la colpevolezza, punire i responsabili (per atti e omissioni) e fare giustizia. Ad esempio, nominare una commissione d'inchiesta per capire quanto è accaduto, affidare a una squadra lo studio della riforma che si dovrà introdurre, ecc.
- *Restituire*: se per colpa delle attività istituzionali si sono arrecati danni a individui o alla collettività (bonificare il fiume inquinato, ecc.) si deve riparare il danno. Si tratta di mostrarsi disponibili a riparare il danno offrendo un compenso (di natura diversa dai risarcimenti in via giudiziaria) per il male causato, ma soprattutto prendendosi cura delle vittime (spese mediche e psicologiche, implementazione di programmi di inserimento sociale, ecc.). Inoltre, la restituzione include la punizione dei colpevoli: non si ricompone la giustizia senza la sanzione a chi ha sbagliato.
- *Rinnovarsi*: recuperare i principi e i valori istituzionali che hanno ispirato la nascita dell'istituzione e procedere a una specie di rifondazione che dia un nuovo slancio al personale e al resto degli *stakeholder*, intorno alla vera identità dell'organizzazione.

Evidentemente, ogni R va accompagnata da una C, poiché tali orientamenti di gestione devono essere accompagnati dalle imprescindibili iniziative di comunicazione. Ogni passo va comunicato agli *stakeholder* (o meglio ancora, sottoposto al loro consenso) nella maniera opportuna. Fare il bene e non farlo conoscere sarebbe una pesante zavorra al risanamento delle ferite.

Formalizzazione del messaggio

La risposta istituzionale si articola in tre documenti: il posizionamento, l'elenco di domande e risposte, e l'argomentario. I primi due elementi sono sempre presenti, il terzo è opzionale, a seconda dei casi.

Il *Posizionamento* è un testo breve che contiene i dati di fatto, i criteri di base e le interpretazioni che guideranno la risposta operativa dell'istituzione. Deve essere breve e sintetico: pochi messaggi, una stesura didascalica di *slogan* facilmente memorizzabili. Al tempo stesso, non deve dare niente per scontato: i messaggi devono essere comprensibili anche da coloro che non sanno nulla né dell'istituzione, né dell'accaduto.

Il *Documento di domande e risposte* (Q&A, *Questions and Answers*) è uno scritto che articola la posizione istituzionale su ogni dettaglio. Questo strumento di comunicazione aiuta in pratica a collegare le domande del pubblico al messaggio che si vuole trasmettere. I quesiti devono formularsi pensando alle domande che vorrebbero porre le persone interessate al problema. Essendo a disposizione di tutti i portavoce dell'istituzione, questo documento è un ottimo strumento di unità nella risposta.

Tutta la squadra di crisi partecipa all'elaborazione del documento e, successivamente, domande e risposte verranno riformulate e unificate dal direttore di comunicazione, per poi essere approvate dal direttore della squadra di crisi.

Immedesimarsi nelle percezioni dei pubblici aiuterà a individuare le domande alle quali rispondere. È bene affrontare non solo le domande più semplici, ma anche quelle più difficili, seppur improbabili.

L'Argomentario racchiude, come il suo nome lascia intendere, argomenti, dati di fatto e di diritto riguardo i temi controversi per l'opinione pubblica nella quale l'organizzazione è coinvolta e che, in qualche modo, si trovano alla radice del problema. Questo strumento viene utilizzato soprattutto in situazioni di crisi cronica, oppure quando la complessità o la vastità delle questioni in discussione suggerisce di prevedere un supporto supplementare per il portavoce.

Il contenuto dell'argomentario deve essere il più obiettivo possibile; quindi, quando si tratta di cifre, documenti, ecc., risulta utile citare le fonti, meglio ancora se sono sicure.

Questi tre documenti sono testi a uso interno. Servono come traccia per tutti gli interventi dell'istituzione; non sono rivolti direttamente al pubblico, contrariamente ai comunicati stampa, alle dichiarazioni, ecc. I tre documenti vanno distribuiti a coloro che partecipano in qualche modo alla gestione della crisi, per garantire che la comunicazione della risposta istituzionale sia sempre coerente e aggiornata.

La scelta del portavoce

Componente di rilievo nella diffusione del messaggio è il portavoce, cioè la persona incaricata di trasmettere il messaggio dell'istitu-zione ai diversi pubblici. In linea di massima, la scelta di un portavoce dipende dal tipo di crisi, tecnica o umana; dalla sua rilevanza, grave o lieve; dal suo ambito, generale o locale; dalla sua durata, circoscritta o cronica; dal tipo di antagonista; e, infine, dalla situazione del conflitto, della crisi o della controversia.

La scelta giusta dipende dalla situazione concreta. Se si tratta di una crisi molto grave, nella quale bisogna mostrare la preoccupazione dell'organizzazione, è bene che a rappresentare l'istituzione sia il suo più alto dirigente: il vescovo, il superiore generale di una congregazione, il direttore dell'ospedale, il rettore del seminario, ecc.; in situazioni di difficoltà di normale entità, può svolgere questa funzione il portavoce abituale; e nel caso di crisi tecniche, un esperto del prodotto o del dipartimento coinvolto è più competente e perciò più credibile.

Quando si prevede che la situazione critica durerà a lungo, il compito potrebbe sdoppiarsi: un portavoce per le comunicazioni di primo livello (grandi novità o svolte significative) e un secondo portavoce per gli aggiornamenti e i *briefing* giornalieri o, comunque, periodici.

In ogni caso, il portavoce deve essere una persona che sia capace di articolare il messaggio dell'organizzazione, e suscitare credibilità e fiducia. È anche opportuno che sia capace di esprimere compassione, calore umano, pazienza, e che sappia ascoltare, percepire le preoccupazioni dei suoi interlocutori. Per tutto ciò si richiede un temperamento calmo, che non si perda d'animo di fronte a un pubblico adirato.

Poiché è fondamentale assicurare l'unità e l'attendibilità dei messaggi dell'organizzazione, deve esserci un unico portavoce. Qualora ciò non fosse possibile, si dovrà almeno prevedere un portavoce capo che guidi il lavoro degli altri e fornisca gli strumenti necessari per assicurare l'attendibilità del messaggio.

Scegliere i canali di comunicazione

Una situazione di crisi non è il momento adatto per aprire nuovi canali di comunicazione con i diversi pubblici, ma per utilizzare quelli già esistenti e, se necessario, potenziarli al massimo. Questo non significa che sia impossibile creare nuove vie di comunicazione, anzi, in molti casi può essere imprescindibile usare nuovi canali per far fronte all'incalzante domanda informativa. Tali strumenti dovrebbero però essere previsti con anticipo e preparati fin nei minimi particolari: saranno allora nuovi per il pubblico, ma non per l'istituzione.

Come regola generale, durante una crisi si devono usare gli stessi canali della comunicazione ordinaria con ciascuno degli *stakeholder*. Quello che è certamente opportuno fare è rafforzare questi servizi, assumendo nuove persone o contrattando ditte specializzate. Le crisi richiedono un investimento di soldi: così come si ricorre a un avvocato, un ingegnere o un informatico quando ci sono problemi tecnici; la stessa regola vale per la comunicazione.

In una crisi la comunicazione più efficace è quella diretta, interattiva e inequivocabile. Di conseguenza, gli strumenti più adatti in una situazione critica sono quelli che, per la loro struttura interattiva, consentono di comprendere immediatamente se il messaggio che viene dato è ritenuto valido dal pubblico oppure se è considerato insufficiente, inadeguato o addirittura negativo.

In questo senso, le reti sociali sono oggi il canale più adatto alla comunicazione durante le crisi, essendo personalizzate, istantanee, economiche, reperibili ovunque... a patto, però, che i pubblici prioritari coinvolti nella crisi le usino.

Riguardo la personalizzazione del canale, è importante ricordare che i canali personali sono più efficaci di quelli generali; quanto più importante sarà il pubblico, tanta più attenzione personalizzata dovrà ricevere.

La scelta del canale non è solo una questione tecnica in funzione dell'efficacia, ma è in se stessa una dichiarazione di principi, poiché ognuno usa i mezzi più in sintonia con la propria natura. Questi principi proclamano pubblicamente l'auto-percezione istituzionale, quello che si è e si vorrebbe essere. Il canale trasmette, inoltre, anche un messaggio sulle priorità dell'alta direzione.

Infine, ogni istituzione richiede un piano integrato per tutti i pubblici, disegnato come un abito su misura, che riesca a identificare le migliori potenzialità di ciascuno evitandone le zone d'ombra e i limiti specifici. In questo senso, è probabile che per comunicare con un pubblico concreto sia opportuno adoperare diversi canali: i giornalisti, ad esempio, si allertano con i *tweets*, il contenuto principale di una notizia si trasmette tramite conferenza stampa, e i testi si mettono poi a disposizione di tutti i giornalisti accreditati, anche di quelli che non hanno partecipato alla conferenza; la stessa informazione potrà essere inviata al personale tramite *Twitter* e l'intranet.

Assumere l'iniziativa

La valanga di avvenimenti, la mancanza di una informazione precisa e completa, l'urgenza e il senso di incertezza propri di qualsiasi crisi, fanno perdere il controllo della situazione. Ci vuole allora un risoluto colpo di timone: occorre assumere la gestione della crisi prendendo l'iniziativa.

Il primo modo di prendere l'iniziativa è diventare fonte informativa il prima possibile. La velocità di reazione è un fattore determinante per una comunicazione di crisi efficace. Ogni crisi provoca un vuoto d'informazione. Se l'istituzione riesce a riempirlo, il contenimento dei danni sarà considerevole, in quanto essa si guadagnerà la stima dei pubblici che per loro natura vogliono sapere, a cominciare dagli impiegati, dai giornalisti e dalle autorità pubbliche.

Bisogna offrire informazione senza aspettare che venga richiesta, perché l'offerta di informazione minimizza il danno d'immagine all'istituzione. La gente ritiene inevitabile che accadano incidenti, ma la tolleranza a questo fatto è determinata dalla reazione istituzionale, e il ritardo nell'informare viene considerato un atteggiamento negativo proprio di chi è colpevole o quantomeno incompetente.

Diventare fonte d'informazione migliora la relazione con i pubblici dell'organizzazione; in un ambiente caratterizzato da una grande concorrenza, la carenza d'informazione può essere interpretata come un segnale negativo, con conseguenze economiche derivabili dalla perdita di clienti, associati, benefattori, ecc.

Prendere l'iniziativa significa anche promuovere azioni che possano avere un'influenza nel corso della crisi piuttosto che limitarsi a fornire informazione sui fatti e sui loro possibili sviluppi. Bisogna agire con inventiva sulle cause della crisi, sui timori creati, sui danni provocati: essere attivi, promuovendo misure che mostrino la preoccupazione sociale dell'organizzazione.

Serve inventiva anche quando si ha nell'opinione pubblica un avversario intenzionato a danneggiare l'istituzione: in questi casi occorre prendere l'iniziativa senza permettere che sia lui a determinare l'agenda pubblica, i ritmi, gli argomenti da discutere. Va certamente evitata la trappola dello scontro personale ed è bene approfittare della polemica per reindirizzare l'attenzione sul contenuto.

In definitiva, per prendere l'iniziativa ci vuole anche fantasia, immaginazione. La preparazione è indispensabile, ma non deve bloccare la creatività nella ricerca di soluzioni: per riuscirci, non basta avere un piano. Bisogna anche saper improvvisare.

Occorre sottolineare l'efficacia della comunicazione simbolica, ossia dell'insieme delle tecniche di comunicazione basate su contenuti emozionali e drammatici più che sull'intelletto. È sempre opportuno pensare visivamente, specialmente in una situazione critica, perché le immagini e i simboli hanno più forza delle argomentazioni razionali.

La proattività si manifesta anche nella capacità di mantenere il controllo delle dimensioni della crisi affinché restino proporzionate alle circostanze. In certi casi, sarà necessario impedire che la reazione istituzionale minimizzi la gravità dell'accaduto, mantenendo la gestione della crisi a un livello locale; in altri, occorrerà riconoscere la gravità della crisi e assumerne la gestione al livello centrale.

Prendere l'iniziativa significa anche avere l'intelligenza e il coraggio di chiedere aiuto. Una grossa tentazione per i dirigenti – tra l'altro, dalle funeste conseguenze – è quella di cercare di risolvere da soli la crisi. Ordinariamente, le crisi trovano più facilmente soluzione quando le organizzazioni ricevono aiuto dall'esterno.

È opportuno guadagnarsi degli alleati, o meglio, coinvolgere gli alleati dell'istituzione già esistenti, poiché una crisi non è un buon momento per farsi dei nuovi amici, ma per essere aiutati dagli amici di sempre. In questa prospettiva, occorre far intervenire a supporto dell'istituzione le autorità locali, gli esperti del settore, le organizzazioni indipendenti (di consumatori, accademiche, professionali, *think-tanks* internazionali, ecc.) e i *leader* della comunità locale. Alle volte tali soggetti prenderanno essi stessi l'iniziativa, ma non è da escludere che, all'occorrenza, sia il caso di assumerla personalmente per chiedere questo appoggio. Il parere dei terzi non sarà forse positivo al cento per cento, ma risulterà sicuramente di grande aiuto all'istituzione.

Un aspetto sempre difficile da gestire durante una crisi è la tempistica, ossia il ritmo informativo, che deve essere adeguato: occorre saper stimare e gestire i tempi. Dare subito l'informazione implica normalmente farlo prima di aver riunito tutti i dati. La prima comunicazione non deve essere necessariamente esaustiva: basta l'informazione verificata di cui si dispone. È importante quando un portavoce istituzionale si mette in contatto con uno qualsiasi dei suoi pubblici prioritari, nonostante non disponga di un'informazione completa sull'accaduto; la mancanza di completezza è reputata un inconveniente minore rispetto alla percezione immediata della buona volontà di servire, di informare, di essere disponibile, e di risolvere il problema.

Potrà forse sembrare un po' riduttivo, ma gestire bene il tempo significa anche non far aspettare. Rispondere senza ritardi genera credibilità e fiducia, mentre la latitanza e la reticenza generano sfiducia e sospetto, favorendo persino reazioni di caccia alle streghe.

Gestire il tempo significa, inoltre, saper informare in modo costante. Non si può smettere di comunicare non appena il peggio è passato, si deve continuare a informare i pubblici colpiti: sulla prognosi dei feriti, su come procedono i lavori di ricostruzione di uno stabilimento distrutto, sui progressi nelle indagini, sulle cause del problema, sulla raccolta di fondi per le vittime, ecc. L'informazione continua – tramite strumenti come le *newsletter*, un apposito sito Internet, riunioni periodiche *ad hoc*, ecc. – si è dimostrata di grande efficacia per rinforzare il rapporto con il pubblico.

1. Parlare o non parlare, ecco il dilemma

Sono le 11 di sera di lunedì 24 novembre. Edward Lentin, amministratore della Caritas di Dublino, è al letto da due ore, ma non riesce a dormire. Da una settimana ha una preoccupazione che lo assilla e non lo lascia in pace: i conti dell'organizzazione.

Tutto ha avuto inizio lo scorso martedì 18. Roger Shovlin, il ragioniere della Caritas, venutolo a trovare di primo mattino completamente sconvolto, appeso il cappotto all'ingresso aveva sbottato dicendo: «Ed, ho scoperto che qualcuno ci ha fregato 100.000 dollari».

Edward, di carattere tranquillo e sereno, non si scompose; aveva già visto delle grosse grane! Di famiglia agiata e vita confortevole, cattolico *ma non fanaticamente praticante*, da giovane era stato consulente finanziario di diverse società *offshore* e aveva girato il mondo. Alla soglia dei trent'anni, aveva fatto un viaggio negli Emirati Arabi alla ricerca di opportunità per investimenti sicuri; un viaggio, che sconvolse la sua vita.

Un venerdì mattina, non sapendo cosa fare, decise di andare a Messa e, così, incontrò la comunità cattolica del luogo, vibrante e allegra nonostante le difficoltà di vivere in un ambiente a maggioranza musulmana, dove i cristiani sono cittadini di seconda classe.

Il contrasto della loro generosa fedeltà al Vangelo con la sua vita pigramente borghese gli fu talmente palese, che si convertì e decise di dedicare parte del suo tempo ai bisogni della Chiesa. «Non sono caduto dal cavallo a Damasco, ma un po` più a sud, a Dubai», diceva scherzando sulla sua conversione.

Tornato a Dublino, si era messo a disposizione del vescovo di allora, mons. Kishore Gregg, che lo aveva nominato amministratore della Caritas diocesana e incaricato dei progetti di sviluppo che finanziava la diocesi. Un compito gradito perché gli consentiva di stare in contatto con missionari come quelli a cui doveva la sua conversione e dare una mano nei bisogni delle loro piccole comunità. Edward – che dedicava un paio di pomeriggi e la mattina del sabato a questo incarico – si avvaleva di Roger per la contabilità, il controllo delle spese e i conti bancari, persona di sua fiducia in quanto sposato con sua cugina Mary.

Con mons. Gregg tutto era andato liscio, ma le cose erano cambiate notevolmente negli ultimi tre anni, quando il vescovo, andato in pensione, era stato sostituito da mons. William G. Rice. Mons. Rice aveva molte virtù: dottrina saldamente ortodossa, amante della liturgia, buon predicatore, vita irreprensibile...; ma aveva un problema: apparteneva a una delle famiglie nobili cattoliche più antiche del paese (di quelle che avevano nella casa signorile il *priesthole* (il nascondiglio dove si teneva nascosto il prete durante le persecuzioni di Cronwell). Mons. Rice era talmente fiero della sua famiglia (dove veniva chiamato William III, per distinguerlo da suo nonno William Sr. e da suo padre William Jr.) che a poco a poco aveva affidato diverse responsabilità diocesane ai suoi fratelli e cugini.

Sei mesi dopo la sua nomina, molte delle aziende fornitrici della diocesi erano di proprietà della famiglia Rice o almeno avevano qualche legame: la *Rice Wine Import* forniva il vino per le messe, l'agenzia di viaggio Rice gestiva i biglietti aerei e i pellegrinaggi diocesani a Roma, Gerusalemme e Compostela, i Supermercati Rice approvvigionavano il seminario, l'ospedale cattolico e le cinque scuole diocesane...

Questi cambiamenti avevano originato molte chiacchiere: alcuni scherzavano dicendo che non lavoravano più per la diocesi bensì per la *risaia*; altri facevano girare malignità riguardo prezzi più alti di quelli del mercato, prodotti scadenti, e via dicendo. Sebbene tutti lo sapevano, nessuno osava dirlo in pubblico. Edward non faceva eccezione anche perché il suo capo alla Caritas era Seamus Rice, avvocato di prestigio... e fratello minore del vescovo.

Le notizie che Roger gli aveva dato il martedì 18 novembre, però, andavano ben oltre quelle voci. Da aprile la Caritas stava finanziando la costruzione di un orfanotrofio cattolico a Fujairah, negli Emirati Arabi Uniti. Il Vicario apostolico della penisola dell'Arabia, mons. Francis Jamieson, aveva chiesto aiuto a mons. Rice che, a sua volta, aveva passato la richiesta al fratello Seamus, incoraggiando la Caritas ad assumere con benevolenza la richiesta e a provvedere i fondi necessari.

La proposta del vescovo fu presa in considerazione immediatamente. Una settimana dopo, la Caritas aveva approvato il progetto e, su indicazione di Seamus Rice, i lavori furono affidati all'azienda edilizia Hacton, una ditta locale che già seguiva i lavori di restauro della cattedrale, disponibile a lavorare anche all'estero.

Da allora, e come concordato, la Hacton preparava ogni mese un rapporto sulle opere realizzate a Fujairah; il comitato direttivo della Caritas verificava che tutto concordasse con il progetto e il preventivo e, a sua volta, faceva un bonifico bancario mensile di 20.000 dollari.

Roger, però, aveva appena scoperto alcune irregolarità nei conti della Hacton: preventivo e consuntivo erano uguali nei totali, però le voci di spesa erano completamente diversi.

Appena Edward seppe di queste differenze, chiese a Roger di preparare un rapporto su tutti i pagamenti fatti dalla Caritas alla Hacton; poi contattò direttamente la madre superiora del convento di Fujairah, madre Clemente, che conosceva da tempo e che rispose immediatamente, e scoprì che i lavori all'orfanotrofio erano fermi da cinque mesi e il ritardo era molto preoccupante perché i bambini stavano già arrivando da tutto il paese e non sapevano dove metterli.

Per avere un'ulteriore conferma, Edward chiese a madre Clemente di inviare delle foto che attestassero lo stato presente dei lavori a Fujairah. Poi chiese a Roger di eseguire una perizia riguardo la spesa reale dei lavori e quelli documentati dalle foto.

Roger si era rivolto a due amici che lavoravano nell'edilizia per chiedere una stima sui lavori che si vedevano nelle fotografie: i risultati furono scoraggianti. Il primo consulente aveva valutato i lavori in 25.000 dollari e l'altro in 22.000 dollari. Queste quantità erano in netto contrasto con i 125.000 dollari che aveva pagato la Caritas da aprile: quindi, 100.000 dollari erano spariti. Roger, dopo un controllo accurato, aveva scoperto che diversi biglietti aerei per il direttore esecutivo della Hacton, Angelo Wu, giustificati come «viaggi di supervisione dei lavori a Fujairah», in due occasioni erano stati usati per viaggi a Taiwan e in India. Roger, inoltre, aveva trovato sei gravi falsità nei rapporti mensili della Hacton sull'andamento dei lavori a Fujairah.

Edward, che si era riservato il compito di cercare con discrezione informazioni sulla Hacton, aveva scoperto qualcosa ancora più sorprendente: il progetto più importante della Hacton in quel momento era una villa in grande stile in campagna il cui proprietario era Seamus...

Edward non si era mai trovato in una situazione così difficile. Da una parte tutti gli indizi dimostravano che i fondi della Caritas venivano usati in maniera scorretta e lui, come amministratore, ne era responsabile sia davanti al vescovo e sia davanti al comitato nazionale della Caritas; dall'altra gran parte dei fondi della Caritas provenivano da persone che lui stesso era riuscito a convincere ad essere generosi e che teneva regolarmente informati sui progressi dei lavori; se l'avessero saputo, nulla avrebbe loro impedito di accusarlo di malversare i fondi della Caritas e citarlo in tribunale. Per non parlare, poi, della sua fama di consulente finanziario di aziende importanti...

Edward, però, temeva le conseguenze di una denuncia. Se fosse stato un caso normale di irregolarità contabile, avrebbe dovuto riportare i fatti al superiore immediato, ma in questo caso il direttore della Caritas sembrava coinvolto nei fatti criminosi. Poteva pure presentare il caso all'intero comitato della Caritas, ma sapeva che lì era in minoranza e che sarebbe stato silurato immediatamente. La terza possibilità era parlare direttamente con mons. Rice, ma non era sicuro delle "priorità" del vescovo; se il presule avesse preso le difese del fratello, lui sarebbe stato allontanato dalla carica.

Rimaneva ancora la possibilità di rivolgersi all'esterno della Chiesa. Andare dalla polizia e presentare una denuncia per presunta frode, ma era molto rischioso: se non fosse riuscito a provarlo, Seamus avrebbe potuto denunciarlo a sua volta per calunnia! La Caritas era anche sotto l'ombrello delle autorità pubbliche in quanto istituzione di utilità pubblica con benefici fiscali, e le norme di protezione delle denunce (*whistleblower*[1]) si erano dimostrate poco efficaci.

Anche l'idea di raccontare il tutto a un giornalista in via confidenziale era inutile: una simile notizia avrebbe causato uno scandalo notevole e la fine certa della Caritas diocesana: nessuno le avrebbe dato più soldi (e poi era più che probabile che venisse scoperto come fonte dell'informazione). In ogni caso, erano vie disgustose per Edward: gli sembrava di venire meno alla sua fedeltà nei confronti della Chiesa e dei suoi pastori.

Quindi, niente di strano se questo dilemma impediva a Edward di dormire; ma era determinato su una cosa: doveva prendere una decisione, perché a distanza di una settimana si sarebbe riunito il comitato della Caritas per approvare i conti dell'anno in corso e il preventivo di quello successivo, e doveva arrivarci preparato.

Domande

A chi potrebbe rivolgersi Edward per chiedere consiglio?

Quali consigli daresti a Edward?

Come cambierebbe la situazione e il piano da seguire se, a) i fatti fossero accaduti non in Irlanda bensì negli Stati Uniti; b) oppure in Italia; e c) se Edward non fosse laico bensì sacerdote della diocesi?

Proposta di soluzione[2]

Come spiega il manuale, il miglior modo di affrontare una situazione di questo tipo è farsi quattro domande: quale è il problema (e quindi come viene visto dai pubblici prioritari

---

[1] Whistleblowing è un termine inglese che descrive il comportamento di un impiegato che denuncia pubblicamente attività e comportamenti illeciti all'interno della sua istituzione. Molti paesi hanno approvato leggi che proteggono chi denuncia le irregolarità di istituzioni di ogni genere, per evitare eventuali rappresaglie contro di loro. Ma le denunce devono riunire certi requisiti, e non funzionano sempre.

[2] Queste considerazioni non sono LA soluzione al caso bensì UNO dei possibili modi di affrontare una situazione simile, allo scopo di mostrare come preparare in anticipo i casi, per la successiva discussione in classe.

dell'istituzione), chi sono io (e quindi qual è la mia identità e le mie priorità); quale sarebbe lo scenario peggiore e quanto tempo ho a disposizione.

Se le risposte a queste domande sono giuste, allora sicuramente il piano da mettere in pratica per risolvere la crisi sarà ben impostato.

A mio avviso, il problema è la possibile malversazione dei fondi di aiuto della Caritas per la costruzione di un orfanotrofio a Fujairah. Bisogna prestare attenzione ad alcune parole: *possibile*, perché ancora non provata; *malversazione*, ossia uso distorto di fondi ricevuti in beneficenza, e quindi una condotta criminosa; e *della Caritas*, e quindi di un organismo ecclesiale con personalità giuridica e propri organi di governo e di controllo.

Questo caso si deve affrontare dal punto di vista di Edward. Chi sono io? L'amministratore della Caritas di una diocesi irlandese. Sono un professionista delle finanze che, nel tempo libero, ho accettato un lavoro *pro bono* in un organismo della Chiesa, perché sono cattolico e mi sento portato a dedicare generosamente parte del mio tempo alla Chiesa e, in particolar modo, all'evangelizzazione[3].

La Caritas è un'istituzione di beneficenza e agisce come qualsiasi organizzazione di questo tipo. Suo scopo è farsi tramite tra le necessità della Chiesa e la generosità dei benefattori, in maggioranza cattolici. Il suo carattere ecclesiale non toglie niente alla serietà con cui deve gestire i progetti, amministrare i soldi, comunicare i risultati ai benefattori: anzi deve essere addirittura più rigorose degli altri. Ho accettato questo incarico, so farlo, e posso fare del bene tramite questa responsabilità. Sono ben consapevole che sono stato nominato dal vescovo per fare un lavoro professionale al servizio della Chiesa e sono al servizio della generosità delle persone; la Chiesa si attende da me un

---

[3] Tutto nella Chiesa deve essere collegato all'evangelizzazione, anche i compiti apparentemente indipendenti: sappiamo bene che non c'è niente di più missionario che la preghiera di una monaca contemplativa e sono anche apostolici compiti come la pulizia dei vasi sacri, l'organizzazione dei corsi di preparazione al matrimonio o le annotazioni dei movimenti economici della parrocchia.

comportamento professionale ed esemplare. Voglio fare il bene e farlo bene.

All'interno della Caritas ho un ruolo ben preciso: l'amministrazione di progetti; quindi, non sono un gestore unico, ma c'è un comitato che amministra l'organizzazione. Ho delle responsabilità, assieme ad altre persone, e ho anche un capo, il presidente della Caritas.

Se questa è la mia identità, le priorità sono facili da dedurre. In primo luogo, mi sento responsabile di fronte alla Chiesa dell'amministrazione di fondi. Il peggio che, quindi, potrebbe accadere è che la Chiesa venga lesa. Come? In questo caso dal fatto che i fondi vengano deviati dal loro scopo o che si venga a conoscere lo scandalo e che – nell'ipotesi più estrema – il vescovo si veda costretto a rinunciare dare le dimissioni.

Quindi, dovrei domandarmi: cosa si aspetterebbero da me la Chiesa, il comitato della Caritas, i benefattori e gli orfani di Fujairah? A cosa mi obbliga la mia coscienza in questa situazione?

In secondo luogo, potrebbero esserci conseguenze negative sulla mia persona: perdere la fiducia come amministratore di fondi altrui rovinerebbe il mio prestigio professionale anche nell'ambito civile delle finanze. Questo è un bene che ho il diritto e il dovere di proteggere.

Impostazione

Poste queste premesse, l'impostazione del problema potrebbe riassumersi nel modo seguente:

- Davanti a un possibile crimine, non posso restare in silenzio e tantomeno nascondere i fatti, perché altrimenti sarei un traditore della mia missione;
- Devo correggere la deviazione anche se il rischio è che si venga a sapere;
- Devo agire in accordo con le responsabilità del mio ambito - amministratore di un'istituzione di beneficenza - e quindi, non posso scaricare le responsabilità verso il basso (Roger) né verso l'alto (il vescovo);
- Devo agire con prudenza, prevedendo le possibili conseguenze dei miei atti, in modo che quello che faccio non si trasformi in un ostacolo alla risoluzione del problema.

Piano di azione

Prima di agire devo informarmi. La prima cosa che dovrei fare è informarmi sugli aspetti legali della vicenda, sulla gravità penale di questa condotta, sull'atteggiamento dei tribunali e delle autorità di controllo verso le istituzioni benefiche e sulle prove che richiedono i giudici per provare queste irregolarità. Mi recherei poi da un avvocato esperto in questo campo; non dall'avvocato della diocesi, così da garantire la riservatezza sulla questione.

Contemporaneamente dovrei essere sicuro di tutti gli elementi di fatto. Prima della riunione del comitato dovrei avere: il rapporto sulle irregolarità (che sta preparando Roger), le foto e la lettera di madre Clemente. Sono elementi abbastanza forti per motivare le mie argomentazioni.

Non sarebbe prudente fare delle ricerche sulla costruzione della casa di Seamus Rice: se si venisse a sapere, la gente penserebbe che ho dubbi sull'integrità di Seamus (un atteggiamento che potrebbe essere considerato di tradimento: fare ricerche da solo sul mio capo...).

Poi, devo denunciare i fatti. Devo denunciare i fatti nell'ambito interno, poiché quello che ho scoperto sono indizi chiari, ma ancora non ho tutte le prove definitive. Per questo è bene denunciare solo ciò di cui sono a conoscenza. Io suggerisco di incontrare il Comitato e dire: «una settimana fa abbiamo scoperto che la Hacton ha fermato i lavori a Fujairah da cinque mesi; abbiamo chiesto le foto, eccole, e abbiamo iniziato una valutazione su questo progetto; poiché sono dati ricevuti in via informale, abbiamo chiesto a mons. Jamieson di darci conferma dei fatti: appena ci sarà la conferma, vi aggiornerò».

Aggiungerei, poi, che sono fatti gravi (utilizzando le informazioni che mi ha dato il consulente legale), che occorre risolvere con urgenza, comunicando l'accaduto alle autorità di controllo (se è questo che richiede la legge) e seguire le loro procedure in casi simili (*standard*, protocolli). Chiederei una verifica ad una società esterna di revisori di conti, offrirei le mie dimissioni – nel caso in cui il Comitato pensasse che sia stata una mia mancanza di controllo o per non ostacolare il lavoro di *auditing* – e suggerirei di essere preparati qualora il caso diventi di dominio pubblico sollecitando il comitato a chiedere al direttore della comunicazione di preparare un piano per questa eventualità.

Proprio per la gravità del caso, aggiungerei: «mi sono permesso di anticipare ieri questi fatti al vescovo, nel caso la vicenda diventi subito nota, comunicandogli che il comitato avrebbe discusso oggi il da farsi».

Tutto questo deve essere chiaramente scritto nel verbale della riunione.

Agendo in questo modo denuncio i fatti nell'ambito preciso e non faccio crescere l'importanza del problema coinvolgendo direttamente il vescovo che, comunque, è informato sulla vicenda e sul fatto che il comitato è a conoscenza. Se il Comitato prende atto e accetta la proposta di controllo dei conti con la Hacton, bene; se invece hanno paura, o Seamus dovesse bloccare le procedure, allora coinvolgerò il vescovo.

Infine, sarebbe utile – prima di affrontare il comitato – avere pronto una specie di riassunto di quanto è successo, in modo tale che possa servire come bozza per un comunicato stampa e per il documento Q&A.

Se non si fa quanto proposto in tempi accettabili, allora farei tre cose: dimettermi, comunicare l'accaduto alle autorità di controllo e chiedere un appuntamento con il Nunzio per evitare che si insabbi localmente il problema sia in ambito ecclesiale e sia in quello sociale.

Se, invece, il comitato procede e decide di aprire un'indagine, continuerei con il mio lavoro e lotterei internamente per risolvere il problema.

Non è necessario comunicare ai *media* l'episodio mentre è in corso l'indagine interna, ma essere pronti qualora ne venissero a conoscenza e se dovessero chiedere perché non sia stata diffusa prima la notizia, la spiegazione sarebbe che sono state seguite le indicazioni delle autorità e che si doveva proteggere la fama delle persone.

Alla fine della vicenda, penso, sarebbe bene studiare come riportare quanto è successo (forse in una riunione a porte chiuse con i benefattori, oppure brevemente nella memoria annuale, ecc.).

2. Liceo sotto inchiesta

La *Ratenkamp Schule* è un'istituzione esemplare. Fondata a Lübeck nel 1959, è stata pioniera delle scuole dell'Alleanza Cristiana: un istituto secolare che oggi gestisce più di duecento centri di educazione media e superiore nel mondo. Per le sue classi sono passati più di diecimila ragazzi di Lübeck e della regione anseatica. La scuola ha provveduto a tenere vivi i legami con i suoi ex allievi e, per questo, studiare a *Ratenkamp* è diventata ormai una tradizione familiare: da poco sono arrivati i nipoti degli alunni dei primi anni.

I tratti salienti della *Ratenkamp Schule* sono: attenzione personalizzata, speciale enfasi per il bilinguismo e qualità pedagogica. Le vetrine della sala professori sono colme di premi e diplomi nazionali e internazionali vinti in concorsi matematici, musicali, letterari e – naturalmente – competizioni sportive. Fra i suoi ex allievi ci sono membri di spicco dell'alta borghesia locale che cercano il meglio per i loro rampolli (e hanno la disponibilità economica necessaria per sostenere il costo, perché la *Ratenkamp Schule* è certamente cara).

Altre tre caratteristiche - comuni a tutte le scuole dell'Alleanza - contraddistinguono il liceo: l'ispirazione profondamente cristiana nei contenuti e nei comportamenti, un sistema di educazione differenziata e l'intensa partecipazione dei genitori nella gestione della scuola.

Uno dei principi basilari della *Ratenkamp Schule* è: «prima i genitori, poi i docenti e, infine, gli studenti». Tutto ciò conferisce al liceo un profilo di distinzione che gli ha consentito di crescere e svilupparsi in circostanze molto complesse dovute alla crisi economica, alla secolarizzazione della società e a un clima dell'opinione pubblica per niente favorevole alle scuole che separano ragazzi e ragazze.

Non tutti i genitori, però, nutrono verso la *Ratenkamp Schule* dei sentimenti positivi. Herr Hanno Mann, per esempio, è molto arrabbiato per quanto accaduto a suo figlio Heinrich. Studente della scuola da quando aveva sei anni, il ragazzo ebbe vita tranquilla fino a quando compì 12 anni. La sua timidezza, il suo carattere labile e la salute non proprio di ferro lo resero facile preda dei suoi compagni: dagli scherzi, più o meno pesanti, dei primi tempi si arrivò ad un disprezzo totale che culminò con l'isolamento completo; nessuno gli rivolgeva la parola se non per prenderlo in giro.

Il maltrattamento non degenerò in violenza fisica, tranne che per qualche spintone o schiaffo isolato (a dodici anni la crudeltà infantile non arriva ad altro), ma lasciò traccia e la salute di Heinrich soffrì le conseguenze della tensione accumulata e del disprezzo dei compagni di scuola. Il ragazzo si ammalava e mancava spesso in classe, i suoi voti erano molto bassi ed era preso da un continuo nervosismo; Herr Hann fu costretto a iscrivere Heinrich ad un altro liceo e a portarlo dallo psicologo infantile.

L'esame psicologico del dr. Matthias Giesecke rivelò che durante gli ultimi mesi, August Diehl, docente di Letteratura alla *Ratenkamp Schule* e tutore di Heinrich, aveva avuto un rapporto molto speciale con il ragazzo. Ogni volta che si sentiva perseguitato dai suoi compagni, Heinrich andava dal prof. Diehl alla ricerca di protezione; alle volte, usciva dalle lezioni per andarlo a trovare nel suo ufficio.

Diehl aveva aiutato il ragazzo non solo a fare i suoi compiti, ma anche a recuperare le lacune (le frequenti assenze per malattia facevano sì che Heinrich perdesse facilmente il filo del programma delle materie). Spesso gli aveva asciugato le lacrime dopo gli scontri con i suoi coetanei e in qualche occasione lo aveva tenuto seduto sulle ginocchia affinché si calmasse.

Quando il dr. Giesecke raccontò questo, Herr Mann pensò al peggio e attribuì la responsabilità della malattia psicologica di Heinrich al prof. Diehl e al liceo. Il cambio di scuola, infatti, anziché migliorare la situazione, la peggiorò: il ragazzo si aggravò. La diagnosi del dottore fu che l'identificazione della causa dei problemi di Heinrich avrebbe sicuramente giovato. Herr Mann, quindi, denunciò la *Ratenkamp Schule* alle autorità di Lübeck. Il Consigliere per l'educazione iniziò un'inchiesta sulla scuola, ma, non trovando indizi, chiuse la pratica.

Molto dispiaciuto per quella che considerò un'inchiesta fasulla e superficiale, Herr Mann tornò alla carica e accusò il liceo e Diehl di molestie sessuali e morali davanti al Difensore del Minore della regione di Schleswig-Holstein.

Il Difensore si recò alla scuola e, dopo aver parlato con docenti e studenti, attestò che non c'era stato un comportamento improprio da parte del professore e chiese che i tre studenti che erano stati più duri con Heinrich scrivessero una relazione sul rispetto degli altri. Dopodiché, anche il pubblico ufficiale chiuse la sua pratica.

L'esito di questa seconda indagine fece infuriare Herr Mann che, non disposto ad arrendersi, tentò una via diversa: i *media*. Sperava che se fosse riuscito a convincere a un giornalista della fondatezza dei suoi reclami, le autorità non avrebbero potuto fare altro che prendere decisioni al riguardo e la scuola non sarebbe sfuggita alle sue responsabilità.

I principali giornali di Lübeck, però, diedero una risposta netta: se voleva che pubblicassero la notizia, doveva prima presentare denuncia formale davanti al giudice; solo allora se ne sarebbero occupati. Fino a quel momento la risposta unanime dei *media* locali era stata unanime: non erano disponibili ad attaccare un liceo così prestigioso come la *Ratenkamp Schule*.

La notizia dei vari tentativi di Herr Hanno Mann arrivarono alle orecchie del Liceo. Armin Mueller, preside della *Ratenkamp*, più volte aveva provato a chiamare Herr Mann per parlare di quanto successo. Herr Mann intuendo che il preside volesse zittirlo, si era rifiutato di parlare con lui; quando leggeva il numero del liceo sul *display* del suo cellulare, non rispondeva e se – come accaduto in varie occasioni – Mueller lo chiamava da un numero sconosciuto, attaccava immediatamente.

Herr Mann aveva fatto sapere al cappellano della scuola che voleva solo che il preside ammettesse la responsabilità della scuola per quanto accaduto al figlio e chiedesse perdono. Herr Mann, inamovibile, non si era lasciato smuovere né dalle telefonate e tantomeno dal telegramma della scuola, fortemente persuaso che il liceo volesse evitare le sue responsabilità. Tale convinzione si rafforzò quando venne a sapere che il professor Diehl non insegnava più nella scuola: «Stanno tentando di nascondere le prove!».

Oggi, dopo due anni di infruttuosi e inutili tentativi per cercare il colpevole della malattia del ragazzo, diventata oramai lo scopo della vita di Herr Mann, ad potrebbe esserci una svolta.

Due i nuovi elementi a favore del padre adirato: il partito di opposizione ha vinto le recenti elezioni nella regione Schleswig-Holstein, e in materia educativa potrebbe essere ascoltato; e Aline Puvogel, giornalista del *Lübecker Nachrichten*, che si è mostrata disponibile a fare un lungo *reportage* sulla vicenda, vuole parlare con il preside della *Ratenkamp Schule* per ascoltare la loro versione. Herr Mann ha consegnato alla giornalista l'intera documentazione raccolta contro il liceo, così da mettere il preside con le spalle al muro durante il colloquio.

La Puvogel, quindi, ha preparato un questionario di 15 domande, che ha mandato a Armin Mueller chiedendogli un incontro personale. Appena ricevuta, il preside ha girato l'email a Gabriele Stahl, direttore di comunicazione dell'Alleanza Cattolica, chiedendogli consiglio.

Domande

Quali dovrebbero essere i punti salienti delle risposte del preside alle domande della giornalista? Come affrontare questa conversazione?

Quali altre iniziative dovrebbe promuovere la *Ratenkamp schule* riguardo i suoi pubblici prioritari?

Cosa dovrebbe fare da parte sua l'Alleanza Cattolica?

Quali misure per il periodo post crisi potrebbero giovare al rinnovamento dell'istituzione?

Proposta di soluzione

Formare un comitato di crisi

Le crisi richiedono un lavoro di squadra, che i responsabili non siano soli e che ogni risposta sia stata pensata da più teste e letta da più paia di occhi. Il comitato deve assumersi la responsabilità di tutto ciò che deve essere fatto e portarlo avanti in modo ordinato. Il team dovrebbe includere quei dipartimenti che possono consigliare sugli aspetti più importanti e qualcuno che li supporti per redigere verbali, ricordare il calendario, occuparsi del coordinamento, inviare informazioni attraverso i diversi canali, aspetti materiali, ecc. Pertanto, questa équipe dovrebbe includere il direttore della scuola, qualcuno del dipartimento di comunicazione di Alianza Cristiana, qualcuno della direzione accademica (insegnanti), un rappresentante dei genitori; e avere a portata di mano il medico e il consulente legale della scuola.

Raccogli tutte le informazioni disponibili

Il Comitato deve avere una cronologia di come si sono svolti gli eventi, il più dettagliata e concreta possibile: date, nomi e dati ben verificati.

Inoltre, ha bisogno di una copia del rapporto di ispezione comunale e del fascicolo del Difensore civico per l'infanzia. E' indispensabile parlare con il Prof. Diehl e con gli altri professori di Heinrich e sapere cosa è realmente accaduto (si presume che ciò sia stato fatto, in occasione dell'ispezione e del fascicolo; ma sarà anche utile avere un resoconto completo del Prof. Diehl con la sua versione dei fatti).

Si consiglia di avere una spiegazione scritta di cosa sono i tutorial, cosa intendono e come si sviluppano; come vengono scelti i tutori; e cosa fanno (o non fanno) con ciò che sanno dei bambini e se parlano periodicamente con i loro genitori.

Probabilmente la scuola ha dei protocolli per la protezione degli studenti in modo che la scuola sia un ambiente sicuro per i minori: rivederli e aggiornarli, nel caso qualcuno – le autorità, l'associazione dei genitori, i media, ecc. – li chieda.

Si può escludere del tutto, con piena certezza, che compaiano nuovi casi simili? Ci sono state altre ispezioni ufficiali della scuola, per motivi diversi? (Una piaga dei pidocchi, un licenziamento ingiusto, ecc.: tutto ciò che può essere presentato come precedente per una sanzione o semplicemente un'indagine).

Si consiglia inoltre di avere a portata di mano le norme di legge previste per i casi di reclami simili.

Progetta la mappa del pubblico

Il modo per comprendere la crisi è capire come la vedono i diversi pubblici: cosa li preoccupa, quale grado di responsabilità assegnano all'istituzione, ecc. Pertanto, devo classificare gli stakeholder in base alla loro posizione sul problema. In altre parole, si tratta di una classificazione per il qui e ora: in alcune crisi, i pubblici prioritari saranno alcuni, e in altre saranno altri. Il criterio per distinguerli è il loro modo di vedere la crisi: più i pubblici sono segmentati, più sarà facile ottenere le loro percezioni e aspettative giuste, sull'ordine in cui devo relazionarmi con loro, sul portavoce che devo scegliere come interlocutore, ecc.

In questo caso, gli insegnanti che hanno insegnato a quello studente sono una priorità; i genitori degli studenti che erano suoi compagni di classe (se è dimostrato che la denuncia è vera, i loro figli hanno abusato del ragazzo); gli altri insegnanti; gli altri genitori; autorità civili; il vescovo. Altrettanto importanti, ma a un livello secondario, sono gli ex studenti, i genitori e gli studenti delle altre scuole dell'Alleanza Cristiana. Gli scenari sono definiti in base ai pubblici: quindi, il primo passo è definire i pubblici prioritari, prevedere come reagiranno alle notizie, cosa si aspettano dalla scuola e quale canale mi permetterebbe di raggiungerli in modo efficace.

Migliore è la descrizione del tuo pubblico, più facile sarà trasmettere correttamente il messaggio, il portavoce e i canali.

Pensare

Chi sono: non posso dimenticare che la mia identità di scuola di ispirazione cristiana stabilisce chiare linee guida per il mio comportamento: le persone vengono prima di tutto; in nessun caso posso mentire, ecc. Sono anche un'istituzione seria, che pensa a lungo termine: la mia condotta deve essere irreprensibile.

Qual è il problema: "grave accusa di abuso di un insegnante da parte di una famiglia, che insiste nonostante due indagini indipendenti abbiano dimostrato che è infondata". Questo modo di inquadrare il problema, privo di qualsiasi soggettivismo, aiuta a far sì che la risposta sia anche priva di spigoli emotivi, che causano una maggiore turbolenza emotiva: lo scambio di accuse, la formazione di blocchi contrapposti, ecc.

Di chi è il problema: la scuola, ma non solo, perché due istituzioni pubbliche hanno già indagato sui fatti. Pertanto, devo tenerli informati, e in un certo senso concordare i piani (non del tutto perché le persone attualmente negli organi di vigilanza non sono le stesse, e quindi potrebbero non sentirsi legate a ciò che hanno fatto i loro predecessori).

Chiediti come si evolverà il problema: per determinare la risposta appropriata da parte della scuola, è necessario chiedersi come il problema può evolversi a seconda della reazione dei partecipanti e dei diversi pubblici, e prepararsi al peggio.

Scelta dei portavoce: la scelta degli interlocutori di ogni pubblico fa parte del messaggio: devono rispondere all'identità istituzionale e a ciò che il pubblico si aspetta dalla scuola. In questo caso particolare, ad esempio, può essere conveniente che la persona che parla a nome di Ratenkamp sia anche il padre della scuola, o meglio ancora, *la madre degli studenti*.

Scegli il tono e lo stile nella risposta: anche lo stile fa parte del messaggio. Il Comitato deve determinare le modalità di risposta.

- In un caso come questo, è importante essere estremamente delicati, mostrare umanità e non accusare nessuno per difendere la scuola.
- Per quanto riguarda il padre di Heinrich, è consigliabile esprimere comprensione per il dolore di un padre e non rispondere duramente ai suoi attacchi, anche quando ci sono indizi di una mancanza di buona fede nell'accusare la scuola: un padre può essere parziale ed esagerato quando difende il figlio.
- Né dobbiamo scaricare la responsabilità sul Prof. Diehl: questo sarà determinato dalla persona interessata, non dalla scuola.
- Bisogna parlarne sempre con umiltà: sarebbe un grave errore paragonarsi ad altre scuole ("il nostro problema è infinitamente inferiore a quelli di altre scuole, dove molti bambini portano coltelli", o frasi del genere).

Determinare la posizione della scuola sul problema

Per decidere qual è la sua versione dei fatti e cosa intende fare al riguardo, è molto utile mettersi nei panni dei diversi pubblici, di ciò che sanno, sentono e vogliono; prestare molta attenzione alle percezioni, tanto o più che ai fatti; e a partire dall'identità della scuola.

Questa posizione viene annotata in modo breve e schematico (tre o quattro punti numerati) nel cosiddetto "*Posizionamento*".

Successivamente, viene preparato un documento di *domande e risposte*, che risponde a tutte le domande che possono essere poste sul caso, e soprattutto le più difficili o le più difficili; e deve essere l'errore di tutti gli interventi dei rappresentanti della scuola con tutti i pubblici e attraverso tutti i canali. Entrambi i documenti devono essere esaminati dal consulente legale.

Un esempio di posizionamento se le accuse non hanno fondamento:

- Siamo molto dispiaciuti per lo stato di salute di Heinrich, gli auguriamo una pronta e piena guarigione, e tutta la comunità accademica di Ratenkamp si sente vicina alla famiglia Mann in questi tempi difficili, e vorrebbe aiutare in qualsiasi modo si ritenga opportuno;
- La versione dei fatti che è stata pubblicata è molto diversa da quella del collegio, e dalle opinioni di due enti pubblici, emesse dopo aver esaminato l'accaduto. In ogni caso, Ratenkamp rimane disponibile a collaborare con le autorità per chiarire i fatti, e la scuola non si oppone alla riapertura delle indagini su quanto accaduto se l'autorità competente lo ritiene opportuno.
- Abbiamo informato tutta la comunità accademica: genitori, insegnanti, studenti degli ultimi anni ed ex studenti, e molti ci hanno inviato il loro sostegno e la loro solidarietà.

Un altro esempio di posizionamento se c'era stato qualche tipo di condotta impropria:

- È con grande dolore che Ratenkamp si scusa per il comportamento scorretto di uno dei nostri insegnanti nei confronti dello studente Heinrich Mann: nulla è più contrario alla missione della scuola che danneggiare i nostri studenti, che sono la nostra ragion d'essere e l'oggetto del nostro servizio ai genitori.

- L'intera comunità accademica di Ratenkamp si sente vicina alla famiglia Mann in questi tempi difficili, e vorrebbe aiutare come ritenuto opportuno;
- Come ha fatto in passato, Ratenkamp rimane disposto a collaborare con le autorità per chiarire i fatti, e la scuola non si oppone a una nuova indagine su quanto accaduto se l'autorità competente lo ritiene opportuno, e ad assumersi tutte le responsabilità.
- Stiamo rivedendo come vengono scelti e nominati i tutor della scuola e il modo in cui svolgono i loro compiti, in modo che non accada di nuovo.

Piano di azioni concrete

Gli insegnanti devono essere informati il prima possibile di ciò che è accaduto e di ciò che verrà fatto. Ma, attenzione, non sono il pubblico prioritario, ma saranno il canale per il gruppo più importante in questo problema: i genitori.

Dobbiamo raggiungere tutti i genitori della scuola il prima possibile: questa è una priorità e urgente. Non si tratta solo di informarli, ma anche di chiedere la loro opinione: la scuola è la loro e gli studenti lo sono ancora di più. Bisognerebbe chiedere anche a loro il loro aiuto: offrire un canale di supporto, a chi vuole "fare qualcosa".

A mio avviso, bisognerebbe parlare con loro di persona e il prima possibile: la gravità della questione e il loro rapporto con la scuola lo rendono consigliabile. È meglio che non siano molti: magari ogni anno o ogni due anni. E prestate particolare attenzione ai genitori degli studenti della classe di Heinrich: sarebbe il primo ad essere menzionato.

Se ci fosse un'Associazione degli Ex Alunni di Ratenkamp, il suo comitato direttivo dovrebbe essere mobilitato, in modo che nel modo che ritiene opportuno, informi gli ex membri, i benefattori, ecc.

In base a ciò che vedono insegnanti e genitori, dovremmo pensare a come spiegarlo agli studenti degli ultimi anni.

Anche se l'hai provato molte volte, devi continuare a cercare di parlare con quella famiglia, direttamente o tramite conoscenti; e di registrare quei tentativi, che manifestano la buona volontà della scuola.

Sarà utile che le nuove autorità educative dello Schleswig-Holstein abbiano una conoscenza diretta di ciò che è accaduto dalla scuola, che ci diano un volto e uno sguardo e che lascino loro le informazioni di base per iscritto, in modo che sappiano cosa rispondere se vengono chieste informazioni da altri settori dell'amministrazione pubblica.

È anche probabile che sia l'ispettore municipale dell'istruzione che il difensore civico per l'infanzia si sentano coinvolti nella controversia: che la loro precedente attività venga messa in discussione, che vengano molestati dai media, che le nuove autorità li sconfessino e ordinino una nuova indagine, ecc.

Per questo motivo è consigliabile parlare con loro, per rafforzare la relazione o almeno per sapere cosa aspettarsi, se ci sono segnali che potrebbero ritrattare ciò che hanno fatto. Se gli amici possono continuare, bene; ma che in nessun caso dovrebbero vedere la scuola come il loro "nemico".

Si consiglia di prepararsi molto bene all'incontro con Aline: le risposte, già scritte e riviste; Il posto, adatto per il giornalista... e per le foto (non un luogo di rappresentazione, ma meglio dove si vedono i bambini, ecc.); il tono, di grande serenità; e magari pensare a chi dovrebbe rispondere: il direttore, il presidente del Consiglio di Fondazione, ecc.; e i dati di persone che possono raccontare storie che rivelano l'identità della scuola (cfr. punto successivo), in modo che il giornalista possa trovarle facilmente.

Per gli altri media, sarà importante cercare storie di persone che riflettano l'attenzione personalizzata per gli studenti che regna a Ratenkamp, e che siano raccontate da quelle stesse persone: genitori di studenti attuali ed ex studenti; e, se possibile, far parlare bene della scuola gli altri: altri dirigenti scolastici, cattolici e non; esperti di educazione che conoscono bene la scuola; and so on. È il momento di far parlare gli amici, che hanno molta più credibilità della scuola stessa.

Devi anche avere il comunicato stampa generale quasi pronto (in attesa di come esce l'articolo del giornale); e un piano media, a partire dai più affini: essere in grado di fornire loro queste storie e contatti; cifre e dati; e soprattutto, di assisterli in tutto ciò di cui hanno bisogno. Bisogna tenere i canali aperti con tutti: manager, giornalisti ed editorialisti (questi opinion maker si occuperanno della questione, e hanno molta libertà di focalizzare i loro articoli).

Sul sito web dovrà essere creata una sezione, con un invito in prima pagina, dove è possibile inserire le informazioni disponibili, incoraggiare le persone a inviare richieste di informazioni, ecc. Non lascerei la notizia aperta ai commenti dei lettori, perché potrebbe anche ritorcersi contro: attira gli estremisti. Ma se in circostanze normali le e-mail devono ricevere una risposta tempestiva, in questi casi si deve garantire che ricevano risposta entro un breve periodo di tempo (24 ore) e secondo le linee guida del *Posizionamento* e del *documento Q&A.*

Nel campo dei social network, sarà necessario nominare un *community manager* responsabile sia del contenuto che del tono delle risposte, oltre a mobilitare gli altri a favore; e cercare di calmare gli animi, anche quelli che la pensano allo stesso modo. Inoltre, deve occuparsi di riportare le reazioni più importanti al dirigente scolastico: le reti sono un ottimo strumento di ascolto. Potrebbe trattarsi di un insegnante che ha familiarità con il canale.

Nel caso di una scuola cattolica, si dovrebbe anche andare a trovare il vescovo di Lubecca, spiegare i fatti e la reazione della scuola, chiedere il suo consiglio e lasciargli materiale informativo nel caso in cui desideri trasmetterlo ai suoi confratelli nell'episcopato (il problema avrà senza dubbio una portata nazionale).

I presidi delle altre scuole dell'Alleanza Cristiana dovrebbero essere tenuti informati, e fornite di alcune linee guida operative su come procedere in casi simili, e anche se sono coinvolti nella controversia: in modo che altri genitori sembrino segnalare casi simili, perché è la goccia che fa traboccare il vaso in scuole già sottoposte a molti attacchi da parte di finanziamenti pubblici, eccetera.

Infine, qualcuno nella scuola (una commissione di insegnanti, per esempio) dovrebbe essere incaricato di rivedere come vengono eseguiti i precetti degli studenti, in modo che, alla luce di ciò che è accaduto, il sistema sia migliorato e i rischi per gli studenti siano eliminati.

Altre linee guida operative

Si avvicina un periodo di intenso lavoro. E' importante che le procedure relative a questo problema siano svolte con diligenza, e allo stesso tempo non abbia un impatto negativo sul lavoro ordinario della gestione dell'Associazione: può essere opportuno delegare alcune funzioni, ecc. E per rafforzare l'unità, il clima di collaborazione, ecc., che sarà più difficile perché le tensioni e l'eccessivo lavoro lasciano il segno nei rapporti umani.

Le azioni dovrebbero essere sempre svolte in cerchi concentrici: raggiungendo prima le persone più vicine, chiedendo la loro collaborazione, spiegando come potrebbero aiutarle e fornendo loro contenuti e approcci in modo che a loro volta raggiungano più persone.

È importante prendere l'iniziativa: non lasciare che la questione si cristallizzi nell'opinione pubblica nel modo sbagliato, e agire in ogni momento affinché ogni informazione che viene diffusa contenga in qualche modo la posizione dell'associazione. Ciò implica che dovrai parlare molte volte e dire la stessa cosa a molte persone (i messaggi generali hanno poca efficacia) e non avere scrupoli a ripetere, ripetere e ripetere. Questa disponibilità è particolarmente importante considerando la velocità dei media: si pensi alle edizioni online dei quotidiani più letti, e non si cerchi di arrivare solo alle *scadenze* delle versioni cartacee.

Per soddisfare tutta la domanda di informazioni che il problema creerà, un compito decisivo è quello di formare un team di portavoce, in modo che ci siano sempre persone pronte a rispondere a chiunque lo chieda. Non deve essere un grande gruppo: possono bastare cinque o sei persone, ma devono lavorare in squadra, avere la possibilità di condividere le proprie esperienze, distribuire gli interventi, ecc.

Affrontate sempre le questioni da un punto di vista universale: i genitori, che non devono conoscere i fatti o la scuola, né hanno particolare fiducia nelle istituzioni cattoliche o apprezzamento per la fede cristiana; E che notizie di questo genere li preoccupano molto perché piove sul bagnato. Pertanto, non è mai consigliabile difendersi riducendo la gravità delle accuse: no, la questione è molto seria, la preoccupazione della gente è comprensibile, ma semplicemente "non è stato così". Né dobbiamo dare per scontate cose che solo chi ci è più vicino sa: cosa sono i tutorial, ecc.

Non sarebbe strano che gli oppositori dell'educazione omosessuale e coloro che sono contro la Chiesa cattolica sfruttassero l'accaduto per sollevare altre questioni che hanno poco a che fare l'una con l'altra, metterle in relazione con casi di abusi da parte di chierici, ecc. Se si prevede che ciò possa accadere, sarebbe utile anche avere un argomento di risposte per focalizzare le domande in modo breve, che circoscriva il problema.

Infine, sebbene si tratti di una causa con conseguenze legali, non va dimenticato che il cuore della questione è estremamente emotivo, e quindi le iniziative creative che vanno nella direzione del rafforzamento della fiducia nella cura dei bambini, ecc., sono benvenute.

Altre considerazioni

Le scuole dell'Alleanza Christiana hanno protocolli per ridurre i rischi per i minori e rispondere alle lamentele di studenti, genitori e insegnanti?

Le scuole dell'Alleanza Cristiana hanno protocolli di comunicazione per le emergenze e le crisi?

Le scuole dell'Alleanza Cristiana hanno un forum per la formazione e lo scambio di esperienze su questioni che hanno a che fare con l'opinione pubblica?

3. Minaccia di querela

Aristarco è il redattore capo de *Il Gazzettino*, giornale cattolico diocesano di Laodicea, al quale dedica gran parte della sua giornata di lavoro, ma non tutta! Nel tempo libero, Aristarco commenta su un blog temi di attualità. Quando scrive per il giornale, segue i desideri e le preferenze di Epafras, direttore del *Il Gazzettino*, che predilige le informazioni ben documentate, con abbondanza di dati contrastati e citazioni di autorità ed esperti, in tono impersonale, quasi da agenzia.

Nel blog, invece, Aristarco si esprime con molta più libertà, mescola i dati con le opinioni con un tono personale che va dall'umoristico al serioso, a seconda dello stato d'animo predominante del giorno in cui scrive. Una cosa è certa: alle volte si lascia trascinare dalla passione e fustiga il *politically correct thinking*, come si evince dalla testata del blog – *Controcorrente* – e dal portale che lo ospita, che sotto il frontespizio «Ve l'avevamo detto», riunisce blog di ogni tipo.

L'idea di creare *Controcorrente* venne ad Aristarco nel 2009, quando tentò di pubblicare nel giornale testi più creativi nella forma e nei contenuti, ma il direttore di allora, Onesimo, non condivise l'approccio e quindi non approvò la loro pubblicazione sul *Il Gazzettino*. Il blog fu il modo di evitare che questi testi finissero nel cestino e d'allora in poi è per Aristarco un ottimo canale per sperimentare dal punto di vista letterario e per raccontare storie che non trovavano spazio sulle pagine del giornale.

Anche se è soddisfatto dal suo lavoro al *Gazzettino*, Aristarco si diverte quando scrive sul blog la mattina del sabato o quando ogni sera deve moderare i *post* dei lettori. Nel seguire il blog egli non solo si diverte, ma manifesta lo zelo apostolico perché riesce a scuotere le coscienze di tanti cattolici che, abituati a lagnarsi per tante cose negative, non fanno mai niente per risolvere i problemi.

Dopo un anno di attività, Aristarco scoprì che il blog non serviva solo per informare, ma anche per mobilitare l'opinione pubblica. Questa scoperta fu del tutto casuale: aveva scritto contro una campagna pubblicitaria, promossa dalla ditta di abbigliamento *Ninfas*, che aveva considerato offensiva perché usava un'immagine (sarebbe più preciso dire che manipolava una foto) del Patriarca Bernabè in una posizione irreverente (mentre baciava un imam) solo per creare scalpore intorno a una nuova linea di moda. Alla fine del suo testo, Aristarco chiese ai lettori di fare qualcosa affinché l'azienda *Ninfas* capisse che aveva offeso seriamente i cattolici del paese, che costituivano quasi un terzo della popolazione, e suggerì due cose: che i lettori scrivessero a *Ninfas* per protestare e che non acquistassero niente da loro mentre la loro campagna pubblicitaria fosse in atto.

I risultati furono quasi immediati. *Ninfas* ricevette talmente tanti messaggi (alcuni sereni, altri arrabbiati, ma sempre *eloquentemente* decisi a non acquistare niente da loro). Cinque giorni dopo la campagna pubblicitaria si fermò, i manifesti ritirati e il portavoce chiese pubblicamente scusa alla comunità cattolica per «l'errore di calcolo» promettendo di non utilizzare più in futuro foto o messaggi contro *leader* o valori religiosi.

Incoraggiato di questo inaspettato successo, Aristarco fece della frase «fate qualcosa!» un elemento costante nei suoi articoli. Alla fine di ogni articolo, infatti, suggeriva ai suoi lettori azioni concrete di lode o di scherno su varie iniziative. Alle volte non era facile per lui escogitare idee da mettere in pratica in maniera semplice, ma proprio questa difficoltà rendeva più creativo lo sforzo intellettuale di redigere i testi. Anzi, le successive proposte avevano creato una specie di *spirito di corpo* tra i lettori, che iniziarono a chiamarsi *controcorrentisti* e assecondavano le iniziative sempre più creative di Aristarco.

La cosa non rimase inosservata da Epafras, visto che a volte arrivavano al giornale autentiche valanghe di lettere per Aristarco, ed era chiaro che non riguardavano i suoi articoli sul *Il Gazzettino* bensì su *Controcorrente*. Tuttavia, Epafras faceva finta di niente, perché non poteva interferire su quanto scriveva fuori del giornale, ma era un po' preoccupato ed indeciso sull'idea di dover cambiare il contratto di lavoro di Aristarco affinché fosse in esclusiva, o all'opposto, ospitare il blog all'interno del *website* del giornale e così approfittare del suo successo per attirare visitatori al sito.

A fine marzo 2012 *La Roulette* – uno dei *talk-show* notturni più seguiti nel paese, mandato in onda da Canale 13 – dedicò la puntata del giovedì a un crimine accaduto tre anni prima e ancora *sub iudice*: l'assassinio di una ragazza da parte di tre suoi compagni di scuola. L'ospite principale del programma fu la madre di uno degli imputati che non fece altro che difendere il proprio figlio a spada tratta non risparmiando insulti alla vittima. Come capita spesso nei *talk-show*, alle dichiarazioni seguì un intenso dibattito fra gli ospiti e venne a galla che l'emittente aveva pagato alla mamma del presunto colpevole 10.000 € per l'intervista in esclusiva. Mica male per un'ora di *lavoro* davanti alle telecamere...

Per Aristarco questa fu la goccia che fece traboccare il vaso. *La Roulette* non era il peggior programma di Canale 13 e neanche la puntata era la più sbagliata della storia del programma (anche se l'elenco di puntate scandalistiche era lungo), ma Aristarco era già annoiato per la reiterazione di offese al pubblico da parte delle televisioni. Forse ebbe anche importanza che quella settimana non aveva altri temi per il blog.

Il fatto è che nell'articolo di quel fine settimana, Aristarco criticò duramente *La Roulette* e Canale 13. Concludendo si rivolse ai suoi lettori: «tu ed io abbiamo già abbastanza emittenti televisive che guadagnano soldi a base di immoralità e facendo del male alle famiglie colpite da crimini gravi come l'omicidio. L'unico modo affinché capiscano che diciamo *basta!* a questa spazzatura televisiva, è toccare il loro portafoglio». Di conseguenza, chiedeva agli inserzionisti di non fare pubblicità «nè in quel programma nè altri che pagano i delinquenti o persone del loro *entourage* per parlare dei loro delitti» e ai suoi lettori di essere molto attivi nelle reti sociali per protestare contro queste aziende.

L'articolo si concludeva dicendo che «se gli inserzionisti non avessero assecondato la richiesta, le azioni di protesta contro di loro sarebbero continuate senza escludere un boicottaggio dei loro prodotti».

Come al solito, la *chiamata alle armi* di Aristarco contro *La Roulette* ebbe successo, anche perché diversi giornali e riviste fecero eco al blog di Aristarco e la pressione mediatica fu molto forte. *Il Gazzettino* non fu secondo a nessuno, perché per la prima volta, Epafras autorizzò che l'articolo in questione fosse pubblicato anche sul giornale. Uno dietro l'altro, gli inserzionisti si svincolarono del programma cancellando i contratti pubblicitari.

Sei giorni dopo la messa in onda del programma, il consigliere delegato di Canale 13, Demas, chiese pubblicamente scusa agli inserzionisti in un comunicato stampa tanto breve quanto secco: «abbiamo sbagliato di grosso, e chiediamo perdono», promettendo anche che ciò non sarebbe più, accaduto. La scelta degli ospiti a *La Roulette*, infatti, iniziò a seguire criteri più sensati e addirittura il programma fu diviso in due, lasciando i contenuti più discutibili solo per la seconda parte, messa in onda in tarda serata.

Le cose sembravano essere tornate alla normalità... Ma sei mesi dopo, il 25 ottobre, l'emittente presentò una querela contro Aristarco per «i delitti di minacce e coazioni» contro gli inserzionisti del programma. Il giudice accettò la denuncia, citò Aristarco a prestare dichiarazioni davanti al tribunale come imputato, il 4 dicembre successivo.

La denuncia era accompagnata dalla richiesta di tre anni di prigione e 3,7 milioni di euro di indennizzo per le perdite economiche subite da Canale 13 per inserzionisti calo pubblicitario a seguito della campagna promossa da Aristarco. E in maniera solidaria, la denuncia citava anche *Il Gazzettino*.

Domande

Come dovrebbe reagire Aristarco alla querela?

Cosa potrebbe fare Epafras al riguardo?

Come pensi si possano evitare problemi di questo tipo in un giornale cattolico?

Proposta di soluzione

Come dovrebbe reagire Aristarco alla querela?

Identificare il problema: secondo la descrizione del caso – credo che il titolo sia molto indovinato – il problema non è la querela, bensì la minaccia di querela: l'emittente non si rivolge ai tribunali alla ricerca di protezione giuridica del suo onore e patrimonio, ma la strumentalizza per motivi che possiamo solo intuire. Penso non sia sbagliato pensare che gli introiti pubblicitari dell'emittente non si siano ripresi dopo il problema e ora si vuole creare artificialmente una controversia attorno alla nuova versione di *La Roulette* per incrementare l'ascolto e la pubblicità.

Determinare la risposta (posizionamento): Difendere la propria posizione. Secondo me, Aristarco non ha fatto niente di male nel criticare la televisione spazzatura e neppure nell'indicare la possibilità di un boicottaggio: sono azioni perfettamente legittime in una società democratica, alle volte, le uniche possibilità per contrapporsi ai *media*[1], e non contrarie al messaggio cristiano. Sarebbe, quindi, fuori luogo cedere alle pressioni dell'emittente, che vuole zittire le voci contrarie e, peggio, ancora ricevere delle scuse.

Capire i ruoli di ciascuno: La querela va contro Aristarco e contro *Il Gazzettino*. Dal punto di vista dell'opinione pubblica la Chiesa cattolica locale viene chiamata in causa, ma chi deve occuparsene è in primo luogo Aristarco. È meglio, quindi, non coinvolgere pubblicamente la diocesi perché allargherebbe e complicherebbe il problema. Si può e si deve chiedere consiglio al direttore di comunicazione diocesano, ma senza che intervenga pubblicamente[2].

Impostazione della risposta: bisogna distinguere tra il piano legale e quello dell'opinione pubblica.

Dal punto di vista legale, Aristarco deve assumere un avvocato per la difesa, esperto in questo tipo di cause (sul diritto all'onore e anche con esperienza in processi di grande esposizione mediatica).

Dal punto di vista dell'opinione pubblica, bisogna elaborare un piano di azione allo scopo di mobilitare molte persone in difesa delle tesi dell'articolo incriminato affinché l'emittente capisca che continuare la querela andrebbe contro i propri interessi. Come sappiamo, davanti a un avversario nell'opinione

---

[1] Altro sarebbe domandarsi se il boicottaggio avrebbe funzionato: cfr. capitolo VII del manuale.

[2] Non si propone un piano di lavoro per il direttore di comunicazione diocesano perché non è stato chiesto nelle domande alla fine del caso...

pubblica, il nostro obiettivo non deve essere convincerlo delle nostre ragioni, bensì convincere gli altri pubblici perché siano loro a convincere l'avversario a desistere. Il punto debole dell'emittente è il suo rapporto con gli inserzionisti, se vedono che l'opinione pubblica è d'accordo con noi, smetterà per timore di un secondo boicottaggio.

Concretamente, Aristarco potrebbe basare la propria difesa sulla libertà di espressione, e cercare alleati che condividano questo valore: probabilmente tutti i *media*, autorità pubbliche, ecc.; oppure, basare la propria difesa anche sulla moralità pubblica e chiedere il supporto dei cittadini e delle persone che non sono d'accordo con la TV spazzatura: probabilmente ci sono associazioni di telespettatori, di famiglie, di vittime, consumatori, ecc.

Oltre al consenso, Aristarco potrebbe anche tentare di mobilitare le persone: convincerle a "fare qualcosa" in difesa dei diritti di tutti; per esempio chiedere una piccola donazione proprio per la famiglia della ragazza uccisa.

Lo strumento ideale è proprio il blog. Rafforza l'idea di Davide contro Golia, il piccolo contro il gigante. Saranno i *media* a potenziare l'efficacia del blog, e quindi Aristarco non ha bisogno di fare pubblicità.

Cosa potrebbe fare Epafras al riguardo?

In primo luogo, Epafras deve decidere se lasciare Aristarco da solo o unirsi a lui nella battaglia sia legale (condividere lo stesso avvocato) e sia dell'opinione pubblica.

Secondo me, anche se dal punto di vista legale la responsabilità diretta è di Aristarco; sarebbe poi un errore per Epafras non assumere un ruolo attivo nella difesa del giornalista. Per vari motivi: perché le cause da difendere meritano il supporto di un giornale diocesano e quindi in sintonia con il messaggio cristiano; perché diversi pubblici prioritari penseranno che l'attacco è contro la morale cristiana e quindi il giornale cattolico non può rimanere zitto; perché se viene attaccato un proprio giornalista, è logico prendere la sua difesa; e, infine, perché in fondo è anche un'opportunità per aumentare la distribuzione del giornale e la sua influenza pubblica.

Suggerirei, quindi, di assecondare il piano di azione del punto 1 e aggiungere altri elementi che rafforzino il rapporto del giornale con i suoi lettori, con i suoi inserzionisti e, forse, anche con altri giornali laici (intorno alla difesa della libertà di espressione) o religiosi (anche di altre religioni, poiché di solito c'è un consenso sulla moralità pubblica).

Epafras, poi, farebbe bene a rivedere le condizioni di esclusività previste nei contratti di lavoro dei giornalisti de *Il Gazzettino*: questa volta, quanto ha scritto Aristarco non va contro l'identità cristiana, ma la situazione presente fa vedere che non ci sono elementi di supervisione, e quindi c'è un rischio aperto che bisogna eliminare (chiedendo l'esclusività o che tutti gli articoli, interviste, ecc., dei suoi giornalisti, in qualunque *media* siano diffusi, rispettino i valori cristiani).

Non sarebbe male che Epafras consigliasse Aristarco di chiedere un parere a qualcuno (non necessariamente a lui) prima di scrivere su argomenti scottanti sul blog, così che gli articoli possano essere più prudenti (che non significa necessariamente meno polemici).

Epafras, infine, dovrebbe chiedersi se cambiare lo stile del giornale: sta dilapidando talento e creatività del proprio personale, che deve trovare altre piattaforme per raccontare storie molto valide, a giudizio dei lettori.

Queste decisioni sono di sua responsabilità come direttore, ma sarebbe prudente parlarne con il vescovo in quanto titolare del giornale diocesano, per capire quali sono le priorità della diocesi in questo momento e circostanze precise.

Come pensi che si potrebbero evitare problemi di questo tipo in un giornale cattolico?

Le mie premesse (forse non condivise da tutti) è che un giornale non può evitare tutti gli errori e, quindi, che gli sbagli sono parte del mestiere, e che non bisogna drammatizzare più di tanto; che un giornale cattolico non fa il suo mestiere se ogni tanto i suoi articoli e prese di posizioni non creano controversia pubblica. Quindi, la situazione descritta è grave per l'indennizzo richiesto, ma niente di più. Dunque, serenità.

Per il giornale diocesano penso che basterebbero misure di prevenzione: avere contratti con il personale più chiari e completi; che i giornalisti conoscano gli aspetti legali del loro lavoro, e il giornale un consulente giuridico esperto; una polizza di assicurazione per eventuali multe, ecc.

4. False accuse

Don Paddy ha 65 anni. Da quattro anni è tornato dal Camerun, dove ha lavorato come missionario per quasi tutta la sua vita sacerdotale e ora fa il parroco nella parte a ovest dell'Irlanda. La vita trascorre tranquilla a Finnisklin, nella diocesi di Sligo, distante cento chilometri dalla sua città natale, Galway. Le sue preoccupazioni maggiori sono che i funerali sono più dei battesimi e, ancor di più, che il numero di persone che viene a messa è in continuo calo.

Alcuni dicono che lo scandalo degli abusi sessuali, che ha colpito il Paese, abbia allontanato tanti fedeli dai propri pastori. Don Paddy, però, pensa che questo sia solo la punta dell'*iceberg*: le radici sono più profonde; lui è solo un parroco di campagna e quindi non deve risolvere i grandi problemi della Chiesa, bensì solo quelli della sua parrocchia e si adopera affinché ogni settimana ci sia una famiglia in più a messa, una persona in più che frequenti il sacramento della riconciliazione, un ragazzino in più che preghi per le vocazioni sacerdotali.

Un giorno, mentre è in chiesa circondato dai ragazzi che si preparano per la Prima Comunione, viene assalito da una *troupe* della televisione pubblica nazionale, la RTE. La giornalista, in maniera molto aggressiva, gli chiede davanti a tutti perché fosse uno stupratore, un pedofilo e addirittura padre di una bambina chiamata Tayla.

Completamente colto di sorpresa, balbettante e molto nervoso, don Paddy riesce solo a negare tutto e scappare di corsa in canonica chiudendo la porta. Più preoccupato di quanto avrebbero potuto pensare i bambini e le loro famiglie, non si rende conto che la telecamera lo aveva seguito e ripreso in video tutta la scena.

Quella sera don Paddy parla con il vicario generale della diocesi di Sligo, per informarlo di quanto accaduto, ma soprattutto per ricevere qualche parola di consolazione. Lo fa per telefono perché in quella situazione non si azzarda ad uscire neppure per la solita birra serale, ma preferisce stare chiuso a casa. Il vicario, consolandolo e rassicurandolo, aggiunge: «I *media* ci danno la caccia, ma noi dobbiamo continuare a fare il nostro lavoro per le anime».

Don Paddy, però, non rimane tranquillo e contatta il vescovo della diocesi camerunese dove aveva lavorato come parroco e riesce a convincerlo a scrivere una lettera al direttore della RTE spiegando che don Paddy era stato un sacerdote esemplare e che mai aveva avuto alcun problema nella sua diocesi. Alla lettera del vescovo, don Paddy aggiunge una sua missiva, nella quale ribadisce la sua innocenza e si rende disponibile il test di paternità per dimostrare di non essere il padre di nessuna bambina e tantomeno di Tayla.

Le lettere non ricevono risposta da parte dell'emittente. Un mese dopo, la RTE mette in onda un programma di cosiddetto *giornalismo di investigazione*, intitolato *Mission to Prey*, Missione predatoria. Il gioco di parole in inglese fa leva sul fatto che *pray*, pregare, si pronuncia allo stesso modo di *prey*, predare, e quindi suggerisce che i missionari irlandesi andavano in Africa per *cacciare* i locali, invece di pregare per loro.

Il programma presenta sette casi di abusi sessuali da parte di missionari: cinque già conosciuti all'opinione pubblica, il sesto riguardava un religioso appena morto (il fatto che in vita avesse energicamente negato le accuse non importava niente alla giornalista), e la parte principale del programma è dedicata a don Paddy.

La giornalista intervista con toni piuttosto drammatici una donna keniana, di nome Mariama, che sostiene di essere stata violentata e lasciata incinta nel 1982 da don Paddy, quando aveva appena 14 anni; aveva poi dato alla luce una bambina, di nome Tayla, presentata anche lei nel programma. Secondo Mariama don Paddy, per un certo periodo di tempo, le aveva dato dei soldi affinché rimanesse in silenzio e non denunciasse al vescovo la cosa.

Gli effetti del programma, visto da più di 500.000 persone, sono devastanti: reazioni piene di ira dei parrocchiani contro la Chiesa, telefonate di minaccia, lettere offensive... In seguito ai regolamenti stabiliti dalla Chiesa in Irlanda, don Paddy viene rimosso dal suo ruolo di parroco e obbligato a lasciare la casa parrocchiale e ad abbandonare il suo villaggio, fino a che non vengono chiariti i fatti.

Questo scandalo arriva in un momento molto difficile per la diocesi: negli ultimi mesi sono stati resi noti molti casi di abusi su minori commessi dal clero diocesano alla fine degli anni '80 e per i quali il vescovo di allora non aveva fatto altro che nasconderli e insabbiare le denunce dei genitori. La diocesi, ritenendo che quello di don Paddy fosse uno di questi casi, già troppi, lascia perdere. Per questo l'addetto stampa della diocesi, seguendo le indicazioni della curia, non si occupa delle accuse a don Paddy respinge le richieste di commenti da parte dei giornalisti locali, lasciando che sia l'ufficio stampa della Conferenza Episcopale ad occuparsene. Se a Sligo c'era tanto da fare, molto di più è il lavoro accumulato a Dublino, e quindi neppure l'ufficio stampa della Conferenza Episcopale si mobilita.

Don Paddy non rimane con le mani in mano e cerca aiuto per poter dimostrare la sua innocenza. Lo trova nell'API, Associazione di preti irlandesi, un'associazione indipendente che gli stessi preti hanno creato durante la crisi degli abusi sessuali proprio per difendersi dalle false accuse. Sono loro ad accompagnare l'ex missionario in queste difficili circostanze, a finanziare le prove mediche di paternità e a studiare come rispondere alla campagna di opinione pubblica contro di lui.

Due mesi dopo, il caso sembra stia per concludersi. I due test di DNA, realizzati da laboratori indipendenti, hanno dimostrato che don Paddy non è il padre di Tayla. Con questi risultati eclatanti, l'API fa due cose: invia una lettera al presidente della RTE e assume uno studio legale affinché proceda a denunciare la giornalista per calunnia.

Mentre i legali della API stanno ancora preparando i documenti necessari per presentare la denuncia davanti alla corte penale di Sligo, l'emittente televisiva annuncia che in seguito ad un'indagine interna, sospende il programma *Missione predatoria* e chiede pubbliche scuse a don Paddy.

«RTE è certa, senza ombra di dubbio, che le accuse rivolte a don Paddy sono false e carenti di ogni fondamento – dice l'apologia – e afferma che don Paddy è un sacerdote integro che ha contribuito efficacemente durante più di 40 anni al servizio dei giovani sia in Camerun che in Irlanda». L'emittente, inoltre, afferma che è disponibile a pagare un indennizzo a don Paddy.

La notizia, trasmessa nel telegiornale di maggior ascolto della RTE, ha suscitato grande scalpore.

Domande

Elabora un piano di comunicazione per il portavoce della diocesi di Sligo dopo il comunicato della RTE.

Suggerimenti per il Vescovo di Sligo che non riguardano la comunicazione.

Quali sono i problemi nella diocesi di Sligo che questo episodio evidenzia e come evitarli in futuro.

Proposta di soluzione

Elabora un piano di comunicazione per il portavoce della diocesi di Sligo dopo il comunicato della RTE

Prima di elaborare qualsiasi piano operativo, bisogna identificare il problema. A mio avviso, si potrebbe descrivere così: come comunicare l'innocenza di un prete ingiustamente accusato di abusi sessuali, quando la diocesi non prede la sua difesa al momento dell'accusa. Forse conviene aggiungere il contesto: una diocesi dove ci sono stati diversi casi di abusi.

Il caso chiede di assumere la posizione dell'addetto stampa diocesano: dobbiamo guardare al problema con i suoi occhi. Il problema, quindi, non è direttamente mio, ma devo collaborare alla sua risoluzione.

Il dipartimento di comunicazione diocesano di Sligo deve quanto prima mettersi in contatto con don Paddy e con l'API, sono loro che hanno assunto la difesa di don Paddy e che hanno tutte le informazioni al riguardo. Ora che è stata dimostrata l'innocenza del sacerdote, la diocesi non può assumere la causa come propria: avrebbe dovuto farlo prima... Il suo ruolo è solo di supporto e di collaborazione.

In ogni caso, la prima telefonata a don Paddy non può arrivare dall'ufficio comunicazioni diocesano: sarebbe un approccio sbagliato. Il primo che deve parlare con lui è il vescovo o, se questo fosse impedito per qualsiasi motivo, il vicario generale.

La vicenda umana è più importante della questione riguardante l'opinione pubblica. Quindi, la prima cosa che dovrebbe fare l'addetto stampa, appena saputa la notizia, è parlare con il vicario per confermare che abbia già parlato con don Paddy, o che lo farà quanto prima, e di sapere come la diocesi potrebbe aiutare in questo caso. Se don Paddy, poi, chiede aiuto, gli verrà offerto, altrimenti bisogna rimanere in secondo piano.

Le proposte che il portavoce diocesano dovrebbe fare a don Paddy riguardo al rapporto con i *media* devono includere:

- Preparazione di un *press kit* con tutte le informazioni al riguardo, da mettere a disposizione dei giornalisti;
- Preparazione di un documento di Q&A, ad uso esclusivo delle persone che ne parleranno pubblicamente;
- Preparazione di bozze di articoli e interviste per i giornali che lo chiedano;
- Preparazione di un'eventuale conferenza stampa: contenuti e scelta degli *speaker*, convocazione e organizzazione, *media training* ecc.;
- Scheda sulla situazione di altre cause che riguardano abusi commessi da sacerdoti in quella diocesi e nell'intero paese;
- Scheda sulle procedure legali, nel caso in cui si chieda perché don Paddy sia stato rimosso dalla parrocchia prima di essere dimostrata la sua colpevolezza.

Le questioni organizzative sono importanti, ma lo sarà molto di più saper scegliere il tono e i messaggi da trasmettere, evitando ad ogni costo che sembri un'iniziativa di *vendetta* e che abbia un tono di superiorità: ci vuole moderazione. La reazione deve essere gioiosa perché un innocente è stato salvato, ma non trionfalistica, perché ci sono molti altri casi; l'accaduto deve servire come opportunità per migliorare i rapporti con i *media*, non per umiliarli. Anzi, nel modo di rispondere si vedrà l'identità dell'istituzione e quindi la risposta dovrà essere soprannaturale e senza rancore.

Più importante dei *media* saranno gli altri pubblici: gli altri vescovi irlandesi, il nunzio, i sacerdoti irlandesi, tutti i fedeli del Paese. A questo scopo sarebbe utile presentare una proposta di informazione diretta (per esempio i vescovi) attraverso il giornale diocesano, un bollettino in formato elettronico, ecc.

Per quanto riguarda la RTE, l'accaduto sarebbe un'opportunità per chiedere non solo un indennizzo pecuniario, ma anche una restituzione in specie. Mi vengono in mente due esempi: un *reportage* sulla vita di tre o quattro preti esemplari; e un altro sul lavoro dei preti irlandesi missionari in Africa. Con entrambi i documentari si dà una mano a far conoscere a molte persone la realtà della Chiesa, senza dover ricordare le falsità previamente mandate in onda.

Non sarebbe male, infine, che l'indennizzo a don Paddy avesse un uso adatto ai fini della Chiesa. Magari si potrebbe pensare a un fondo di aiuto per le vittime di questi casi (persone abusate, ma anche sacerdoti falsamente accusati di abusi), oppure in beneficenza per i missionari in Camerun. Ma insisto, l'iniziativa è di don Paddy, che è riuscito a chiarire da solo, senza l'aiuto della diocesi.

Suggerimenti da dare al vescovo di Sligo che non riguardano la comunicazione

In primo luogo, come detto sopra, il vescovo deve parlare con don Paddy e non è escluso che debba chiedere scusa per non aver preso la sua difesa come doveva.

Deve, poi, mettersi d'accordo con lui sul modo di essere reinserito in parrocchia: in linea di massima, sarebbe logico farlo con un atto pubblico con la partecipazione del vescovo e dei preti della diocesi, e magari in una occasione festiva; ma deve essere don Paddy a decidere su quanto non sia strettamente giuridico, perché è stato lui l'offeso che si deve integrare.

In terzo luogo, bisogna parlare con l'API, non solo riguardo questo caso, ma in generale. Non è da scartare che ce ne siano altri casi simili.

Non è chiaro se vale la pena parlare con Mariama, visto che non sembra una vittima bensì una menzognera... ma non si sa mai. Forse va trovata, da una persona non altolocata della diocesi (due donne del consiglio pastorale diocesano, ad esempio), per capire meglio cosa è successo, con atteggiamento materno.

Quali sono i problemi nella diocesi di Sligo che questo episodio mettono in evidenza e come evitarli in futuro

Il primo problema è certamente la mancanza di attenzione verso i sacerdoti accusati di abusi. Certamente si devono prendere tutte le decisioni provvisorie previste dal diritto canonico (sospensione, trasferimento, ecc.), ma questo non significa che bisogna lasciare i preti da soli. L'esistenza di un'organizzazione come l'API fa capire che le cose non vanno bene, che c'è disunione tra i preti e il loro vescovo. La diocesi dovrebbe, quindi, migliorare il rapporto con il clero, con azioni pastorali, di governo, di formazione e di comunicazione.

In secondo luogo, la situazione di abusi generalizzati sembra indicare che c'è ancora molto da fare in questo campo. La diocesi potrebbe usare questo caso come strumento di cambiamento interno: prendere l'iniziativa per educare i fedeli su come comportarsi in casi simili e, invece di nascondersi, far vedere che si vuole realmente un cambio, come il Papa ha decisamente indicato per tutta la Chiesa. E si dovrebbe farlo in maniera positiva: per esempio, creando una giornata di preghiera per la santità dei sacerdoti.

La terza questione riguarda la comunicazione: sembra che l'ufficio stampa diocesano e quello centrale della Conferenza Episcopale non riescano ad occuparsi delle questioni più importanti. Sarebbe auspicabile revisionare le procedure adottate per questo caso (cosa è stato fatto e cosa no, perché, e trarre le conseguenze). A questo punto suggerirei di chiedere un parere esterno, una consulenza di un esperto, che faccia delle raccomandazioni; e di considerare di migliorare la qualificazione professionale delle persone che lavorano in tali uffici. Si potrebbe anche scrivere un *case study*, in modo che serva come esperienza ad altri uffici di comunicazione ecclesiali.

Dall'accaduto emerge pure il bisogno di fare dei corsi di *media training* ai sacerdoti, affinché non fuggano davanti alle telecamere. Magari si potrebbero fare dei corsi specifici per i preti e istituzionalizzare questa materia nel *curriculum* del seminario diocesano.

Questo caso rappresenta, infine, un'opportunità affinché i *media* prestino più attenzione al modo di informare sulla Chiesa. L'ufficio diocesano, o quello nazionale, potrebbero prendere l'iniziativa di organizzare, ad esempio, una giornata di studio sull'informazione in materia religiosa, invitando sia delegati diocesani che giornalisti che si occupano dell'informazione religiosa, per studiare insieme come migliorare la qualità e l'accuratezza del lavoro di entrambi. Questo incontro, promosso direttamente, o con la collaborazione di un'università, un'associazione professionale, ecc., sarebbe una apertura al dialogo e al miglioramento della situazione presente.

5. Docente poco decente

Il conflitto tra docenti di religione e gerarchia cattolica è in attesa di giudizio. O almeno così lo vedono alcuni. *O Seculo*, il giornale più influente del Portogallo, oggi titola così: «La Chiesa non può prescindere dai docenti di religione per peccare fuori aula».

La Corte Costituzionale si riunisce domani per giudicare se il mancato rinnovo del contratto di lavoro con Ophélia Queiroz Pinheiro da parte dell'arcivescovado di Porto è stato fatto secondo diritto oppure si è trattato di una illegittima discriminazione per motivi sessuali.

Tutto ha avuto inizio quattro anni fa a Porto. Ophélia aveva 36 anni quando perse il lavoro perché si era sposata civilmente con un uomo divorziato. «Ci sono arrivate certe voci che dicono che vivi con un uomo sposato. È una situazione insostenibile», le disse il delegato episcopale per l'educazione, don Alberto Caeiro.

Ophélia era docente di religione nell'istituto pubblico *Batalha de Aljubarrota* di Porto e nei sette anni in cui aveva insegnato là, sempre con l'approvazione del Vescovo locale rinnovata ogni anno, non c'erano state lamentele di sorta; anzi, Ophélia era stata nominata Docente dell'anno da parte dell'Associazione Genitori della scuola, e lo stesso vescovo, mons. Riccardo Reis, le aveva consegnato il premio.

Poche settimane dopo Ophélia conobbe Álvaro de Campos, avvocato di 51 anni, e fu amore a prima vista: sette mesi dopo si sposarono in Municipio, perché Álvaro era reduce da un primo matrimonio andato male e non poteva sposarsi in chiesa.

I novelli sposi, in maniera discreta, provarono a tener nascosto il loro rapporto, ma queste cose sono difficili da mantenere segrete. Appena la vicenda giunse alle orecchie di don Alberto Caeiro, Ophélia fu chiamata all'arcivescovado e le venne comunicato che il suo contratto annuale non sarebbe stato rinnovato. «Non puoi insegnare religione se ti sei sposata civilmente, – le disse don Caeiro – saresti un cattivo esempio per i ragazzi».

Ophélia tentò di spiegare che quella decisione personale non condizionava nè le sue conoscenze in materia religiosa nè le sue doti pedagogiche, ma don Caeiro disse che la questione era chiusa e la congedò. Ophélia, consigliata da un collega di suo marito, decise di non arrendersi, e presentò denuncia ai tribunali locali per licenziamento ingiustificato.

In prima e seconda istanza, i tribunali diedero ragione all'Arcivescovado: secondo il Concordato tra la Santa Sede e la Repubblica del Portogallo, la Chiesa ha il diritto di organizzare con totale autonomia l'insegnamento della religione cattolica nelle scuole pubbliche.

Le autorità ecclesiastiche, quindi, possono decidere liberamente i contenuti, i manuali da usare e la nomina dei docenti in questa materia, mentre lo Stato si fa carico degli stipendi e degli eventuali indennizzi qualora il licenziamento (o il mancato rinnovo del contratto) dovesse essere giudicato irregolare dai tribunali.

La battaglia legale, durata ben quattro anni, è ormai al capolinea. Questa settimana, però, la situazione potrebbe capovolgersi: per la prima volta, un caso del genere arriva al Tribunale Costituzionale e i magistrati della Corte dovranno pronunciarsi non su una questione di rapporto lavorativo, bensì su quella dei diritti fondamentali. Come ha dichiarato a *Il Século* l'avv. Cecília Meireles, difensore di Ophélia:

> «Quello che è in discussione sono i diritti basilari di ogni persona: non subire discriminazioni per circostanze personali, la libertà ideologica con il diritto a contrarre matrimonio in una forma legalmente stabilita, e all'intimità personale e familiare».

Per la Meireles, i diritti fondamentali protetti nel Titolo I della Costituzione portoghese non possono essere contraddetti da nessun altro testo con valore legale e, quindi, neppure da un trattato internazionale come il Concordato.

Le attese in città sono grandi e la controversia pure. Durante il processo, i *media* si sono occupati abbondantemente del problema. Non sono mancati analisi profonde e quello che ha colpito di più l'opinione pubblica del Paese è stata un'intervista televisiva a Caetano Veloso, un ex sacerdote di Evora che insegnava religione fino a quando un giornale pubblicò una sua foto con la famiglia (moglie e cinque figli) durante una manifestazione «pro celibato opzionale». Subito dopo, la diocesi lo licenziò e la disputa arrivò ai tribunali che dichiararono di non avere competenze per discutere «di affari interni alla Chiesa» e quindi confermarono la decisione della diocesi.

L'intervista a Veloso ha avuto un picco di *share* soprattutto mentre raccontava le sofferenze subite nel dover nascondere la sua famiglia per evitare rappresaglie e le difficoltà economiche nel periodo in cui non trovava un impiego. Curiosamente, Veloso ora fa il docente in una scuola cattolica delle Sorelle dell'Assunzione; non insegna religione bensì matematica, visto che prima di farsi sacerdote, Veloso si era laureato all'Università.

Chi è rimasto in silenzio durante il processo è stato l'arcivescovado. I giornali hanno tentato di intervistare sia mons. Reis e sia don Caeiro, ma l'addetto stampa diocesano, Fernando Pessoa, ha sempre respinto le richieste.

Chi invece ha difeso le ragioni della Chiesa è stata la Confederazione Cattolica di Genitori, che ha sempre ribadito:

> «La vita di chi insegna religione deve essere coerente con quanto si insegna ai propri alunni, altrimenti si corre il rischio di creare una grande confusione nei ragazzi».

La sentenza sarà resa pubblica dopodomani alle 12:00. Se la corte darà retta a Ophélia verrà decisa una indennità che l'arcivescovado dovrà pagare e il diritto dell'insegnante a riavere il suo posto di lavoro.

Ma non solo. La sentenza riveste un'importanza decisiva poiché ci sono altri sei casi simili che aspettano un precedente storico per cambiare la prassi seguita dai tribunali portoghesi fino a questo momento.

Domande

Prepara un piano di comunicazione per Fernando Pessoa.

Cosa si sarebbe potuto fare in anticipo per evitare il problema?

Come si sarebbe dovuta preparare l'istituzione per un'evenienza di questo tipo?

Proposta di soluzione

Prepara un piano di comunicazione per Pessoa

Identificare il problema: accusa di discriminazione nel lavoro per lo stile di vita di una docente di religione. Si tratta di un problema di ambito generale: stiamo parlando di una docente in una scuola pubblica; qualsiasi causa che riguarda i diritti umani è di interesse universale; e, infine, ci sono docenti di religione nella stessa situazione in tutto il paese e non solo nella diocesi di Porto.

Siamo davanti a un problema di opinione pubblica, non solo giuridico: qualunque sia il risultato (sentenza favorevole o contraria), l'istituzione deve riuscire a far capire ai suoi pubblici prioritari le ragioni della Chiesa per mantenere l'identità nell'insegnamento della dottrina cristiana. Si può ben dire che è un *issue*: una controversia cronica di radici ideologiche, con attivisti in entrambi i lati, e che non si risolverà mai.

Determinare la risposta (posizionamento): Proprio perché siamo davanti ad un *issue*, bisogna centrare la risposta istituzionale nella spiegazione della propria posizione, in termini positivi: la diocesi (la Chiesa) difende il diritto dei genitori a educare i loro figli in sintonia con le proprie convinzioni religiose e morali. La Chiesa si sente garante di questo diritto fondamentale.

Si deve anche ribadire il rispetto della Chiesa alla persona di Ophélia e alla sua scelta di vita. Va fatto esplicitamente, non si può dare per scontato. Nessuna parola contro Ophélia (neppure un giudizio morale sul suo comportamento: farebbe slittare il dibattito sulla libertà delle persone, ecc.): si difende un diritto/dovere, non si attacca a nessuno.

Impostando la risposta in questo modo si evita la contrapposizione tra la Chiesa (istituzione grande e potente) e una povera signora che non ha fatto altro che seguire il suo cuore.

Capire i ruoli di ciascuno: se il problema è nazionale e quindi di tutta la Chiesa del Portogallo – perché i pubblici prioritari sono su scala nazionale (e inoltre ci sono altri casi in attesa di sentenza) – non ha senso che Pessoa lavori da solo; anzi, sarebbe un errore. Tra l'altro Porto non è la capitale del paese e il centro operativo sarà lontano dal centro reale della controversia: conviene, quindi, coordinare la risposta a livello nazionale. A mio parere dovrebbero occuparsene congiuntamente la Conferenza Episcopale e la diocesi di Porto.

In secondo luogo, se la Chiesa difende il diritto dei genitori ad avere la formazione religiosa e morale dei loro figli, conviene che i genitori abbiano un ruolo importante. Certamente la diocesi di Porto deve intervenire da protagonista (è stata la diocesi che ha preso la decisione), ma si deve dar visibilità ai genitori che sono stati difesi proprio da questa decisione ecclesiale.

Determinazione dei pubblici prioritari: come già detto, è un problema di interesse generale e, quindi, il ruolo dei *media* sarà determinante; perciò, l'attenzione ai giornalisti è molto importante in questo caso.

Ci sono, però, anche pubblici prioritari, ai quali devo prestare un'attenzione particolare: i docenti di religione del Paese (in primo luogo quelli che insegnano nelle scuole pubbliche, ma anche coloro che insegnano nelle scuole cattoliche e in quelle private); le associazioni cattoliche di genitori; i direttori e i docenti delle scuole pubbliche.

E, infine, (non come pubblico bensì come partecipi, perché probabilmente saranno chiamati in causa, diranno qualcosa nelle loro città, ecc.) i vescovi del Portogallo.

Elaborare gli scenari: sono due, sentenza favorevole e sentenza contraria. Bisognerebbe preparare quindi due piani di lavoro (anche se saranno molto simili, conviene svilupparli tutti e due). È bene anche raccogliere tutte le informazioni utili sul caso e sulla questione discussa: sentenze precedenti, situazione legale in altri paesi simili, casi in attesa di sentenza, ecc.

In entrambi i casi bisognerà prepararsi per il peggio visto che la diocesi non ha rapporti fluidi con i giornalisti.

Non si deve tralasciare il fatto che la tentazione di centrare la propria attenzione negli aspetti giuridici sarà forte, soprattutto per i vescovi, e quindi bisognerà insistere sulle due battaglie in corso: davanti alla corte giuridica e davanti alla corte dell'opinione pubblica.

Presentare una proposta di lavoro: Non c'è bisogno di includere nella proposta tutte le idee precedenti (le ho scritte affinché possiamo condividere il processo mentale su come arrivare a quelle conclusioni). Basterebbe commentare brevemente la descrizione del problema e della risposta istituzionale, chi dovrebbe far parte del comitato di crisi (il vicario responsabile delle nomine, un consulente legale, lo stesso Pessoa).

Il suggerimento è che la risposta istituzionale sia coordinata insieme con il dipartimento di comunicazione della Conferenza Episcopale e che sia predisposto un piano di azione per ciascuno dei pubblici prioritari.

Quindi:

In maniera immediata per tutti i pubblici: testo da distribuire (*web*, comunicato stampa), orientamenti di fondo per *media* cattolici, ecc.; Q&A per tutte le diocesi; dichiarazione immediata per i *media* (chi, quando, dove, tono); e poi converrà pure suddividere i contatti con i *media* per poter rispondere alle loro domande.

Per ciascuno dei pubblici prioritari, poi, si deve trovare un canale adeguato di comunicazione.

Bisogna trovare alleati in questa controversia; individuare amici che possano intervenire a favore della diocesi di Porto: ad esempio, uno che spieghi l'importanza dell'esempio e la testimonianza nell'insegnare la religione; un altro che spieghi con un approccio giuridico che la difesa dell'identità non è una discriminazione contro nessuno; un rappresentante dei docenti di religione che sia d'accordo con la diocesi; le associazioni di genitori, ecc.

Queste proposte si devono calendarizzare, tenendo presente l'evolversi della notizia: quando il tribunale notificherà la sentenza; i programmi di radio e televisione, e gli aggiornamenti dai *media* digitali, ecc.

Cosa si sarebbe potuto fare per evitare il problema?

Quando il problema sarà risolto, o in via di soluzione, bisognerà spiegare ai capi quali sono state le sue cause.

Dalla descrizione della situazione della diocesi si può concludere che la comunicazione non può svolgere il suo compito di prevenzione delle crisi migliorando i rapporti con i pubblici prioritari, e in questo caso con i *media*, poiché non esiste questo rapporto in tempi sereni; quindi, in tempi burrascosi si raccoglie solo quello che è stato seminato.

Il caso della scuola delle sorelle dell'Assunzione dimostra che i principi di base non sono conosciuti/condivisi da tutte le istituzioni cattoliche e che c'è una mancanza di comunione ecclesiale.

Ma i problemi alla base della situazione non sono di comunicazione, bensì di gestione sia dei docenti di religione nelle scuole pubbliche e sia delle problematiche che possono derivarne.

Forse si sarebbero potute intraprendere diverse iniziative per evitare che la disputa arrivasse in tribunale.

Come si sarebbe dovuta preparare l'istituzione per un'evenienza di questo tipo?

Con misure di buona gestione:

- Procedure adeguate alla selezione dei docenti.
- Accordo scritto con loro con una clausola riguardante l'idoneità della condotta cristiana.
- Procedure adeguate che assicurino la formazione permanente del personale e la supervisione periodica del loro operato (casi del genere possono capitare).
- Procedure per risolvere questo tipo di problematica in maniera negoziata e pacifica. Forse si potrebbero aiutare le persone a trovare un altro lavoro.

La natura di questo *issue* avrebbe richiesto uno studio approfondito e un piano di comunicazione al riguardo, affinché le ragioni della Chiesa fossero conosciute almeno dai pubblici più vicini: argomentario, pubblicazioni, sensibilizzazione degli operatori educativi cattolici, ecc. La legge vigente che, a quanto pare, non è completamente soddisfacente, sarebbe un tema da considerare nell'agenda dei rapporti della Chiesa con le autorità del paese.

Dal punto di vista della comunicazione, sarebbe stato molto utile avere un ufficio stampa diocesano veramente operativo con rapporti fluidi con i giornalisti, gli altri uffici di comunicazione delle diocesi del paese ben collegati in grado di lavorare in rete fra loro e con quello della Conferenza Episcopale; canali di comunicazione aperti e funzionanti per poterli usare con i pubblici prioritari. In quattro giorni non si possono creare canali nuovi.

Queste situazioni sono ormai abituali e, quindi, sarebbe stato molto proficuo che la diocesi avesse studiato altri casi simili e avesse avuto un piano di crisi specificamente preparato per un'evenienza di questo tipo.

6. Una telefonata notturna

Riiing! Riiing!

Svegliata nel mezzo della notte, suor Diana Ohem dirige il braccio verso il comodino e accende la luce. Sono le tre del mattino: chi può essere a quest'ora della notte?

Molto lentamente (di solito fino alle undici del mattino non è completamente sveglia e solo grazie all'aiuto di tre caffè) arriva finalmente al telefono.

– «Chi è?»

– «Diana, sono Marta. Scusami se ti sveglio a quest'ora, ma la madre di un'alunna delle Medie dice che ha bisogno di parlarti con molta urgenza. Te la passo?»

Suor Marta Tatso è l'amministratrice della Scuola del Sacro Cuore, un'istituzione che gode di molto prestigio nella città, con i suoi oltre milleduecento alunni. L'indice di natalità della città è diminuito molto in questi ultimi dieci anni per cui la scuola, per assicurarsi il proprio futuro, ha aperto un giardino di infanzia per bambini dai due anni in su che adopera il metodo pedagogico *Vaurien*. Secondo questo metodo i bambini imparano musica classica, matematica e le lingue quando non sanno ancora camminare. I risultati sono stati talmente sorprendenti che quest'anno hanno ricevuto richieste di gran lunga superiori alle loro disponibilità.

La certezza di poter contare su un adeguato numero di alunni per i prossimi anni ha fatto sì che si potesse assumere personale sempre più qualificato. Da qualche anno la maggioranza delle professoresse sono laiche, ma la direzione, nonché le faccende fuori dall'orario di lavoro, vengono affidate alla piccola comunità di religiose che abita nello stesso edificio. Poiché suor Marta ha un sonno molto leggero, si incarica di rispondere alle chiamate notturne. Fortunatamente non ci sono molte chiamate, ma non si sa mai...

– «Va bene, passamela. Deve essere qualcosa di serio se chiama alle tre di notte... E poi, mi hai già svegliata», dice suor Diana mentre si strofina gli occhi.

– «Pronto?»

– «Parlo con la direttrice? Sono Rosa Kramer, la madre di Pinky. Si ricorda di me? Eravamo sedute allo stesso tavolo alla cena di gala della scuola del mese scorso».

L'immagine di Rosa Kramer inizia a stagliarsi nella mente di Diana: una signora un po' robusta, sposata con uno svedese stabilitosi in città, che non smise un attimo di parlare delle virtù di sua figlia a quella cena di fine anno.

– «Certo che la ricordo. Sua figlia è al secondo anno, no?»

– «Sì. La chiamo dall'*Ospedale degli Angeli Custodi*. Pinky sta morendo».

Quella frase è come una frustata. Il sonno è scomparso. Diana finisce di alzarsi e quasi gridando:

– «Come? Pinky sta male?!? Cos'ha?»

– «Soffre di una meningite acuta e il medico ha detto che non sa se passerà la notte. Sono distrutta...».

Un brivido percorre la schiena di Diana. Una meningite! A quell'età non ci si può fare nulla. E peggio ancora, è una delle malattie più contagiose che esistano...

Suor Diana lo sa bene perché un paio d'anni fa in un'assemblea della COSC (la Confederazione delle Scuole Cattoliche del suo paese) un collega raccontò che nella sua scuola si erano verificati cinque casi di meningite acuta e tutti e cinque con esiti fatali. Suor Diana ricordava quasi letteralmente una frase di quel collega perché le aveva destato molta impressione: «*Fortunatamente* questa malattia è così rapida che uccide in 72 ore».

La sua prima reazione fu pensare che il suo collega era un detestabile uomo senza sentimenti fino a che non si rese conto che quel *fortunatamente* si riferiva al fatto che anche in 72 ore si riesce a capire se gli altri bambini hanno contratto la malattia.

– «Quando se ne è accorta?», chiese Diana alla signora Kramer.

– «Proprio in questo momento. Ho appena chiamato mio marito che è fuori città e che prenderà il primo volo di ritorno, ma non arriverà prima di domani a mezzogiorno. Sono con mia cugina Bianca. Tuttavia la chiamo perché il medico mi ha chiesto se Pinky era stata con altri bambini oggi. Per il possibile contagio, sa? E non so cosa rispondere».

Effettivamente Pinky era stata a scuola quella mattina. Era stata precisamente suor Anna Lavender, la tutrice di Pinky, che aveva chiamato sua madre a mezzogiorno affinché venisse a riprenderla. La bambina era come intontita e invece di giocare con i suoi compagni, era rimasta in un angolino, seduta in silenzio. Qualcosa di insolito, visto che la ragazzina è piuttosto vivace, quasi iperattiva...

– «La porti dal medico. – aveva detto suor Anna alla mamma di Pinky – Questa bambina non sta bene».

Poco dopo la signora Kramer era venuta a prendere la figlia e l'aveva portata all'ospedale. I risultati delle analisi hanno tardato non poco perché i medici non credevano a ciò che vedevano e li hanno quindi ripetuti più volte prima di confermare la diagnosi.

Domande

Cosa deve fare adesso suor Diana e in quale ordine?

Cosa si sarebbe potuto fare per evitare il problema?

Come avrebbe dovuto meglio prepararsi l'istituzione per un'evenienza di questo tipo?

Cosa si dovrà fare, quando sarà passato tutto, per recuperare la fiducia pubblica?

Considerazioni

Quali sono i rischi che corre la scuola? Quale sarebbe lo scenario più benigno e quale il più negativo? Chi sono i suoi pubblici? Quali principi devono ispirare la reazione di una "scuola cattolica"? Cosa si deve sapere prima di agire? A chi si deve rivolgere per primo? A chi si deve chiedere consiglio? Quali aspetti legali non devono essere tralasciati? Conviene aspettare fino a che non si sia accertato che non ci sono altri contagi per informare le autorità sanitarie locali? Che penseranno i genitori se non li si informa? Che influenza può avere il fatto che ci sia o meno un'Associazione dei Genitori, una Associazione di ex alunni, un Bollettino della scuola, un ufficio stampa?

7. Una svista del giornale

Negli ultimi due anni il giornale dell'arcidiocesi *Il Visitatore del Caribe* è riuscito a diventare uno dei quotidiani più prestigiosi dell'arcipelago. Non appena rientrato da Roma, dove dopo quattro anni si era laureato in comunicazione, don Manuel Alejandro Londoño ne era stato nominato il direttore.

Subito dopo, aveva proposto all'arcivescovo una riforma lungimirante che prevedeva un nuovo disegno grafico, l'assunzione di nuovi collaboratori e l'ampliamento dell'informazione politica e culturale. Questi suoi progetti, che a prima vista erano sembrati molto ambiziosi (e perciò criticati da non pochi), avevano avuto un evidente successo, le vendite si erano raddoppiate ogni sei mesi e gli introiti cresciuti quasi allo stesso ritmo.

Parte di questo grande successo è merito di una delle nuove editorialiste, la stilista Vanessa Rodrígues, una vera celebrità nel paese. Don Manuel Alejandro le ha dato un ampio margine di libertà e lei ha dimostrato di saper scegliere bene il tema del suo spazio quotidiano. I suoi editoriali toccano sempre un tema interessante, per quanto divertente, curioso... o controverso.

«Sono una persona molto fortunata», ha sottolineato in un'intervista, qualche mese fa: «posso parlare di ciò che voglio, come voglio: il mio unico limite è di non superare le 400 parole. E la cosa funziona: sembra che quello che scrivo piaccia alla gente».

I dati confermano questa impressione; tutti i giorni giungono al direttore molte lettere riguardo gli articoli di Vanessa Rodrígues e gli apprezzamenti sono di gran lunga più numerosi delle lamentele.

Tuttavia, un giorno le è capitato di scrivere qualcosa della quale si sarebbe in seguito pentita. L'articolo era in fondo uno sfogo: diceva che era stufa della gente che si lagna in continuazione, che non smette di lamentarsi su come la vita li tratti male e che scarica sempre la colpa sugli altri e mai su loro stessi. Se si fosse fermata qui non sarebbe successo nulla, ma poi ha aggiunto che questo atteggiamento è frequente in persone di alcune razze. In concreto, Vanessa ha scritto che un preciso gruppo etnico era piuttosto lagnoso: gli ebrei. «Ne abbiamo abbastanza del fatto che tutti i giorni ci ricordino che Hitler ha ucciso sei milioni di ebrei e che lo vengano a dire a noi caraibici, che non abbiamo niente a che vedere con quei fatti. Bisogna guardare avanti perché la storia continua», dicevano le ultime righe.

Come previsto, i suoi commenti hanno provocato agitazione. Fin dalle prime ore del giorno sono cominciate ad arrivare al giornale chiamate di protesta alle quali ha dovuto rispondere lo stesso direttore.

«Mi sembra che questa volta si sia allargata un po' troppo – ha commentato don Manuel Alejandro riagganciando il ricevitore dopo una delle ennesime telefonate –. Magari avessi parlato con lei prima della pubblicazione del giornale affinché ridimensionasse le sue parole. Spero che non abbia irritato altre persone».

A mezzogiorno don Manuel Alejandro ascolta le notizie alla radio, come suo solito. Le cattive notizie non si sono fatte aspettare; la comunità ebraica ha inviato una lettera di protesta all'arcivescovo annunciando che, in mancanza di provvedimenti, avrebbe sollecitato i suoi membri a cancellare i loro abbonamenti al *Visitatore* e a boicottare i prodotti presentati sul quotidiano.

La stessa giornalista, che ha sentito lo stesso notiziario, immediatamente chiama il giornale:

– «Mi dispiace molto, don Manuel Alejandro. È tutta colpa mia. C'è qualcosa che posso fare per rimediare?»

– «C'è poco da fare adesso, a parte sopportare l'acquazzone finché la tempesta non si plachi. Per ora sospendiamo la pubblicazione dei tuoi articoli per evitare mali maggiori».

– «Certo, ci mancherebbe. Nel frattempo, io vado fuori città per evitare problemi, ma se succedesse qualcosa sarò rintracciabile sul cellulare».

Alla fine della giornata il giornale ha ricevuto più di cento chiamate di protesta, il telegiornale della rete televisiva più importante del Paese gli ha dedicato un servizio di più di quattro minuti ed anche l'arcivescovo ha fatto sapere che l'incidente del giornale fa compiere un passo indietro nello sforzo per rinforzare le relazioni con le altre confessioni religiose.

– «Mi faccia la cortesia di parlare al più presto con il direttore della comunicazione della diocesi per vedere se vi viene in mente qualcosa per uscire da questa situazione», dice il vescovo, piuttosto infastidito.

Domande

Cosa dovrebbe suggerire il direttore della comunicazione della diocesi al direttore del giornale?

Cosa avrebbe potuto fare il direttore per evitare il problema?

Come il giornale si sarebbe dovuto preparare per un'evenienza di questo tipo?

Cosa si dovrà fare, quando sarà passato tutto, per recuperare la fiducia dei lettori?

Considerazioni

Chi colpisce il problema e chi deve occuparsene? Come può evolvere il caso? Quali sono i pubblici colpiti? Qual è la questione di fondo dell'opinione pubblica? A che punto sono i rapporti tra la Chiesa e la Sinagoga? Si sta amministrando bene la crisi? Quali principi devono ispirare la reazione del direttore del giornale? Quale sarebbe il messaggio per ognuno dei pubblici? Quali iniziative potrebbero essere promosse per informarli e guadagnarsi l'appoggio? Come bisogna comportarsi con coloro che chiamano per protestare? Bisogna licenziare l'editorialista? Il giornale deve scusarsi? Si possono cercare appoggi esterni? Come si può sapere se si è superata la crisi?

8. L'alternativa diabolica

«Quello che non accetto sono gli insulti e, ancora meno, quando provengono dall'emittente dei vescovi!». È una delle frasi della *leader* dell'opposizione, Alicia Huberman, pronunciata durante il programma *Politicians Up Close*, mandato in onda tre giorni fa in prima serata. La frase aveva fatto scalpore fra gli ospiti presenti in studio e i telespettatori perché pronunciata con forza e convinzione; l'*audience* aveva rilevato che era stata la frase più ricordata di tutto il programma.

Non era la prima volta che la Huberman aveva criticato apertamente la *People's TV* (PTV), emittente televisiva di proprietà della Conferenza Episcopale di Sildavia. I suoi attacchi si dirigevano soprattutto contro due giornalisti, Alex Sebastian e Claude Rains, e ribadivano sempre che lavoravano per il canale televisivo dei vescovi.

Non le mancavano i motivi: nel telegiornale del pomeriggio, diretto da Sebastian, e in quello della sera, condotto da Rains, erano frequenti le critiche dure, le insinuazioni maliziose e alle volte vere e proprie calunnie nei suoi confronti. Sei mesi prima, inoltre, la Huberman aveva denunciato Sebastian e la corte aveva condannato il giornalista a rettificare, a chiedere scusa e a pagare una multa di un milione di corone (pari a 100.000 euro).

Questa forte tensione tra il *leader* del partito di centro destra e l'emittente cattolica non era l'unico elemento sorprendente della vicenda. Con il loro stile aspro e aggressivo e l'uso frequente della denigrazione personale, e persino dell'insulto, Sebastian e Rains erano riusciti a far arrabbiare molti personaggi di spicco in vari ambiti: dalla politica allo sport, dalle finanze al mondo dell'arte e della cultura.

Il loro stile spregiudicato, però, piaceva e non poco. I due giornalisti erano i volti più noti dell'emittente, entrambi *leader* dell'*audience* nelle loro fasce orarie e – più importante ancora – i loro indici d'ascolto attraevano pure la pubblicità.

Anche all'interno della Conferenza Episcopale c'era divisione: alcuni vescovi erano d'accordo nel mandarli in onda e altri – a dire il vero un gruppo sempre crescente – che non li tolleravano più. L'operato dell'emittente, infatti, era ormai un tema di discussione in ogni riunione dei vescovi e non poche volte, la cordialità fraterna soffriva il confronto radicale: la PTV era un elemento di divisione, non di unione.

Tra i presuli critici con la PTV si distinguevano due gruppi. Il primo era costituito da chi riteneva il comportamento dei due giornalisti come "poco cristiano" e refrattario a qualsiasi messaggio di evangelizzazione. La Chiesa in Sildavia era impegnata in molte battaglie: dalla difesa della libertà dei genitori a educare i loro figli d'accordo con le proprie convinzioni religiose (una novità in un Paese ex sovietico), alla lotta contro la permissività morale; ma non riusciva a trasformare la PTV in uno strumento di evangelizzazione.

Nel palinsesto c'erano programmi in cui il messaggio cristiano era al centro, ma questi erano secondari, mandati in onda quando lo *share* era basso. I programmi di massimo ascolto (soprattutto quelli di Sebastian e Rains) non solo ignoravano le direttive dei vescovi, ma ogni tanto li contraddicevano esplicitamente.

L'altro gruppo di vescovi critici premeva per la sostituzione dei due giornalisti erano i presuli della regione sud del Paese, dove la maggioranza della popolazione era di etnia sveva.

La ragione di questa opposizione era che Sebastian e Rains avevano intrapreso una battaglia personale contro quel territorio autonomo, perché – dicevano – stavano cercando di fare in modo che tutti gli abitanti di quella zona parlassero solo svedese e perciò applicavano politiche che, a loro giudizio, non rispettavano il diritto alla propria lingua dei non svevi. I vescovi del sud, molti dei quali svedesi, erano stanchi degli attacchi a quello che consideravano la loro cultura, lingua e tradizioni proprio da parte dell'emittente che loro finanziavano.

Neanche il Nunzio era contento. Rains e Sebastian erano critici con la Huberman, ma più ancora con gli esponenti del partito di governo, gli ex-comunisti di Leopold Konstantin. Lo stesso Konstantin aveva protestato con il Nunzio per l'eccessiva aggressività della PTV e riteneva responsabili i suoi proprietari:

i vescovi. «Se quei due giornalisti non vengono allontanati dai microfoni della PTV entro quest'anno, considereremo seriamente l'eventualità di togliere alla Chiesa l'esenzione fiscale alle parrocchie», aveva fatto sapere il Primo Ministro al Nunzio.

La PTV era proprietà della conferenza episcopale, ma poiché l'emittente era nata per iniziativa di mons. Konrad Kasperaviciutis, Primate di Sildavia, e aveva la sede nella sua diocesi, era lui che la supervisionava a nome degli altri vescovi.

L'arcivescovo Kasperaviciutis era ben consapevole del problema: la PTV arrecava più grattacapi che soddisfazioni.

Si trovava davanti a un'alternativa diabolica: se non avesse allontanato via Reins e Sebastian, la conferenza episcopale avrebbe finito per spaccarsi in due e l'eliminazione dell'esenzione fiscale avrebbe messo a rischio il sostentamento del clero; se, invece, li avesse mandati via, gli introiti della pubblicità sarebbero calati del 45%, costringendo l'emittente a dover chiudere i battenti in meno di tre mesi. Queste almeno erano le cifre che la presidente della PTV, Vivien Leigh, aveva segnalato in un appunto confidenziale preparato per il vescovo.

Quindi, il sogno di mons. Kasperaviciutis sembrava svanire: niente più televisione cattolica, nonostante il generoso aiuto finanziario della Kirche-in-Not e sei anni di sforzi molto duri...

Il responsabile dell'ufficio stampa della diocesi era T.R. Devlin. T.R. era nato in Sildavia, ma all'arrivo dei sovietici era emigrato con i genitori negli Stati Uniti dove era diventato corrispondente della *Wolf News*. Cinque anni dopo la liberazione del Paese, era rientrato in patria e si era messo a disposizione di suo cugino Konrad, diventato arcivescovo. Con un mucchio di soldi in banca e i figli già cresciuti, voleva far fruttare il tempo in un lavoro utile.

T.R. aveva visto il programma-intervista con la Huberman, ed era preoccupato. Ci sarebbero state le elezioni in meno di un anno e la situazione non poteva che aggravarsi. Quindi, prese carta e penna e cominciò a preparare una proposta per il vescovo.

Domande

Prepara una proposta per il vescovo riguardo la PTV.
Come presentare la decisione davanti ai media?

Cosa si sarebbe potuto fare per prevenire il problema?

Considerazioni

Quali sono i rischi che corrono la Conferenza Episcopale, la diocesi e la PTV? Quale sarebbe lo scenario più positivo e quale il più negativo? Quali sono i pubblici prioritari per Devlin? Quali principi devono ispirare la decisione del vescovo Kasperaviciutis? Cosa si deve sapere prima di agire? A chi si deve rivolgere per primo? A si deve chiedere consiglio? Che aspetti legali non devono essere tralasciati? È possibile evitare la crisi o conviene affrontarla?

9. Medicina per i ricchi

Quella mattina don César Cambiaso arrivò nel suo ufficio tutto inzuppato e con un forte mal di testa. Da anni gli improvvisi cambi climatici gli provocavano delle emicranie terribili, e negli ultimi giorni si era passati da un caldo secco e asfissiante a temperature basse e piogge costanti. Gli era di consolazione pensare ai tanti poveri che aveva appena visto di sotto, accolti nella Casa dell'Immigrato, nella quale centrava più neanche uno spillo. «Non sanno che il vescovato dispone anche di altri luoghi di ritrovo, dove c'è posto per più persone?», si diceva don César che pensava fosse ancora una volta un problema di informazione.

Si era appena seduto alla sua scrivania quando squillò il telefono dell'ufficio stampa diocesano. Manuela Pinto, giornalista del *Correo de la Baja California*, il giornale con la tiratura più alta della città, chiamava per chiedere cosa pensasse il vescovo della notizia della bambina morta.

– «A cosa ti riferisci?», rispose, mentre dava un'occhiata al giornale in cerca di qualche pista.

La trovò subito, in un angolo della prima pagina: «Bambina muore nello sgombero del vescovado». Occupava un terzo della pagina, con la foto del cantiere nell'ospedale che la diocesi stava ampliando.

Una lettura veloce finì di chiarirgli le idee. Il suo cervello funzionava molto rapidamente e il suo unico dubbio era se dichiarare qualcosa riguardo allo sgombero o posporre la risposta. Per guadagnare tempo lasciò che la giornalista gli finisse di trasmettere tutti i dati.

Manuela gli raccontò che due giorni prima una famiglia di immigrati centroamericani con una bambina di cinque mesi era stata mandata via dal cantiere dove si era rifugiata, poiché non era un luogo sicuro. La famiglia aveva trascorso la notte all'addiaccio e, a causa del freddo e della pioggia, la bambina si era ammalata di polmonite ed era morta. Manuela voleva sapere quale fosse la posizione del vescovado.

La Pinto lavorava ormai da sei anni nella sezione di cronaca ed era considerata una brava giornalista: rapida, tenace ed incisiva. Confermava le informazioni due volte e non dava mai una notizia su una persona o un'istituzione senza mettersi in contatto con il diretto interessato per confermare i dettagli e raccogliere qualche commento.

Dal tono delle sue cronache non era facile capire se fosse credente o meno e lo stesso don César non le aveva mai chiesto posto la domanda. Il rapporto con lei era, del resto, strettamente professionale. Si erano visti poche volte, dato che la diocesi non era solita fare notizia nella sezione del giornale nella quale lavorava Manuela, ma si erano presentati alla fine di una conferenza del direttore de *Correo de la Baja California* e avevano chiacchierato alcuni minuti e alla fine si erano scambiati i biglietti da visita; per questo Manuela quella mattina era stata la prima a chiamarlo.

– «In verità, ancora non ho informazioni. Vedo se riesco a scoprire qualcosa e ti richiamo. A che ora vuoi saperlo?»

– «Dieci minuti fa – disse Manuela tra il serio e il faceto. – Quanto prima, meglio è; ma non più tardi delle quattro».

– «D'accordo. Proverò a richiamare il prima possibile, e se non riesco a scoprire nulla di speciale, ti chiamo ugualmente a quell'ora», disse don César.

– «Bene. Aspetto, dunque, la tua chiamata», rispose Manuela e attaccò.

Oltre alle due sedi della Casa dell'Immigrato, la diocesi mandava avanti numerose iniziative di assistenza, tra le quali un ostello per i senzatetto, tre giardini di infanzia per bambini di famiglie lavoratrici e un servizio di pasti a domicilio per gli anziani che non potevano uscire di casa.

Tutto quello si pagava con i benefici dell'ospedale, specializzato nel trattamento dell'Alzheimer e del Parkinson. Nonostante fossero delle cure molto costose, la domanda era talmente grande che si era reso necessario ampliare l'ospedale per più di cento letti. L'ambizioso progetto era il fiore all'occhiello del vescovo, mons. Xavier Brochetti, e lo seguiva quotidianamente.

Don César chiamò subito il vicario generale, poiché l'ufficio stampa dipendeva direttamente da lui. Siccome non rispondeva nessuno, cercò nell'elenco telefonico il numero dell'ospedale e chiese del direttore, la dott.ssa Beatriz Nisa. Quest'ultima, che era piuttosto dispiaciuta per l'accaduto, non sapeva niente dei lavori dell'ospedale. «Quando sarà ultimato lo occuperemo; nel frattempo non ho neanche un minuto libero. Non sono andata neanche a vederlo».

La dott.ssa Nisa, però, aveva un'altra informazione per lui:

– «A proposito, don César: un gruppo di una emittente televisiva ha chiesto il permesso di girare dentro l'ospedale. Sotto mia indicazione l'addetta all'ingresso gli ha negato l'entrata, ma dopo dieci minuti mi ha richiamato dicendo che stavano filmando la facciata dell'ospedale dal marciapiede di fronte. C'è qualche modo per impedirglielo?»

– «No, non si può!» – rispose don César mordendosi un labbro. Ci mancava solo che si arrabbino i giornalisti! – «Al limite si potrebbe, ma non te lo dirò», pensò tra sé e sé e per evitare altre domande scomode cambiò discorso:

– «Quale rete televisiva era?».

– «Non lo so, non me lo hanno detto. Ma se vuole, faccio chiedere a qualcuno degli addetti».

– «No, non c'è bisogno, grazie. Va bene, se succede qualcosa non esiti a chiamarmi. Il mio numero è il 555 5560».

Don César provò a richiamare il vicario generale, ma senza alcun esito. Provò allora con la società di costruzione del nuovo padiglione.

– «Non sono neanche iniziati i lavori», fu la risposta del gestore della ditta che affermò che non avevano niente a che fare con la faccenda.

Infine, si mise in contatto con il consulente legale della curia, Juan Felipe Cabrillas:

– «Lo sgombero lo ha fatto la polizia, come sempre, e il mandato giudiziario è inappuntabile (...) No, non era presente nessuno della curia (...). Stia tranquillo, don César, la curia non ha alcuna responsabilità, né civile né penale, per l'accaduto luttuoso (...) Come capirà, non avrei dovuto essere io ad informarla dello sgombero, don César (...). D'accordo, don César, mi permetta di insistere: il vescovado non è parte coinvolta, per cui nessuno del vescovato deve assumersi alcuna responsabilità, che potrebbe essere intesa come l'indennizzo di qualcuno. Mi ha capito? Glielo spieghi al vescovo perché è importante».

Il mal di testa di don César aumentava. «Questa gente non capisce nulla», pensò. Tornò a chiamare il vicario generale, ma ancora una volta senza esito. Diede dunque un'occhiata al resto dei giornali. Tutti i quotidiani riportavano la notizia, sebbene il più duro fosse *El Diario Independiente* che inoltre dedicava alla vicenda anche l'editoriale con il titolo: «Medicina per i ricchi».

– «Va bene, approfitterò per pensare a un piano e consegnarglielo già pronto», e cominciò a scribacchiare su un foglio.

Domande

Prepara un piano e determina come gestire l'approvazione del Vescovo.

Cosa si sarebbe potuto fare in anticipo per evitare il problema?

Come si sarebbe dovuta preparare l'istituzione per un'evenienza di questo tipo?

Cosa si dovrà fare, quando sarà passato tutto, per recuperare la fiducia dei pubblici?

Considerazioni

Come può evolvere il caso? Quale situazione interna viene evidenziata? Come trasmetteranno l'informazione i quotidiani e le emittenti radiofoniche e televisive? Chi sarà il responsabile dell'incidente per l'opinione pubblica? Quali principi devono ispirare la reazione della curia? In questo caso concreto gli aspetti legali hanno più importanza di quelli di immagine? Don César deve fare qualcosa prima che appaia il vicario generale? Quali sono i pubblici colpiti? Quale sarebbe il messaggio per ciascuno di loro? Quali iniziative potrebbe promuovere per informarli e guadagnarsi il loro appoggio?

10. Davanti a uno scandalo

Padre Branimir Tribuson è un musicista croato di fama internazionale, nato nella città mediterranea di Spalato nel 1958. Dopo gli studi presso l'Accademia di Musica dell'Università di Zagabria, nel 1980 è entrato a far parte dell'Ordine del Divin Redentore (ODR), un'istituzione dedicata all'educazione cattolica, fondata in Francia dopo la Rivoluzione, con più di 800 sacerdoti residenti in 9 paesi europei; ed è stato ordinato sacerdote nel 1986.

Ha iniziato a comporre musica liturgica fin da giovane, prima ancora di entrare in ODR. Ben presto i suoi canti religiosi orecchiabili e facili da ricordare divennero molto popolari tra i cori delle chiese e delle scuole cattoliche del suo paese. Vivace, intraprendente e carismatico, fondò la Comunità Leopoldo (dal nome di un santo molto popolare nella capitale croata), un centro giovanile che organizzava attività per gli studenti universitari di Zagabria.

Nel 1992 i superiori di P. Branimir, consapevoli delle sue grandi doti musicali e delle sue capacità di leadership, lo inviarono a Roma per continuare la sua carriera ecclesiastica. Lì ha conseguito il dottorato in missiologia dal titolo «L'incorporazione della musica dei popoli originari dell'Amazzonia alla liturgia del XIX secolo» presso la Pontificia Università Urbaniana. Il suo dottorato di ricerca è stato supervisionato da P. Drago Majdak, un prestigioso professore dell'Urbaniana che apparteneva anche all'ODR. Padre Majdak (che anni dopo, all'età di 86 anni, avrebbe ricevuto la berretta cardinalizia onoraria), fu un vero mentore per il giovane Branimir.

Durante i suoi anni romani, P. Branimir visse in uno dei tre conventi dell'Ordine nella Città Eterna. La sua residenza divenne un polo di attrazione per gli studenti delle università pontificie che facevano della musica il loro hobby. Il suo talento musicale, la sua capacità di ispirare la creazione artistica con elementi di spiritualità basati sui Padri della Chiesa d'Oriente, e il suo carisma personale hanno reso P. Branimir molto popolare nei diversi collegi ecclesiastici dipendenti dalla sua università: il Collegio Urbano, per i seminaristi provenienti dai paesi di missione; il Pontificio Collegio San Pietro Apostolo, per i sacerdoti dell'America Latina; il Pontificio Collegio San Paolo Apostolo per i sacerdoti provenienti dall'Africa e dall'Asia; il Collegio Mater Ecclesiae per le suore che studiano nell'università pontificie; e il Collegio San Giuseppe per i professori di seminario che vengono a Roma per brevi programmi di formazione.

Il crescente numero di visitatori (e – va detto – il rumore provocato da tanti musicisti insieme, alcuni più entusiasti che talentuosi) spinse il superiore generale dell'ODR a raccomandare a P. Branimir di cercare un posto fuori dal convento. P. Branimir lo fece e, con l'aiuto del Prof. Majdak, ottenne un villino sulla Via Aurelia, tra il Collegio Pio Brasileiro e il Pontificio Collegio Messicano. Il posto era di dimensioni perfette e convenientemente appartato, senza vicini da disturbare. Branimir lo chiamò Centro Ippona in onore di Sant'Agostino, che aveva difeso quest'arte nel suo libro *Sulla musica*, dove aveva scritto: «chi canta prega due volte».

Ben presto, la cerchia di influenza di P. Branimir si estese oltre gli ambienti ecclesiali. Molti giovani romani, sia ferventi cattolici che agnostici convinti, iniziarono a frequentare il Centro Ippona, che divenne un atelier per compositori. Branimir ne fece il suo *pied a terre* per il suo lavoro pastorale e l'accompagnamento spirituale, e vi si trasferì anche.

Per sostenere questo lavoro pastorale con gli artisti, si è formata una piccola comunità spirituale di donne consacrate, dedita alla creazione musicale e al lavoro spirituale con i giovani artisti che si sono formati nel Centro. Una di quelle donne fu eletta superiora, ma il sacerdote croato – che come fondatore ne aveva scritto gli statuti, e ne aveva ottenuto l'approvazione da parte del Vicariato di Roma – era la vera anima della comunità e colui a cui tutti si rivolgevano per le decisioni più complicate.

Nel corso degli anni, le richieste da parte delle diocesi e delle congregazioni di composizioni musicali per diverse occasioni sono cresciute in modo esponenziale: per la Messa di un nuovo santo o per l'inaugurazione di una nuova cattedrale, per un inno per un congresso eucaristico o per un'università di nuova fondazione, per l'inno ufficiale per la Giornata Mondiale della Gioventù o l'Incontro Mondiale delle Famiglie, ecc.). Il Centro Ippona, senza perdere il suo carattere spirituale, è diventato anche lo strumento giuridico ed economico essenziale per tante commissioni (infatti, di fronte a questa valanga di richieste, P. Branimir pensava che l'aumento dei prezzi avrebbe calmato le acque, ma è successo il contrario).

La vita di Branimir divenne frenetica. Già lavorava a lungo nella sua intensa produzione artistica e doveva viaggiare per ricevere nuove richieste o presentare nuove composizioni. Inoltre, era un predicatore molto ricercato agli esercizi spirituali e un oratore principale ai congressi internazionali, e molto spesso prendeva voli per ricevere dottorati onorari, premi e onorificenze in Croazia e in altri paesi. Indubbiamente, Padre Branimir era diventato il compositore più alla moda della Chiesa Cattolica, e forse il membro più famoso del suo Ordine.

In uno dei suoi numerosi libri, P. Branimir ha spiegato il suo processo creativo:

> «Stavo solo componendo musica, ma i critici mi hanno notato e hanno fatto un sacco di storie. Ho capito il rischio che può essere la fama. Ma Sant'Agostino mi ha indirizzato alla libertà interiore e la spiritualità dei Padri al cuore monastico. (...) Nel 1996 la Chiesa mi ha chiesto di impegnarmi in un lavoro artistico liturgico. Allora ho capito chiaramente che non potevo più scappare, che l'arte non è semplicemente l'espressione dell'artista, ma un servizio, umile come tutti i servizi. L'arte è come l'amore: più è personale, più è universale. (...) A poco a poco ho visto sempre più chiaramente che la ragion d'essere della mia arte sta nel partecipare alla totalità della liturgia, diventando testimone della sofferenza umana e della redenzione di Dio. La musica nella liturgia non è decorativa, ma è costitutiva dell'evento che si celebra. Abbiamo bisogno di una cultura che susciti non solo ammirazione, ma anche devozione, riverenza, pietà e senso religioso».

Problemi nascosti

Tuttavia, la vita di Branimir Tribuson nascondeva diversi segreti. I superiori dell'Ordine nella sua nativa Croazia lo sapevano bene, poiché alcuni anni dopo il trasferimento di Branimir a Roma, due donne erano venute al convento di Zagabria per riferire che il sacerdote aveva avuto rapporti sessuali con loro. La superiora dell'Ordine in Croazia non fece nulla: le donne non volevano sporgere denuncia ufficiale, i fatti non costituivano reato né nella legislazione civile né in quella canonica, e P. Branimir non dipendeva più da loro ma dalla sede centrale di Roma.

A quel tempo, tali informazioni sui comportamenti scorretti con adulti commessi in Croazia non venivano trasmesse alla curia generale. Ciò di cui i superiori dell'ODR a Roma erano a conoscenza era che alcune delle consacrate del Centro Ippona, tra cui una che era superiore da alcuni anni, avevano lasciato la comunità in circostanze dubbie, e circolavano voci di irregolarità personali e finanziarie.

Nel 2016, le circostanze nella Chiesa sono cambiate profondamente. Proseguendo la riforma avviata da papa Benedetto XVI contro gli abusi sessuali commessi dal clero cattolico, papa Francesco aveva promulgato il motu proprio *Come una madre amorevole*, che per la prima volta criminalizzava l'insabbiamento da parte di vescovi e superiori, ampliava le pene per i colpevoli di abusi e includeva anche gli adulti vulnerabili come categoria da proteggere allo stesso livello dei minori.

Tre anni dopo, nel 2019, Francesco ha promulgato la lettera apostolica *Vos estis lux mundi*, che ha introdotto regole procedurali ancora più severe per combattere gli abusi sessuali e ritenere i vescovi e i superiori religiosi responsabili delle loro azioni o omissioni, stabilendo norme specifiche su come denunciare tali casi.

Al di là delle modifiche legislative, ha avuto un impatto particolare un incontro sulla tutela dei minori convocato dal Papa a Roma, nel febbraio 2019, per tutti i presidenti delle conferenze episcopali e i superiori generali di ordini e congregazioni religiose. I principi annunciati da Francesco – responsabilità, rendizione di conti e trasparenza – e la priorità che ha segnato per questi casi – mettere le vittime al centro – hanno avuto un'ampia risonanza all'interno e all'esterno della Chiesa.

Forse a causa di questi cambiamenti, alcune delle donne che si consideravano vittime di Branimir nella Comunità Leopoldo decisero di sporgere denuncia formale contro il sacerdote croato. L'Ordine nominò un visitatore, che concluse che si erano verificati abusi di potere, di coscienza e sessuale. Trasmise le sue conclusioni al dicastero per la dottrina della fede, che decise che la causa non poteva procedere perché i termini di prescrizione erano scaduti.

Alcune delle donne che avevano lasciato il Centro Ippona hanno anche scritto alla curia generale dell'ODR accusando Branimir di aver abusato di loro. In questo caso, la questione era più complicata: da un lato, sembrava che si trattasse anche di un presunto comportamento immorale tra adulti; dall'altro, il Centro Ippona era sotto la supervisione del Vicariato di Roma, non dell'Ordine. Spettava al Vicariato avviare un'indagine: e le stesse lettere di denuncia indicavano che erano state inviate anche al Vicariato.

L'Ordine decise di aspettare, ma impose alcune misure precauzionali a Branimir: gli fu proibito di viaggiare, confessare, offrire direzione spirituale e predicare esercizi spirituali, e dovette ottenere il permesso dal suo superiore immediato per qualsiasi attività pubblica.

Nel frattempo, né il Vicariato né la curia generalizia dell'ODR risposero alle presunte vittime.

Nel 2022, lo stesso Branimir si è recato dai suoi superiori e ha detto loro di essersi pentito di aver assolto in confessione il suo complice in un peccato contro il sesto comandamento, condotta che secondo il *Codice di diritto canonico* comporta la scomunica automatica (*latae sententiae*).

A quel punto l'Ordine ha affrontato la questione con diligenza e ha portato il caso all'autorità competente, il dicastero per la dottrina della fede. L'inchiesta dimostrò i fatti e dichiarò la scomunica. Tuttavia, due settimane dopo il dicastero – guidato da un cardinale dell'Ordine del Divin Redentore – revocò la scomunica, in considerazione della contrizione del sacerdote.

Lo scandalo viene alla luce

Il 12 dicembre 2022, un sito specializzato in notizie religiose – con un numero ridotto di lettori ma comunque frequentemente consultato negli ambienti vaticani e dai *vaticanisti* – ha rivelato che padre Branimir era stato oggetto di un processo per abusi psicologici, di coscienza e sessuali commessi nei confronti di persone che all'epoca erano figlie spirituali.

La storia ha creato uno shock tettonico. P. Branimir non solo era famoso in tutto il mondo per la sua musica, ma anche per la sua predicazione, ed era stato il predicatore dell'ultimo ritiro spirituale per la curia romana. In effetti, le misure precauzionali prese dal suo superiore non hanno intaccato l'intensa agenda pubblica del P. Bradimir. Chiunque abbia cercato il suo nome su Google ha potuto trovare foto recenti di lui che predica a tutte le autorità del Vaticano, con il Papa in prima fila. La data delle foto corrispondeva al periodo in cui il dicastero decideva sulla scomunica.

Cinque giorni dopo, il superiore generale dell'ODR aveva già programmato il suo tradizionale incontro informale con i giornalisti che si occupavano di religione, per congratularsi con loro per il Natale. In questi incontri, oltre a condividere un po*' di panettone* e un rinfresco, il superiore era solito commentare gli episodi più importanti della vita dell'Ordine nell'anno che stava per concludersi. Pochi minuti di domande e risposte solivano concludere l'incontro.

In quel momento, un giornalista ha chiesto:

– «L'ordine ha intrapreso qualche inchiesta sul P. Bradimir?»

Il superiore, sorpreso della domanda – non se l'aspettava – riconobbe che c'era stata una scomunica, poi sollevata, ma che l'Ordine non aveva iniziato alcuna inchiesta.

Domande

Com'è prevedibile che si sviluppino gli eventi?
Cosa dovrebbero fare ora l'ODR, il Vicariato e la Santa Sede?
Quali lezioni si possono trarre da questo episodio?

11. Non vogliamo andarcene

La diocesi di Egere è la circoscrizione ecclesiastica più piccola della regione dei laghi dell'Africa orientale. Piccola e anche giovane, fu creata da Paolo VI dopo il suo viaggio in Kenya, su proposta della conferenza episcopale per assicurare l'attenzione pastorale di una valle che, per la grande distanza dalle diocesi vicine e anche perché popolata da una etnia diversa da quelle presenti nei dintorni, rimaneva sempre trascurata. L'area è povera di risorse naturali, ma la gente è buona e vive la fede con autenticità e generosità.

Il primo vescovo fu un religioso, mons. James Hickey, dell'Ordine di *Holy Mountain* (OHM). Sarebbe un errore affermare che fosse americano: nato in Wichita (Kansas), era arrivato al Paese africano prima dell'indipendenza, aveva imparato quattro lingue locali, aveva chiesto e ottenuto il passaporto keniano e viveva e pensava come un africano. Conosceva quella valle e la sua gente come le proprie tasche. Lì aveva fondato il primo convento del suo ordine nel lontano 1950, e la sua nomina era stata la scelta più ovvia. Il nunzio era stato chiaro: la nuova diocesi non era affidata all'Ordine, bensì a lui; la nomina a vescovo era *ad personam*.

– «Si tratta di una soluzione provvisoria, per un anno o due al massimo; sarà nostra premura cercare quanto prima un vescovo dell'etnia locale – promise il nunzio –. Nel frattempo, chieda ai suoi confratelli di darle una mano nell'attenzione pastorale della nuova diocesi».

E così fu. L'Ordine non solo mandò religiosi, contattò anche i suoi benefattori nel paese di origine, gli Stati Uniti d'America, per inviare aiuti finanziari, libri, jeep per il clero, alimenti.

La richiesta «per un anno o due» si prolungò per cinque, dieci, quindici... Fortunatamente, mons. Hickey aveva una solida mentalità giuridica (e anche un *background* tipico del suo luogo di origine, dove *good fences make good neighbors* (buoni recinti fanno buoni vicini), e volle che i rapporti tra la diocesi e l'Ordine fossero messi per iscritto: compiti, nomine, edifici e soldi. L'accordo prevedeva pure che ogni due anni il concordato doveva essere rinnovato e che entrambe le parti potevano rinunciare con un preavviso di sei mesi.

Mons. Hickey rimase a Egere per sedici anni e durante tutto questo periodo la diocesi fiorì: seminario maggiore e minore piccoli ma pieni, due comunità di religiose contemplative avevano fondato dei conventi in diocesi, cinque scuole cattoliche, nuove chiese, un piano pastorale efficace...

Dopo di lui venne nominato un nuovo vescovo, Paul Nzinga, anche lui religioso dell'OHM. Se dai frutti si conoscessero i semi, si potrebbe dire che mons. Nzinga apparteneva a un altro tipo di albero. Era molto diverso dal suo predecessore e, infatti, presto le cose cambiarono... in peggio. Il seminario minore fu chiuso e il seminario maggiore fu trasformato in una residenza universitaria per ragazzi e ragazze, dove solo pochi avevano qualche interesse a diventare sacerdoti; i disordini liturgici diventarono la regola, con abusi nelle Messe e nell'amministrazione dei sacramenti; gli uffici diocesani collaboravano con fondazioni straniere che aiutavano la diocesi in cambio di supporto di politiche di controllo delle nascite (con sterilizzazioni forzate e aborti) e altre tristi situazioni.

Al contrario di mons. Hickey, mons. Nzinga non aveva mai avuto mentalità giuridica e quindi l'accordo rimase senza applicazione. Questa indeterminazione del ruolo dell'OHM nella pastorale diocesana ebbe molte conseguenze, perché l'Ordine fu quasi travolto dall'ondata di secolarizzazione che colpì molte comunità religiose nell'immediato post-concilio.

Oltre alle molte defezioni, arrivarono in diocesi alcuni religiosi che, provenendo dall'America Latina, erano influenzati dalla teologia della liberazione di stampo marxista. Proprio a Egere diedero inizio alla *teologia africana*, un miscuglio di marxismo, indigenismo e anti-romanismo veramente indigesto.

Paradossalmente, il materialismo dialettico era compatibile con una struttura pastorale molto *professionale*, perché grazie agli abbondanti contributi economici che arrivavano dalla casa madre negli Stati Uniti, la diocesi si riempì di personale laico ben pagato, che controllava con notevole autonomia – si potrebbe quasi dire *indipendenza* – i programmi catechetici, la

Caritas diocesana e i media cattolici: la radio, il settimanale diocesano e l'editrice locale.

Furono anni duri, in cui la gente comune – che ne soffrì le conseguenze – subì in silenzio.

Nel novembre del 2007, mons. Nzinga arrivò a 75 anni. Scrisse la sua lettera di rinuncia al governo della diocesi per sopraggiunti limiti di età, e venne accettata subito da Roma. Al suo posto fu nominato un sacerdote di Egere, don Gabriel Tchingandu, dell'etnia della maggioranza della valle. Negli ultimi anni era stato rettore del seminario della diocesi vicina.

I primi mesi di mons. Tchingandu a Egere furono duri. Essendo il primo vescovo non dell'OHM, fu visto come un usurpatore e fu vittima di manovre poco chiare e di trappole maliziose. Appena tentava di cambiare qualcosa, le resistenze diventavano opposizione totale.

La situazione arrivò al punto che mons. Tchingandu decise che non aveva altra strada che adoperare la clausola finale dell'accordo con l'OHM e comunicò al superiore generale con lettera ufficiale, che l'accordo tra la diocesi e l'Ordine si sarebbe concluso tre mesi dopo, e che il 30 giugno la curia diocesana avrebbe assunto la responsabilità completa sulla diocesi: parrocchie, seminario, scuole, ecc.

La lettera sorprese l'OHM. Durante il primo mese non accadde nulla. Mons. Tchingandu si confidò con don George Mabura, che era il vicario generale e sua persona di fiducia:

– «Sembra che il peggio sia passato. Finalmente potremo gestire la diocesi!».

Ma don Mabura era di tutt'altra opinione: questo strano silenzio non poteva che essere la calma prima della tempesta. Suggerì al vescovo di prepararsi perché sarebbe stato un vero miracolo se non ci fosse stata risposta da parte dei religiosi estromessi dalla diocesi...

Per il vescovo qualsiasi rivelazione riguardo la situazione reale della diocesi sarebbe nociva: «quello che è successo è meglio che non si sappia mai, non farebbe che del male».

Arrivò il mese di maggio e quasi simultaneamente tutti i media del Paese – con particolare virulenza da parte dei giornali liberali e progressisti – iniziarono una campagna denigratoria contro mons. Tchingandu, che venne accusato di essere un despota autoritario e paternalista, ostile ai religiosi che avevano creato la diocesi, ai quali aveva derubato chiese ed edifici, e un nemico del Concilio Vaticano II e della sua riforma liturgica e pastorale.

L'accanimento fu tale che il nunzio si sentì in dovere di chiamare mons. Tchingandu:

– «Eccellenza, forse sarebbe prudente revocare la sua lettera di rinuncia all'accordo con l'OHM. Questa polemica potrebbe essere nociva per tutta la Chies».

Mons. Tchingandu non sapeva che il nunzio aveva inviato a Roma un fascicolo con i ritagli stampa della campagna mediatica, accompagnato da un appunto in cui si dava la colpa di quanto era successo... all'imprudenza e alla *radicalità* di Tchingandu!

Ciò che fece riflettere il vescovo fu la telefonata di un suo compagno di seminario, che era poi emigrato negli Stati Uniti e lavorava presso la conferenza episcopale di quel paese. Questi gli aveva detto, in sintesi, che erano arrivate alcune voci delle tante *ingiustizie* commesse e che si stavano preparando due lettere ufficiali di protesta, una da mandare ai vescovi keniani e l'altra al dicastero per i vescovi.

Il vescovo, quindi, chiamò don George Mabura e gli chiese:

– «Avevi ragione, dobbiamo fare qualcosa. Cosa proponi?».

– «Come prima cosa – rispose don Mabura – se lei mi permette, vorrei chiedere il consiglio di Samar Thio: si ricorda di lei? Gliel'ho presentata una volta: è la figlia maggiore di mia sorella. Ha studiato Comunicazione Istituzionale a Roma e ora lavora all'ufficio stampa della conferenza episcopale a Nairobi».

Dopo averci pensato per un po', mons. Tchingandu acconsentì, ma con una condizione: «la chiami al telefono solo per farla venire qui: preferirei che parlassimo di persona».

Domande

Cosa dovrebbe suggerire Samar Thio al vescovo di Egere?

Cosa si sarebbe potuto fare in anticipo per evitare il problema?

Cosa si dovrà fare, quando sarà passato tutto, per recuperare la fiducia dei pubblici?

12. Scherno sul grande schermo

I titoli finali del film stanno per concludersi e le luci della sala si sono accese, ma Luís Cavaco rimane ancora seduto sulla poltrona del cinema. È stata un'impressione forte, quasi una bastonata e... non si è completamente ripreso. Le parole di Carlos Marques, il produttore del film, risuonano ora quasi come una beffa:

– «Vieni a vederlo in anteprima; una proiezione a porte chiuse per VIP; sono sicuro che ti piacerà».

– «Altroché piacermi! – pensa Luís – è un attacco durissimo!». Vuole, però, prendersi qualche attimo prima di uscire dalla sala e incontrarsi con Carlos, che l'aspetta fuori. «Dopo prendiamo una birra e mi dai un tuo parere», gli aveva detto prima dell'inizio della proiezione.

Il problema è che si tratta di un magnifico film. La storia coinvolge ed emoziona; José Ernesto de Oliveira – il regista – ha saputo dirigere gli attori che hanno dato il meglio di sé stessi e la fotografia e il montaggio hanno livelli *da Oscar*. Queste virtù, però, lasciano indifferente Luís, anzi gli sembrano quasi dei difetti; quello che più gli importa è il ritratto al vetriolo che il film offre del suo ordine religioso: un gruppo di uomini fanatici che invece di educare la gioventù, la manipola... o peggio. Molto peggio!

Il film racconta le esperienze dei ragazzi della classe del '58, in una scuola dei Padri Capitolari a Évora, nel sud del Portogallo. La Congregazione, fondata in Portogallo a metà del secolo XIX, ha come scopo principale l'istruzione dei ragazzi e gestisce quasi trecento scuole nei cinque continenti. Il prestigio, le dimensioni e la tradizione educativa plurisecolare di questa famiglia religiosa sono tali che, quando si parla di educazione cattolica, è quasi il primo nome che viene in mente.

I protagonisti sono cinque ragazzi vivaci e simpatici che riescono ad essere felici nonostante il clima oppressivo della scuola. Uno di loro, Nuno Gomes, è uno degli allievi più famosi dei Capitolari, poiché sei anni dopo il suo diploma si arruolò come volontario nella guerra in Mozambico e morì da martire. L'esercito di liberazione (di matrice maoista) lo catturò una domenica mentre faceva il catechista in un villaggio vicino al suo accampamento militare e lo fucilò assieme al parroco, al sagrestano e alla sua famiglia. La storia che il film racconta, però, è molto diversa!

La pellicola ripercorre la vita dei cinque amici nelle aule del collegio, fra lezioni, scherzi goliardici e la loro scoperta dell'amore. Il ritratto che fa dei loro docenti, però, è agghiacciante. Alcuni sono presentati come ignoranti, altri cattivi con gli studenti e non mancano addirittura i pervertiti... Insomma, non c'è uno che si salvi.

Per esempio, il film presenta Nuno come il più *bon-vivant* dei cinque, la cui condotta lasciava molto a desiderare. Secondo il racconto cinematografico, ciò che lo spinse ad andare in chiesa il giorno della sua uccisione fu un incontro sentimentale con la figlia del sagrestano.

Il superiore dell'Ordine, poi, presentando Nuno come un ragazzo in gamba, devoto ed esemplare riesce a convincere il vescovo locale ad aprire una causa di beatificazione la cui documentazione arriva fino della Congregazione per le cause dei santi. In sintesi, dal film si deduce che le qualità di Nuno fossero una montatura del superiore che voleva un allievo della sua scuola santo, così da attirare i figli della miglior società di Évora.

Luís non capisce il perché di tanta cattiveria contro i religiosi. Il regista aveva realizzato solo commedie e, finora, la gente lo considerava un uomo sereno e tranquillo. Era noto che non fosse credente, una volta si era dichiarato «ateo militante»; i personaggi clericali che apparivano nei suoi film erano sempre figure bizzarre e il tono brioso stemperava quasi tutta l'aggressività delle varie situazioni.

Questo film è diverso! Luís aveva avuto un presentimento di cosa si stesse preparando quando a luglio, il *Jornal do Sul*, principale giornale del paese, aveva pubblicato un'intervista al regista in cui raccontava di una esperienza negativa, vissuta da piccolo, che «aveva lasciato una traccia indelebile nella sua anima» e che il film in preparazione era per lui «un'opportunità liberatrice dai fantasmi del passato».

Parole che ebbero subito molto eco, perché il film sarebbe stato ospite d'onore, a fine settembre, al Festival Cinematografico del Douro, la principale *kermesse* cinematografica del paese.

Dopo quindici anni come responsabile di comunicazione delle scuole della Congregazione, Luís è abituato a tutto. Si è reso conto che la sceneggiatura ricalca quasi completamente un piccolo libro scritto da uno dei ragazzi del periodo narrato dal film che, dopo alcuni decenni, aveva voluto raccontare i suoi ricordi. Il regista ne aveva tratto la sceneggiatura reinventando tutto tranne i nomi, i luoghi, le date, le istituzioni; sfortunatamente per Luís, l'autore era scomparso tre anni prima.

La sala è ormai vuota e Luís si decide ad uscire. Nell'atrio del cinema saluta Carlos con tutta la cordialità che gli è possibile e si informa sul percorso che il film dovrà fare.

– «Beh – risponde Carlos – siamo sicuri che il film avrà successo, perché tocca con delicatezza e molta umanità temi vicini alla gente e quindi speriamo che riceva alcuni premi al festival e addirittura che venga scelto come candidato portoghese all'Oscar come miglior film straniero».

Luís fa subito i calcoli: le candidature delle Accademie nazionali agli Oscar avrebbero avuto luogo l'ultima settimana di settembre... e chiede:

– «Quando pensate di fare la *premier*?».

– «La seconda settimana di ottobre», dichiara Carlos aggiungendo numerosi dati sulla produzione: un centinaio di copie su tutto il territorio nazionale, negoziazione per la vendita dei diritti alla televisione lusitana e ad altre emittenti di vari Paesi... insomma un lancio alla grande, perché l'occasione lo meritava, ecc., ecc., ecc.

Luís è già altrove con la testa al pensiero dell'ingente quantità di lavoro che si avvicina.

Domanda

Prepara per la Congregazione lo schema di un piano di comunicazione riguardo il film.

Considerazioni

Quali sono i pubblici colpiti? Qual è la posizione di ciascuno? Quale sarebbe il messaggio per ciascun pubblico? Quali potrebbero essere le conseguenze del film? Chi deve risolvere la crisi? In cosa differirebbe il caso se non si trattasse di un'istituzione ecclesiastica? Cosa deve dire Luís, quando e come? Quali sono i canali di comunicazione più adatti a questo caso? Oltre alle azioni dirette riguardo il film, quali altre iniziative si dovrebbero promuovere? Su quali altri alleati ed appoggi si può contare?

13. L'amaro dopo la cena

La cena era stata un vero successo: la cuoca aveva fatto del suo meglio, la conversazione era stata serena e interessante, e tutti gli invitati se ne erano andati contenti.

Non era la prima volta che mons. Pericles Sidra, vescovo di Onuba, faceva da anfitrione alla cena conclusiva della sessione plenaria della Conferenza Episcopale di Tarsis, uno dei Paesi più piccoli d'Europa. Riuscirci era importante, soprattutto quella sera, perché durante i lavori della Conferenza erano emerse differenze non piccole fra i vescovi e ci voleva un incontro informale per ricucire alcuni rapporti personali.

Tutti gli ospiti erano andati via e il vescovo di Onuba poteva finalmente riposarsi: la fama di uomo conciliatore e moderato, sempre disponibile al dialogo, usciva ora rafforzata dall'ottima organizzazione della serata. Virtù interessante in prossimità del rinnovo delle cariche nella Conferenza Episcopale... Mons. Sidra non voleva andarsene da Onuba, le cose andavano bene, il clero gli voleva bene e la gente lo stimava. «Ma si fa ciò che si deve fare, e basta», diceva.

Era quasi mezzanotte (le cene a Tarsis non finiscono mai presto) quando il direttore del giornale locale lo chiama al telefono.

– «Senta, mons. Sidra, vorrei sapere cosa pensa delle dichiarazioni di don Antón Montera. Mi dispiace disturbarla a quest'ora, ma dobbiamo chiudere il giornale e ci serve una sua replica a quanto ha detto don Antón».

Il vescovo sa bene chi è don Antón: il viceparroco di Valpardo, un paesino rurale di 3.000 anime al confine con la Lusitania. Il suo aspetto esterno non è, come si suol dire, quello di un sacerdote all'antica: orecchino, occhiali firmati e barba volutamente incolta di tre giorni.

Fino a quel momento non aveva dato dei problemi; anzi, la gente del paese lo stimava, poiché lì era nato e lì aveva trascorso i suoi undici anni di ministero. Tanto meno era a conoscenza di dichiarazioni che meritassero una risposta immediata da pubblicare sulla stampa...

– «A che cosa si riferisce esattamente?», chiede molto prudentemente mons. Sidra.

– «Beh, mi sembra evidente! Mi riferisco a quanto ha pubblicato il mensile *Zeta*, l'organo ufficioso della Piattaforma Gay di Tarsis. Adesso non faccia il furbo, come se non sapesse nulla dell'intervista in cui don Montera si dichiara omosessuale attivo...».

Le parole del giornalista sono, per il vescovo di Onuba, come un fulmine a ciel sereno. «Antón Montera, omosessuale! Non ci posso credere!», ma subito recuperato il controllo dice al giornalista:

– «Mi dispiace, ma per il momento non ho niente da dire: è troppo presto. Queste cose sono delicate e vanno studiate con calma, senza fretta. Ma non si preoccupi: non appena avrò qualcosa da dire, la richiamerò: lei sarà il primo a saperlo».

Conclusa garbatamente la telefonata, mons. Sidra chiama il suo Vicario e il suo segretario personale, i due collaboratori di fiducia, per convocarli alle nove del giorno successivo nella sala riunioni del vescovado. Andando a dormire si dice: «domani sarà un altro giorno: oggi sono proprio sfinito!».

Illusione vana; sfortunatamente, non riesce a dormire. Stanco di girare e rigirare, si alza, va in cucina, prende un bicchiere di latte e, mentre lo riscalda nel forno a microonde, accende la radio. Il poco sonno rimasto sfuma appena sente la voce di don Montera che, nel programma notturno di maggior ascolto, sta raccontando la sua storia, con così tanti particolari che gli vengono i brividi. Dopo venti minuti, tra l'incredulo e l'arrabbiato, spegne la radio e va in cappella a pregare...

Alle nove esatte, la riunione sta per incominciare, quando il vescovo si ricorda che don Annibaldo, il responsabile dell'ufficio stampa diocesano, potrebbe offrire suggerimenti utili per rispondere al giornalista, e lo invita a partecipare:

– «Venga, don Annibaldo, che abbiamo bisogno di lei!».

Ma per don Annibaldo non è una novità. Anzi, come tutti i giorni, ha letto il giornale prima di uscire da casa e il quotidiano locale dedica alla vicenda tutta una pagina, con richiamo in prima. Oltre una lunga intervista a don Montera e diverse reazioni (quasi tutte in favore del sacerdote, o in genere della libertà sessuale). Il giornalista afferma dichiara anche che, messosi in contatto con il vescovado, non ha avuto commenti a riguardo, e, per completare la notizia, ricorda l'affermazione fatta dal segretario della Conferenza Episcopale alcune settimane prima riguardo al progetto di legge sulle coppie di fatto: «l'omosessualità è una malattia, frutto di disfunzioni psicologiche e antropologiche».

Domande

Cosa deve suggerire don Annibaldo al suo Vescovo?

Cosa si sarebbe potuto fare in anticipo per evitare il problema?

Come si sarebbe dovuta preparare l'istituzione per un'evenienza di questo tipo?

Cosa si dovrà fare, quando sarà passato tutto, per recuperare la fiducia dei pubblici?

Considerazioni

Come può evolvere la situazione? C'è qualche divergenza tra la dottrina cristiana e la percezione sociale sull'omosessualità? Quali sono i pubblici colpiti? Qual è la posizione di ciascuno? Quale sarebbe il messaggio per ciascun pubblico? Quali canali si devono utilizzare? Quali altre iniziative si dovrebbero promuovere? Su quali altri alleati ed appoggi si può contare?

14. Nel cuore della Selva Nera

Nella cittadina tedesca di Titisee-Neustadt, considerata il cuore della Foresta Nera, la diocesi di Friburgo ha un laboratorio per disabili, a 40 chilometri dalla capitale, gestito dalla Caritas.

L'officina è stata fondata circa 30 anni fa per dare lavoro a persone con disabilità mentali e fisiche, e dispone di tre edifici: il primo, della metà del XX secolo, e due di recente costruzione, a due piani e un seminterrato.

Questo centro di lavoro, in cui lavorano abitualmente fino a 120 persone, è dedicato alla lavorazione del legno e dei metalli, e agli impianti elettrotecnici, eseguiti dai disabili sotto la supervisione di monitor specializzati.

Alle 10:40 di questa mattina, quando quasi un centinaio di persone lavoravano nei loro locali, l'officina ha preso fuoco, provocando 14 morti e sette feriti di varia gravità.

Più di 300 vigili del fuoco e operatori sanitari si sono recati sul luogo dell'incendio dalle città vicine.

La rapidità d'azione dei vigili del fuoco ha permesso di salvare in vita numerosi disabili e operai dall'officina dell'edificio, avvolta da un fumo intenso. Diversi elicotteri hanno trasferito i feriti più gravi negli ospedali della zona.

La polizia ha allestito un ufficio temporaneo in un padiglione vicino per identificare tutte le persone che si trovavano nell'officina al momento dell'incidente. Allo stesso modo, gli psicologi si sono recati sul luogo dell'incendio per assistere vittime e parenti, ma anche le squadre di soccorso, scioccate dalla drammaticità della situazione.

Due ore dopo, quando l'incendio era stato spento, le vittime erano già ricoverate in ospedale e i corpi erano stati rimossi per l'identificazione, i capi della polizia e dei vigili del fuoco si sono avvicinati alle telecamere che seguivano da lontano le operazioni di soccorso.

Il capo della polizia ha descritto l'operazione come "drammatica" e "complicata" a causa della natura delle persone colpite. Il portavoce dei vigili del fuoco ha confermato: "Abbiamo dovuto agire con persone che per natura non reagiscono razionalmente". Il portavoce ha aggiunto che molti dei disabili, alcuni dei quali con disabilità multiple, hanno reagito con panico e totale disorientamento all'incendio.

Di fronte alle prime segnalazioni di un incendio sul tetto, i vigili del fuoco hanno poi riferito che tutto indicava che l'incendio era iniziato dopo un'esplosione in un magazzino dell'edificio, e che grazie a Dio l'allarme si è attivato automaticamente.

Raggiunto telefonicamente da una stazione radiofonica, il primo ministro del Baden-Württemberg dichiarò: "La notizia dell'incendio nell'officina per disabili e la sua terribile portata mi hanno colpito profondamente". Poco dopo, il primo ministro si è recato sul luogo dell'incidente per vedere in prima persona cosa è successo.

Lì incontrò il sindaco di Titisee-Neustadt. Dopo aver visto l'edificio bruciato ed essere stato informato dai vigili del fuoco e dalla polizia su come si era verificato l'incendio, il sindaco si è avvicinato ai media presenti lì ed ha espresso il suo shock, assicurando che verrà svolta un'indagine esaustiva per scoprire l'origine dell'incendio.

Alle 12:45, il vescovo è stato informato dell'incendio dal capo di gabinetto del sindaco. Immediatamente, il vescovo ha avvisato Tassilo, il suo direttore della comunicazione, di prendere in carico la questione. Dopo averci pensato un attimo, Tassilo chiamò Isidor, presidente della Caritas diocesana, e gli chiese di accompagnarlo al laboratorio. Isidor è arrivato accompagnato da Monika, l'addetta stampa della Caritas.

Domande

Cosa dovrebbe dire Tassilo a nome della diocesi?
Cosa doveva proporre Tassilo al suo vescovo?

15. Il programma sperimentale

Mons. Matthaus Kuerten si trova in difficoltà. Dopo trent'anni di sacerdozio, dieci dei quali come segretario della commissione per la dottrina della fede della conferenza episcopale del suo Paese, non si può certo dire che sia un chierico inesperto; ancor meno che non conosca il mondo universitario (è infatti dottore in *utriusque iuris* e professore ordinario di diritto matrimoniale nella facoltà di giurisprudenza), ma non aveva mai pensato che sarebbe stato così difficile essere Rettore dell'università.

I suoi problemi hanno avuto inizio poco dopo la sua nomina a rettore da parte del vescovo, su proposta del collegio dell'Università Cattolica di Münsterburg, nove mesi fa. Il giorno successivo al suo insediamento si è accorto che nell'università veniva portato avanti da anni un programma sperimentale di fecondazione *in vitro* promosso dal Dr. Enrich Steiner, uno dei professori più prestigiosi della facoltà di Medicina e la sua ricerca attirava considerevoli contributi e investimenti per l'università.

Alla pubblicazione della notizia della nomina di Kuerten, il principale editorialista del *Die Katholische Welt* pronosticava una relazione problematica tra il nuovo rettore, noto per la sua vicinanza alle posizioni della conferenza episcopale, ed il Dr. Steiner. In effetti aveva indovinato; il Dr. Steiner non perdeva occasione per divulgare i progressi del suo laboratorio di ricerca e, sebbene non si fosse mai riferito direttamente al rettore, era risaputo che lo criticasse in maniera misurata, ma influente.

Il colloquio che i due ebbero una settimana più tardi, per iniziativa di mons. Kuerten, non ebbe un grande successo. Il Dr. Steiner aveva detto che non avrebbe mai rinunciato alla pratica della fecondazione *in vitro*: quello era infatti il cardine di una ricerca medica molto promettente (il suo nome veniva indicato quale possibile candidato al Nobel).

Curiosamente, poco dopo quella conversazione, le emittenti televisive e la stampa nazionale avevano iniziato una loro particolare crociata in difesa del Dr. Steiner, «uno dei migliori medici della Repubblica».

– «Come se qualcuno dubitasse del suo valore o volesse negare l'importanza del suo lavoro!», ripeteva tra sé mons. Kuerten.

Di sicuro mons. Kuerten si avvaleva dell'appoggio del vescovo e questo era molto importante, ma mons. Rudolf Scheiermayer, vescovo di Münsterburg, gli aveva detto chiaramente che non intendeva intervenire nella faccenda: «È un problema dell'università, quindi, spetta a lei risolverlo. Per questo l'ho nominata rettore!».

Il passo successivo di mons. Kuerten fu quello di rivolgersi ai membri del Consiglio dell'università in cerca di appoggio per far sì che il Dr. Steiner cessasse queste pratiche ritenute problematiche dalla morale della Chiesa Cattolica. Convocò una giunta straordinaria nella quale parteciparono tutti i membri aventi diritto di voto.

Dopo due ore di intensa discussione non fu possibile giungere ad un accordo: il massimo organo direttivo dell'università non voleva confrontarsi con il dr. Steiner e, peggio ancora, il giorno dopo qualcuno aveva filtrato il contenuto del dibattito ai giornalisti e i *media* alzarono la voce «affinché si fermi la campagna inquisitoria contro uno dei più grandi e prestigiosi studiosi».

Erano passati quattro mesi da allora, ma era rara la settimana senza un attacco contro il rettore, diretto o indiretto (una lettera al direttore di uno dei padri beneficiati dalle tecniche del Dr. Steiner, una foto dei graffiti sulle mura universitarie, ecc.). Persino la sua caricatura era diventata uno dei personaggi abituali delle vignette umoristiche dei giornali.

– «Va bene, chi l'avrebbe mai detto che sarei diventato tanto popolare!», si diceva con buon umore ed ironia mons. Kuerten.

Aveva provato a risolvere il problema, ma con poco successo; perciò, si era dedicato a risolvere le altre grane dell'università, che non erano poche – e offrivano maggiore possibilità di successo – ed aveva accantonato quest'ultimo in attesa che gli venisse in mente qualcosa.

Il problema era rimasto in una fase di stallo per quattro mesi, fino a quella mattina. Seduto alla sua scrivania, nel suo ufficio, mons. Kuerten rilesse gli schietti paragrafi della copia di una lettera che, indirizzata a mons. Scheiermayer, era gli era stata inoltrata dallo stesso vescovo:

CONGREGAZIONE
DELLA DOTTRINA CATTOLICA
Roma, 6 agosto 2004 Prot. CD 525/02

Eccellenza Reverendissima,

dopo aver studiato con profonda attenzione l'informativa elaborata dal suo predecessore alla carica, circa le tecniche biomediche che sono applicate nella Facoltà di Medicina dell'Illustre Università della Sua Diocesi e alla luce dei documenti della Congregazione per la Dottrina della Fede e delle norme di carattere vincolante di questa Congregazione per la Dottrina Cattolica, si è giunti alla conclusione che le tecniche alle quali si fa menzione nell'informativa devono essere sospese il più presto possibile.

Come ben sa Sua Eccellenza Reverendissima, esiste un'incompatibilità radicale tra la difesa della dignità della persona e la pretesa di voler decidere arbitrariamente sull'origine e sul destino dell'essere umano, patente a ogni coscienza ben formata. Con maggior motivo, pertanto, un'istituzione cattolica come l'Università di Münsterburg deve agire in accordo con quei principi fondamentali della morale naturale.

Approfitto di questa occasione per salutarla molto affettuosamente.

Dev.mo nel Signore

Mons. LORENZO TARASCHINI
Segretario

La lettera era accompagnata da un biglietto del vescovo, con un accorato appello ad «agire quanto prima».

Finalmente il Rettore prende il telefono e chiama Gertrude Müller, direttrice delle relazioni pubbliche dell'università:

– «Dott.ssa Müller? Sarebbe così gentile da venire questa mattina? Dobbiamo parlare di qualcosa».

Domande

Cosa può consigliare la direttrice della comunicazione al Rettore?

Cosa si sarebbe potuto fare in anticipo per evitare il problema?

Come si sarebbe dovuta preparare l'istituzione per un'evenienza di questo tipo?

Cosa si dovrà fare, quando sarà passato tutto, per recuperare la fiducia dei pubblici?

Considerazioni

Quale situazione mette in risalto l'articolo? Quali principi devono ispirare il Rettore e la direttrice delle relazioni pubbliche? Quali rischi corre il Rettore, l'università, la diocesi, la Chiesa in quel Paese, se il caso non si risolve? Avrà conseguenze a livello internazionale? Conviene evitare il conflitto a tutti costi? Quali aspetti legali non devono essere dimenticati? Quale dovrebbe essere il messaggio per ciascuno dei pubblici? Quali iniziative potrebbero essere promosse per ottenere il loro appoggio? Come bisognerebbe agire se esistessero un ufficio stampa, un giornale interno dell'università, un'Associazione di ex Alunni?

16. Appena ottenuto l'incarico

Mons. Eastwood stava celebrando, nel Duomo di Thule, il funerale di un sacerdote della diocesi scomparso alcuni giorni prima, quando gli sembrò di riconoscere qualcuno in fondo alla navata. Appena finita la Messa, infatti, fu avvicinato niente meno che dal Nunzio.

– «Vorrei parlare con lei Eccellenza: Sua Santità desidera nominarla arcivescovo di Lutezia».

La notizia non fu per mons. Eastwood una completa sorpresa. Mons. Sutherland, un suo compagno di seminario e ora segretario del Pontificio Consiglio per la Cultura, gli aveva accennato che il suo nome circolava nei corridoi della Congregazione dei Vescovi come uno dei candidati alla successione dell'arcivescovo precedente, il cardinale Garner, morto tre mesi prima. «E così aveva ragione il vecchio Sutherland», pensò mons. Eastwood mentre si aggiustava il colletto della tonaca e dissimulava un tenue sorriso.

Il salto da Thule a Lutezia era considerevole: da una diocesi rurale con tredici parrocchie e diciannove sacerdoti, dove il vescovo si occupava personalmente di un terzo dei funerali che si celebravano nelle parrocchie, all'arcidiocesi della capitale del paese, con più di duecento parrocchie e quasi mille sacerdoti e, inoltre, sede cardinalizia.

La differenza non era solo nelle dimensioni. Thule era una diocesi esemplare: l'indice di pratica domenicale era quasi il doppio della media nazionale, i sacerdoti erano molto uniti tra loro e con il vescovo, il seminario era pieno e con una lunga lista d'attesa, il patrimonio ecclesiastico era ben controllato e i suoi conti sanati e – ciò che sembrava un miracolo a tutti gli effetti – mons. Eastwood andava d'accordo quasi con tutti: con la Chiesa Episcopaliana – alla quale appartiene la maggioranza del paese – con le autorità politiche e persino con la stampa locale.

L'arcidiocesi di Lutezia, invece, faceva acqua da tutte le parti: poche vocazioni sacerdotali, contestazione teologica dappertutto, gravi irregolarità liturgiche in alcune parrocchie e un notevole deterioramento dell'immagine della Chiesa nelle classi sociali più colte. «È il candidato ideale», avevano pensato i responsabili della Congregazione dei Vescovi, che non sapevano come risolvere la situazione.

A tutto ciò si aggiungeva un dato che non era ancora venuto alla luce. Alcuni mesi prima, il vecchio cardinale Garner, intuendo chi lo avrebbe sostituito – e chissà che non fosse stato proprio lui a proporre il suo nome – gli confidò quale fosse il problema della diocesi che lo riempiva di amarezza: non pochi casi di pedofilia nel clero. Negli ultimi mesi sulle prime pagine dei giornali erano stati pubblicati tre casi: accuse pubbliche, denunce ai tribunali, interviste... Tutto molto sgradevole.

Sfortunatamente, quegli episodi erano soltanto la punta dell'iceberg, infatti oltre quei tre casi c'erano altri, ancora non conosciuti pubblicamente: quattro casi che gli stessi sacerdoti interessati avevano dichiarato, e altri sei dei quali il cardinale era venuto a conoscenza perché le famiglie colpite erano andate ad informarlo.

Riguardo questi ultimi, il cardinale era riuscito a convincere i parenti – tutti dei buoni cattolici – a non denunciare i fatti alla polizia, per non arrecare danni alla Chiesa, promettendo che avrebbe fatto il possibile per evitare il ripetersi di certi comportamenti.

Nelle settimane successive alle interviste, la malattia del cardinale, che era già ad uno stadio piuttosto avanzato, si aggravò; lui non aveva avuto materialmente il tempo necessario per studiare le misure da prendere per «impedire che succedesse di nuovo», come egli stesso si era impegnato a fare. Dopo la morte del cardinale, il vicario generale – l'unica persona al corrente dei fatti – pensò che essendo una faccenda troppo delicata non poteva essere risolta in modo provvisorio, quindi non prese alcuna decisione in attesa di un nuovo arcivescovo.

Il vescovo Eastwood non era il tipo di persona che si piega di fronte alle difficoltà. Era giunto al sacerdozio dopo aver lavorato per quattro anni come intermediario nella *Rendita 4*, una società di investimenti. Lì aveva preso l'abitudine di non rimandare le decisioni difficili: «Un no immediato è molto meno doloroso di un no detto dopo un mese», gli piaceva ripetere. E se fare ciò che considerava il suo dovere gli arrecava problemi, non gli dava troppa importanza: riteneva fossero gli inconvenienti del mestiere; «Vescovo popolare: ecco qui una *contradictio in terminis*», sentenziava in modo scherzoso.

Mentre Eastwood pensava a tutto questo, il Nunzio aspettava pazientemente che il presule chiedesse qualche giorno per pensarci e lui avrebbe risposto affermativamente con un generoso gesto di comprensione. Eastwood, invece, disse:

– «Dica al Santo Padre che, con la grazia di Dio e le sue preghiere, accetto il trasferimento. Quando posso prendere possesso dell'arcidiocesi?».

Il nuovo arcivescovo prese possesso della diocesi di Lutezia un mese dopo. Dopo essersi informato della situazione dell'arcidiocesi e aver provvisoriamente confermato tutti gli incarichi della curia (sebbene sapesse che non tutti erano contenti della sua nomina), apportò soltanto un cambiamento: nominò vicedirettore del *The Catholic Standard* (incarico che prima non c'era) Kenneth Portman, precedentemente incaricato dell'ufficio stampa della diocesi; al suo posto chiamò Natalie Branagh, direttrice di comunicazione della società finanziaria *Rendita 4*, nonché sua buona amica, dopo averla messa al corrente di ciò che stava per affrontare.

Branagh accettò l'offerta del vescovo. Dopo due giorni aveva già preparato un piano che, fondamentalmente, prevedeva la convocazione di una conferenza stampa nella quale l'arcivescovo avrebbe chiesto scusa per gli errori commessi dalla diocesi in passato lamentando i danni causati ai bambini vittime di abusi; annunciato misure destinate a scoprire e punire i sacerdoti coinvolti; proposto la creazione di una commissione nazionale ed indipendente – allargata a giudici, poliziotti, psichiatri, membri di ONG dedicate all'infanzia ed altri esperti – che indagasse le denunce che si fossero presentate da quel momento, senza studiare le imputazioni né considerare gli indennizzi eventualmente reclami per abusi commessi in passato.

Domande

Cosa pensi della proposta di Branagh? Quali altre cose dovrebbe fare il vescovo Eastwood?

Cosa si sarebbe potuto fare in anticipo per evitare il problema?

Come si sarebbe dovuta preparare l'istituzione per un'evenienza di questo tipo?

Cosa si dovrà fare, quando sarà passato tutto, per recuperare il consenso con i pubblici?

Considerazioni

Come può evolvere la situazione? Quali conseguenze potrebbero esserci se la situazione dovesse peggiorare? Chi deve risolvere la crisi? In cosa differirebbe il caso se non si trattasse di un'istituzione ecclesiastica? Quali sono i pubblici colpiti? Qual è la posizione di ciascuno? Quale sarebbe il messaggio per ciascun pubblico? A quale pubblico deve essere indirizzata la conferenza stampa? Quali altri canali si devono utilizzare? Quali altre iniziative si dovrebbero promuovere? Su quali altri alleati ed appoggi si può contare? Che cosa può apportare l'intervento di un professionista esterno alla diocesi?

17. Il ricattatore

Nel 1982 cinque religiosi della congregazione dei Missionari dell'Amore Misericordioso – il cui fine specifico è l'insegnamento nelle scuole elementari – erano partiti per fondare il primo convento della congregazione in un paese baltico.

Gli inizi furono difficili: il clima era molto rigido, specialmente per persone che venivano dalla Francia meridionale, non conoscevano nessuno (soltanto uno di loro parlava la lingua e neanche tanto bene) e, soprattutto, non abituate ad un ambiente religioso così terribilmente freddo. Sembrava che a nessuno importasse ciò che gli altri pensassero di Dio e della vita eterna.

La convinzione che aprire una scuola in un paese dove l'insegnamento pubblico aveva un livello accademico piuttosto alto fosse una pazzia, la freddezza interiore ed esteriore del paese, nonché l'apparente inutilità dei loro sforzi durante i primi tre anni, fecero breccia nelle anime di due dei cinque religiosi che decisero di abbandonare la congregazione e, con il loro titolo di pedagogisti (ottenuto al Noviziato dei Missionari), cercare lavoro nel loro paese di origine.

La curia generale mandò altri due religiosi a sostituirli (sebbene sia improprio usare questo termine, dato che nessuno sostituisce nessuno). I primi tre anni erano stati così duri che i cinque religiosi erano diventati molto uniti fra loro e l'abbandono dei due era stato molto doloroso.

Pochi mesi dopo le defezioni, la situazione prese una direzione inaspettata. Il francese, la lingua madre dei religiosi, divenne di moda e le famiglie dell'alta società baltica affidarono i loro figli alla scuola dei Missionari. L'arrivo di numerosi alunni per motivi poco spirituali fu all'inizio motivo di preoccupazione, ma i religiosi compresero che era un'opportunità provvidenziale che non potevano lasciarsi sfuggire. Fecero dunque firmare a ciascun genitore un documento che autorizzava i loro figli a ricevere anche un'istruzione cattolica, al fine di poter svolgere la loro missione.

Cinque anni di buoni risultati degli alunni agli esami di Stato, necessari per l'ingresso all'università, e la pubblicità, amplificata dai mezzi di comunicazione, avuta grazie all'iscrizione del figlio della principessa Stephanie, cugina del re convertita al cattolicesimo, fecero diventare la Scuola dell'Amore Misericordioso uno dei centri educativi più in voga nella capitale.

A quindici anni dalla fondazione, i cinque religiosi, che inizialmente si erano sostenuti grazie agli aiuti economici che venivano mandati periodicamente dalla sede centrale della Congregazione in Francia, erano diventati venti; una comunità autosufficiente dal punto di vista economico e che poteva sostenere nuove missioni in altri paesi.

Nel 1999 la notizia di una catastrofe riempì le pagine di tutti i quotidiani del paese baltico ed occupò il primo posto nei notiziari televisivi: l'incendio dell'accademia inglese *The British Tongue* nel quale perirono diciassette persone.

Le fiamme erano divampate in un negozio di elettricità situato sotto l'Accademia e, in pochi minuti, tutta la struttura in legno dell'edificio ardeva come una fiaccola. Sei professori e undici alunni erano rimasti intrappolati nelle aule della parte interna dell'edificio e i vigili del fuoco non erano riusciti a salvarli.

Alcuni giorni dopo, passata la fase più drammatica della copertura informativa, un quotidiano pubblicò la notizia che i professori dell'Accademia di lingua madre inglese – come attestavano i volantini pubblicitari della *The British Tongue* – erano in realtà giovani stranieri che passavano un semestre nel paese per finanziare i loro studi universitari e che non avevano un contratto lavorativo. Questa situazione conveniva sia all'Accademia e sia ai giovani docenti: entrambi risparmiavano sulle tasse.

Lo *scoop* provocò l'emulazione da parte di altri giornali che cominciarono a loro volta ad indagare su aziende che assumevano stranieri senza assolvere i dovuti requisiti legali: vennero alla luce molti abusi. Si cominciò, così, ad investigare sulle organizzazioni straniere che godevano di un sistema giuridico e fiscale diverso e, anche in questo caso, vennero alla luce molte irregolarità. L'opinione pubblica cominciò a pensare che la maggior parte delle aziende straniere non fosse in regola con la legislazione e questo, in un paese dalla mentalità rigida, era visto come un fatto molto grave. Di seguito le autorità si mobilitarono ed aprirono un'inchiesta per verificare l'accaduto.

In questo contesto sociale il giornale più importante del paese pubblicò una notizia che ruppe la tranquillità di cui godevano i Missionari dell'Amore Misericordioso. Sotto il titolo «Ex religioso denuncia la Scuola dell'Amore Misericordioso della capitale», venne pubblicato un articolo che raccoglieva le accuse di uno dei due ex missionari, Marcel Bretagne; secondo Bretagne la scuola non era in regola con la normativa legale relativa alla convenzione del lavoro nel settore dell'insegnamento.

La notizia colse di sorpresa fra' Sulpice Proust, il missionario incaricato dell'ufficio di comunicazione della scuola. In realtà fra' Sulpice era il direttore della rivista della scuola, ma poiché aveva lavorato per tre anni come giornalista prima di entrare nel noviziato della congregazione, era solito incaricato di rispondere ai giornalisti che chiamavano. Poiché era arrivato nella scuola negli ultimi sette anni e non avendo conosciuto Marcel Bretagne, si presentò immediatamente nell'ufficio dell'abate Rocheteau, il direttore della scuola e, dopo avergli mostrato l'articolo, gli chiese:

– «Chi è questo Bretagne?».

– «È uno dei primi che arrivò in questo paese; ha vissuto qui per tre anni, durante il periodo più duro per il convento e fu il primo economo. Poi cadde in depressione, si demoralizzò e decise di abbandonare.

«La sua fu una partenza repentina: un venerdì ci avvisò che voleva andarsene e il lunedì successivo se n'era già andato. Subito scoprimmo che aveva portato con sé tutto ciò che era nella cassa; non c'erano molti soldi, ma era tutto ciò che avevamo per vivere fino alla fine del mese, ed eravamo soltanto al dodicesimo giorno! Ci restammo tutti molto male, non per i soldi, che non erano la cosa più importante, ma perché era una persona molto affettuosa, un po' rigida, ma buona. Il suo abbandono ci colpì molto, specialmente Henri Leconte, che era molto unito a lui, e infatti se ne andò un mese più tardi».

L'abate Rocheteau si emozionò nel ricordare l'accaduto, Sulpice rapidamente chiese:

– «E da allora non ha più dato segni di vita?».

– «Beh, in realtà...».

Sulpice si accorse che l'abate Rocheteau stava riflettendo se dirgli o meno quello che sapeva. Alla fine, il direttore si decise:

– «Questa è una notizia confidenziale: per nessun motivo questa informazione deve uscire da questo ufficio. Due mesi fa la casa centrale della congregazione ci informò che Marcel Bretagne era andato da loro per chiedere dei soldi, poiché aveva perso il lavoro e si trovava in una situazione difficile. Al sentirsi negare la richiesta, minacciò di creare uno scandalo».

– «Beh, si vede che è stato di parola».

– «Insisto nel dire che a questo non si può dare alcun commento».

– «Minacciò di fare qualcosa di particolare?».

– «Dunque, mi sembra di ricordare che parlò di rivelare come ricevessimo i soldi dalla Francia e altre cose che ho dimenticato. In quel tempo il trasferimento di denaro era molto difficile, non come adesso, e per questo dovevamo servirci di un amico dell'ambasciata che metteva nella valigia diplomatica una busta al mese... In fin dei conti è passato molto tempo, quindi i miei ricordi non possono che essere vaghi».

– «Bene, molte grazie, abate Rocheteau; penso che con ciò che ho a disposizione posso iniziare a lavorare. Mi lasci un po' di tempo per pensare; tornerò tra un po', ma credo che il telefono squillerà presto...».

Domande

Quale piano di azione dovrebbe proporre fra' Sulpice all'abate Rocheteau?

Cosa si sarebbe potuto fare in anticipo per evitare il problema?

Come si sarebbe dovuta preparare l'istituzione per un'evenienza di questo tipo?

Cosa si dovrà fare, quando sarà passato tutto, per recuperare la fiducia dei pubblici?

18. Proposta alla plenaria dei vescovi

Il cardinale Silvestre Tornasol, presidente della Conferenza episcopale di Sildavia (CES), un Paese di dimensioni medie nell'Europa centrale, era tornato a casa piuttosto preoccupato. Aveva trascorso quattro giorni molto intensi a Roma, nel febbraio 2019, invitato da papa Francesco a un incontro sulla tutela dei minori negli ambienti ecclesiali, rivolto ai presidenti delle conferenze episcopali, i superiori generali degli ordini e delle congregazioni, e alcuni organismi della Curia romana.

Ciò che il porporato aveva sentito dai relatori principali e dai partecipanti alle discussioni nei circoli minori, ma soprattutto le parole forti del Papa sulla necessità di una conversione radicale, gli avevano fatto una grande impressione.

Era stato anche fortemente scosso dalle testimonianze di vittime provenienti da diverse parti del mondo, che raccontarono le loro drammatiche esperienze in mezzo a un emozionante silenzio.

Il cardinale Tornasol era venuto all'incontro pensando che la questione degli abusi sessuali sui minori non fosse davvero una questione prioritaria nel suo paese. Era consapevole che in altri Paesi, soprattutto di cultura anglosassone, l'argomento aveva dato origine a scandali senza fine, che avevano colpito la Chiesa universale. Ma nei suoi colloqui privati con gli altri vescovi di Sildavia, la maggior parte di loro riconobbe pochissimi casi, e molto vecchi.

Alcuni anni prima, le autorità del CES avevano invitato il vescovo John Smith di Jefferson, U.S.A., a tenere un seminario sugli abusi del clero, al quale parteciparono due terzi dei vescovi di Sildavia.

Una delle dichiarazioni del relatore sulle cause della crisi degli abusi diede molto di che parlare. Il vescovo Smith aveva spiegato che, sebbene il John Jay Institute of Criminal Justice, nel suo terzo rapporto (2006) preparato su richiesta della conferenza episcopale degli Stati Uniti, avesse sottolineato che non c'era alcun legame tra abuso e omosessualità, non era d'accordo con tale conclusione.

L'esperienza nella sua diocesi di Jefferson gli diceva il contrario: la maggior parte dei casi che aveva riscontrato riguardava sacerdoti che avevano rapporti sessuali con adolescenti maschi di 16 o 17 anni, e che – quando il vicario giudiziale parlai con loro in occasione dell'istruzione del processo canonico – diversi avevano dato come spiegazione che lo avevano fatto perché li consideravano comportamenti meno gravi dei rapporti sessuali con una donna, che invece costituivano una violazione della promessa di celibato che avevano fatto quando erano stati ordinati sacerdoti.

L'interrogatorio nel processo canonico si era fermato lì, ma era saputo da molti che questi sacerdoti conducevano una doppia vita. Il fatto che avessero avuto rapporti sessuali con minori non era il risultato di tendenze pedofile, ma piuttosto il risultato di un'opportunità. Erano abituati a relazionarsi con giovani tra i 20 e i 25 anni, ma le circostanze li avevano messi in una situazione con un minore, e avevano ceduto alla tentazione.

Ecco come Mons. Smith lo aveva spiegato nel seminario:

> «Sono stati fatti molti sforzi per tenere separati i comportamenti che rientrano nella categoria degli atti omosessuali, ora culturalmente accettabile, e nella categoria pubblicamente deplorevole degli atti di pedofilia. Cioè, fino a poco tempo fa i problemi della Chiesa sono stati presentati come problemi di pedofilia, nonostante le prove evidenti del contrario. Ma è il momento di essere onesti. C'è una sottocultura omosessuale all'interno della gerarchia della Chiesa che sta causando grave devastazione nella vigna del Signore. La dottrina della Chiesa afferma chiaramente che l'inclinazione omosessuale non è di per se un peccato, ma è intrinsecamente disordinata in modo tale che coloro che ne soffrono permanentemente non sono idonei al sacerdozio».

Il vescovo di Jefferson chiarì che non tutti i vescovi statunitensi la pensavano come lui, ma che – a suo avviso – era chiaro che parte del problema era la mancanza di supervisione che i seminari soffrivano da decenni, e il fatto che la maggior parte dei sacerdoti nel suo Paese viveva da solo, aveva molto tempo libero e uno stipendio generoso. Mons. Smith raccomandai ai presenti di andare infondo alle cause, se volevano evitare i problemi che avevano colpito la Chiesa negli Stati Uniti.

Sentire una descrizione così forte ha impressionato i vescovi sildavi che hanno partecipato al seminario. Allo stesso tempo, li confermava nell'opinione che non avevano nulla da temere: per decenni i loro seminari avevano curato molto la selezione dei candidati, la loro vita spirituale, la loro formazione dottrinale... Inoltre, i sacerdoti del paese erano oberati di lavoro, poiché molti erano responsabili di diverse parrocchie, e i loro stipendi erano poco superiori al salario minimo nazionale.

L'unica cosa che di tanto in tanto turbava la pace nell'episcopato erano le periodiche dichiarazioni del gesuita tedesco Hans Zollner, segretario della Pontificia Commissione per la Tutela dei Minori, quando visitava il Paese invitato da un'università o da una congregazione religiosa a tenere una conferenza.

Prima o dopo la cerimonia accademica, padre Zollner rilasciava interviste ai media, in cui insisteva sempre sul fatto che se in questo paese non erano emersi altri casi di abusi da parte del clero cattolico, non è perché non ce ne fossero, ma perché la Chiesa ancora non aveva indagato abbastanza, come avevano fatto i vescovi in Germania e si stavano preparando a fare in Francia.

Queste affermazioni, riprodotte nei titoli della stampa più critica nei confronti della Chiesa, indussero persino la Conferenza Episcopale di Sildavia a protestare ufficialmente presso la Segreteria di Stato vaticana. La protesta fece poca impressione a padre Zollner, che continuò ad avvertire che «non c'era motivo di pensare che Sildavia sarebbe stato un caso diverso da quello di altri paesi».

All'incontro di Roma del febbraio 2019, molti oratori avevano elogiato il coraggio e la trasparenza dei vescovi tedeschi che avevano deciso di indagare, nonostante nessuno glielo obbligava.

«Non dovremmo noi fare lo stesso?», si domandava il cardinale Tornasol.

La sua perplessità era dovuta a diversi fattori. Da un lato, l'elogio per la preparazione delle investigazioni commissionate (e pagate) dalle conferenze episcopali non aveva alcun fondamento nei documenti della Santa Sede, che non le aveva mai raccomandate per iscritto.

In secondo luogo, il rapporto tedesco si era concluso con raccomandazioni che andavano oltre le statistiche: «abolire il celibato sacerdotale», «modificare gli aspetti della morale sessuale cattolica che contraddicono il sentimento generale» in Germania, ecc.

Per questo motivo, molte voci all'interno della Chiesa in Germania si erano levate contro il rapporto, descritto come un "pasticcio scientifico" da personaggi prestigiosi, come lo psichiatra Manfred Lutz.

In terzo luogo, la pubblicazione di queste relazioni non era stata utile per migliorare le percezioni pubbliche sulla Chiesa. Il riconoscimento dei casi commessi e la richiesta pubblica di perdono avevano addirittura peggiorato la situazione. Questo era accaduto in Francia, il cui rapporto aveva seguito un metodo diverso, quello di prevalenza statistica, e le sue conclusioni (più di 300.000 casi di abusi sessuali da parte del clero) avevano dato origine a un vero e proprio terremoto mediatico.

Infine, non era chiaro chi dovesse prendere una decisione. Tra gli elenchi delle competenze attribuite alle conferenze episcopali dal *Codice di diritto canonico* la preparazione di questi rapporti ne era assente.

Al contrario, sia le misure preventive che i procedimenti penali contro i presunti colpevoli erano di competenza esclusiva di ciascun vescovo, e la missione della conferenza episcopale era solo di coordinamento.

Il presidente della CES si chiedeva: «valeva la pena correre tutti questi rischi?»

Il cardinale Tornasol sollevò la questione nella successiva riunione della commissione permanente della CES. Lì trovò tre posizioni:

a) Non fare alcuna investigazione, a meno che la Santa Sede lo richiedesse esplicitamente; e concentrarsi sulla promozione degli uffici diocesani di prevenzione, come suggerito al Congresso del febbraio 2019 a Roma.

b) Incaricare il presidente della commissione episcopale per il clero di redigere un'inchiesta interna, con la collaborazione di tutte le diocesi.
c) Commissionare un rapporto indipendente a uno studio legale esperto in questo campo.

I membri della commissione permanente votarono e la maggioranza scelse la prima opzione.

Sei mesi dopo, la commissione permanente ha rimesso all'ordine del giorno la preparazione di un rapporto sugli abusi commessi dal clero. C'erano tre nuovi fattori che rendevano consigliabile rivisitare l'argomento.

In primo luogo, il giornale più diffuso di Sildavia aveva deciso di emulare il Boston Globe e la sua campagna nel 2002-2003, che le aveva fatto meritare un premio Pulitzer (e l'Oscar al film que raccontò la storia, *Spotlight*). Poche settimane prima il giornale aveva lanciato un appello al pubblico:

> «Chiunque sia a conoscenza di qualsiasi caso di abuso sessuale da parte del clero cattolico, scriva a una e-mail o chiami al telefono, e noi lo pubblicheremo».

La campagna era iniziata un mese prima, e ogni domenica – il giorno di maggiore distribuzione del giornale – pubblicava un caso drammatico in modo molto dettagliato.

In secondo luogo – e probabilmente in relazione a quanto sopra – due piccoli partiti della coalizione di governo di sinistra avevano lanciato proposte non legislative per indagare sulla Chiesa in parlamento.

Non era chiaro come il governo avrebbe reagito a queste proposte, ma il primo ministro (socialista) aveva precedentemente espresso pubblicamente la sua vicinanza alle vittime di abusi.

In terzo luogo, il lavoro degli uffici diocesani per la protezione dei minori nella ricerca di possibili vittime aveva cominciato a dare i suoi frutti, e in molte diocesi cominciavano a emergere decine di casi. Gli episodi erano di diverso tipo, e corrispondevano a presunti abusi avvenuti negli ultimi cinquant'anni.

La commissione permanente della CES cambiò idea e decise di proporre all'assemblea plenaria dell'episcopato la preparazione di un rapporto.

Compiti

Prepara una proposta da discutere in plenaria, fornendo le cinque ragioni principali che potrebbero convincere tutti i vescovi della necessità di un rapporto.

Scrive una bozza di briefing per commissionare questo rapporto ad uno studio legale, dettagliandone le principali caratteristiche da tutti i punti di vista: giuridico, metodologico, pastorale, economico e comunicativo.

19. Il giornalista è al telefono

I rintocchi delle campane indicano che sono le nove del mattino. Mons. Giuseppe Toscano, arcivescovo di Novara, parcheggia la sua auto nel garage del palazzo vescovile ed entra nel suo ufficio. Oggi sembra particolarmente contento. I ragazzi della diocesi che lo hanno accompagnato alla GMG sono tornati a casa entusiasti del pellegrinaggio e addirittura alcuni di loro hanno cominciato a interrogarsi sulla possibilità di una vocazione al sacerdozio.

Ieri sera, inoltre, è stato a cena con Raffaele Serra, un noto imprenditore della città, proprietario di una catena di ristoranti che tra l'altro si è mostrato disposto a collaborare donando cinquanta pasti giornalieri per gli anziani del centro diocesano Maria Ausiliatrice. Poiché è stato un ottimo anno per il settore della ristorazione, Serra ha deciso che sia giunto il momento di collaborare con qualche istituzione della città (e, sebbene non ne abbia fatto menzione al prelato, non gli dispiacerebbe anche candidarsi come sindaco alle prossime elezioni locali...).

Quando arriva nel suo ufficio il vescovo incontra inaspettatamente don Alberto Zarbini, il vicario generale, e don Antonio Costanza, delegato della diocesi per i mezzi di comunicazione, che lo aspettano con facce poco rassicuranti. Mons. Toscano, guardando l'orologio, pensa: «Ma che ci fanno qui a quest'ora?».

Don Alberto saluta il prelato:

– «Buongiorno. Abbiamo un problema nella parrocchia di Santa Lucrezia. Possiamo parlare con Sua Eccellenza?».

La parrocchia di Santa Lucrezia è una delle zone più povere della diocesi: il tasso di disoccupazione è quasi doppio rispetto alla media nazionale, la qualità delle case è pessima e i giovani non hanno spazi nei quali divertirsi e fare sport. Per provare a sanare la situazione la parrocchia ha ceduto l'uso di alcuni locali a diverse associazioni.

Mons. Toscano apre la porta del suo ufficio e li invita ad accomodarsi.

– «Cosa è successo?».

– «Sembra che il parroco di Santa Lucrezia...»

– «Don Michelangelo?»

– «Esattamente, don Michelangelo Aragonesi. Qualche tempo fa ha ceduto dei locali della parrocchia che non si usavano da anni a un gruppo *pro-life*, a dir la verità un po' radicale. Immagino che abbia sentito parlare dell'associazione *Difendiamo gli Indifesi*, no?».

– «Sì. Ho sentito dire che è un gruppo combattivo. E così il buon don Michelangelo gli ha prestato un locale».

– «Appunto».

– «E che c'è di male in questo? In una recente omelia sulle cure paliative, quando lodai la gente che rinuncia al riposo e alle comodità per lottare contro la morte..., beh, in parte mi riferivo a persone di quel tipo».

– «Si ricorda che la settimana scorsa è esplosa una bomba in una clinica abortista nella quale sono rimaste ferite due ragazze che stavano in sala di attesa e l'addetta alla *reception*?».

– «Certo che mi ricordo: conosco molto bene la famiglia di una di quelle ragazze».

– «Ebbene, sembra che i sospetti ricadano soprattutto sul presidente e sul tesoriere della *Difendiamo gli Indifesi*. Per il momento sono solo sospetti, perché sono spariti dalle loro case e nessuno sa dare informazioni. La notizia è stata diffusa ieri dalla polizia in una conferenza stampa.

Un'ora dopo un giornalista de *Il Sole di Novara* ha telefonato a don Michelangelo, che si è limitato a un *No comment* e poi ha attaccato il telefono. Il giornalista ha chiamato anche me, ma in quel momento ero assente così che non ho potuto parlare con lui, né ho voluto richiamarlo prima di parlare con Sua Eccellenza. Ecco qui quello che si legge oggi sul giornale».

Don Antonio gli passa l'articolo preso dalla sezione locale de *Il Sole di Novara* che titola la notizia «La diocesi finanzia i terroristi antiabortisti». L'arcivescovo lo legge subito con espressione disgustata.

– «Sapevamo qualcosa di quella associazione?».

– «In realtà non è la prima volta che escono sui giornali. L'anno scorso distrussero le vetrate di un'altra clinica e un medico li aveva denunciati ai carabinieri per minacce, ma mai si erano spinti fino a tal punto».

– «E don Michelangelo?».

– «Ho appena parlato con lui e mi ha detto che è tutta una montatura. Secondo lui, quei ragazzi non possono aver compiuto qualcosa di simile. Il giornalista è una vecchia conoscenza: un uomo divorziato al quale alcuni mesi fa non fu permesso di fare da padrino a suo nipote; disse che si sarebbe vendicato...

«Spero proprio che nessun altro giornalista telefoni a don Michelangelo: ha poca pazienza, potrebbe irritarsi e dire qualcosa di sconveniente.

«Ho parlato anche col sacrestano per sapere da quanto tempo quel locale era usato da quei ragazzi; mi ha detto che lo usano da tre anni e che non hanno mai causato problemi; dice che pagano addirittura la bolletta del telefono».

– «Questo non sarebbe successo se lei avesse tenuto il telefono cellulare acceso. Glielo abbiamo comprato apposta per casi come questi», dice don Alberto a don Antonio a bassa voce, ma con evidente disappunto.

– «Mi sembra che il responsabile sia don Michelangelo. Il suo caratteraccio è ben noto, nonché la sua capacità straordinaria di metterci nei pasticci, ma, se vuole che mi dimetta, con molto piacere», controbatte don Antonio.

– «Andiamo, non è il momento di darsi la colpa a vicenda, ma di risolvere la faccenda. Che vi sembra giusto fare?», dice un po' stizzito mons. Toscano.

– «Forse non c'è niente da fare. *Il Sole di Novara* è un giornale scandalistico; per cui la gente per bene non gli darà molto credito. Sono menzogne si squalificano da sole», aggiunge don Antonio, che sembra essersi calmato un po'.

– «OK, mi sembra giusto. Posso incaricarmi di parlare con don Michelangelo affinché mandi quelle persone via dai locali parrocchiali senza dare troppo nell'occhio», dice il vicario.

– «Non so, tuttavia non rimango tranquillo», dice mons. Toscano con tono dubbioso. «Forse dovremmo parlare con il direttore del giornale affinché richiami il suo giornalista; quell'articolo è palesemente infamante. Potremmo denunciarlo per calunnia».

In quel momento suor Agnese, segretaria dell'arcivescovo, bussa alla porta.

– «Scusi se la interrompo, Eccellenza, ma al telefono c'è Matteo Cenobbio, del *Telegiornale*, che vuole parlare con lei. Ho risposto che è impegnato, ma dice che può attendere fino al termine di questa riunione».

Domande

Cosa dovrebbe fare l'Arcivescovo di Novara?

Cosa si sarebbe potuto fare in anticipo per evitare il problema?

Come si sarebbe dovuta preparare l'istituzione per un'evenienza di questo tipo?

Cosa si dovrà fare, quando sarà passato tutto, per recuperare la fiducia dei pubblici?

Considerazioni

In quale momento della crisi ci troviamo? Come prevedi che essa possa evolversi? Sarebbe utile la presenza di altre persone per consigliare l'arcivescovo? Quali sono i pubblici colpiti? Qual è la posizione di ciascuno? Quale potrebbe essere il messaggio per ognuno dei pubblici? Quali canali devono essere utilizzati per informare ed ottenere il loro appoggio? Quali sono i vantaggi e gli svantaggi di concedere l'intervista al giornalista televisivo? Che tipo di materiale informativo e di documentazione occorre preparare?

20. Affari sporcaccioni

In 2011, la società Weltbild di Augusta, per il 100% di proprietà di vescovi tedeschi, aveva quasi 6.500 dipendenti e librerie sulle vie principali di molte città della Germania.

Il volume d'affari della catena di librerie dei vescovi tedeschi si aggirava sul 1,7 miliardi Era la maggiore venditrice di libri in Germania. Per quanto riguarda la vendita on-line, solo Amazon vendeva di più.

I proprietari di Weltbild erano dodici diocesi cattoliche tedesche: Augusta, Aachen, Bamberg, Eichstätt, Fulda, Freiburg, l'arcivescovado di Monaco-Freising, Münster, Passavia, Regensburg, Treviri e Würzburg. Ciascuna di loro ha un rappresentante nel suo consiglio di amministrazione.

Ne è azionista della Weltbild anche la *Verband der Diözesen Deutschlands* (VDD), ossia l'Associazione delle diocesi tedesche, un consorzio di tutte le diocesi tedesche preposto a provvedere a questioni comuni di ordine giuridico ed economico, in parallelo alla Conferenza episcopale (CET). La sua partecipazione alla Weltbild, pari al 24,2%, fa sì che di fatto tutti i vescovadi tedeschi, tramite la VDD, erano comproprietari della Weltbild.

Le diocesi tedesche sembravano soddisfatte di questa sistemazione, avviata trent'anni fa, e tutte supportano attivamente il modello imprenditoriale della Weltbild, che è diventata un *major player* nel business dei mass media e, dal punto di vista delle diocesi, una fonte notevole di ingressi economici.

Infatti, la Weltbild rappresenta una sorta di fondo d'investimento delle diocesi: nel corso degli anni hanno investito nell'editrice quasi 182 milioni di Euro provenienti dai contributi dei fedeli cattolici alla Chiesa tramite il pagamento delle tasse allo stato tedesco.

Tuttavia, questi dati non erano motivo di allegria per tutti. Da tempo si sa che l'ispirazione cattolica della Weltbild non è il suo punto forte. Essendo un colosso tra i colossi, vende tutto quello che i grandi operatori del settore offrono on-line, compresi esoterismo, letteratura buddista, persino satanismo ed erotismo.

Oltre a vendere i libri nelle sue librerie fisiche e online (il suo catalogo era enorme), la Weltbild possiede anche partecipazioni a molte case editrici che producono letteratura erotica e pornografica. Già nel 1998 il Weltbild aveva fuso sette editrici proprie con cinque del gruppo Georg von Holtzbrinck nel gruppo Droemer&Knaur con sede a Monaco. Droemer&Knaur è una delle principali editrici in Germania di libri erotici e pornografici. I vescovi tedeschi attualmente detengono il 50% della Droemer&Knaur.

Weltbild possiede un terzo anche del portale internet buecher.de, che pubblicizza libri quali *Graf Porno* (Il Conte Porno) e *Porno für Paare* (Porno per le coppie).

Un'altra delle sussidiarie della Welbild è la Blue Panther Books, una casa editrice erotica che pubblica titoli come *Sluts' Boarding School, Lawyer's Whore* e *F---able.*

E non è tutto. Dal punto di vista del ROI (*ritorno sull'investimento*), della vendita di libri che salta fuori dalla violenza o promuove la magia e il satanismo, sei quello del famigerato ateo Richard Dawkins, e sei una delle persone più importanti del mondo.

A dirittura, la compagnia proprietà delle diocesi tedesche ha ignorato per anni le raccomandazione dell'Ufficio Federale di censura dei media pericolosi per i minori, e come distributore di materiale pornografico senza controllo è stato messo nella lista di media pericolosi per la gioventù tedesca.

Nero su bianco

Tutti ciò era risaputo nel mondo dell'editoria e anche nei circoli che contano nelle diocesi tedesche, ma in occasione della Fiera del Libro di Francoforte del 2011, la rivista tedesca *Buchreport* e il servizio stampa austriaco on-line *kath.net* hanno reso noti questi fatti.

La prima risposta della Welbild è venuta da Carel Haff, direttore esecutivo della Weltbild. Secondo Haff, le notizie sulla stampa hanno provocato all'interno dell'azienda «delle discussioni intense e un dialogo molto aperto», e che studieranno la possibilità di limitare in futuro l'offerta di titoli.

Da parte dei vescovi, la conferenza episcopale ha rilasciato un comunicato stampa dove si affermava che la Weltbild «si sforzava per prevenire la distribuzione di materiale possibilmente pornografico», e ha spiegato che la causa di ciò è stato «un guasto al sistema di filtraggio» della casa editrice, que ha permesso ai libri di essere immessi sul mercato. «Metteremo fine alla distribuzione di contenuti probabilmente pornografici in futuro», ha dichiarato la segreteria generale della CET.

Tuttavia, è emerso che dal 2008, più di tre anni prima, un gruppo di cattolici laici aveva inviato ai dodici vescovi e alla CET un documento di 70 pagine contenente prove inconfutabili, ma le loro proteste sembrano essere state completamente ignorate.

Bernhard Müller, direttore della rivista cattolica PUR, in un articolo sul quotidiano *Die Welt*, ha respinto la reazione della CET come grossolanamente ipocrita, perché certamente i vescovi ne erano al corrente:

> «L'improvviso stupore proclamato di molti leader della Chiesa per il fatto che il materiale pornografico viene distribuito dalla loro casa editrice, è solo retorica: una recitazione fasulla e fuorviante. Da anni che i fedeli ci siamo lamentati con i nostri vescovi."

Quello che si è trapelato è che i vescovi avevano tentato di liberarsi dal potenziale imbarazzo per la vendita di pornografia, cercando di vendere la Weltbild nel 2009. A quanto pare, avevano abbandonato l'idea dopo non essere riusciti a ottenere il prezzo che chiedevano.

L'unica diocesi che si era disfatta delle sue azioni negli anni precedenti allo scandalo è stata l'arcidiocesi di Colonia, guidata dal cardinale Joachim Meisner. Altre, consapevoli dei problemi legali a cui venivano incontro, hanno invece trasferito le loro quote alla VDD.

Chi invece ha rotto il silenzio e gli indugi su queste attività strane fu papa Benedetto XVI in 2011, nell'udienza all'appena nominato Ambasciatore tedesco preso la Santa Sede Reinhard Schweppe in visita per la consegna delle credenziali.

«È giunto il momento di arginare in maniera energica la prostituzione, nonché l'ampia diffusione di materiale dal contenuto erotico o pornografico, anche su internet. La Santa Sede farà in modo che l'impegno contro questi mali venga portato avanti da parte della Chiesa cattolica in Germania in modo più netto e deciso".

L'energica frase ha fatto suonare parecchi campanelli di allarme presso l'establishment ecclesiastico in Germania. La sera stessa, l'arcivescovado di Colonia ha rilasciato una dichiarazione nella quale asserisce che da parte sua da anni aveva fatto pressioni affinché la Chiesa prendesse le distanze dalla Weltbild. «Non possiamo guadagnare soldi durante la settimana con ciò contro cui predichiamo la domenica», ha detto il cardinale Meisner al quotidiano *Welt am Sonntag*.

In seguito alle affermazioni del pontefice, la Weltbild ha dichiarato di accogliere con favore la decisione dei vescovi in quanto è stato impossibile «limitare adeguatamente la diffusione e la produzione di media supportati da Internet che contraddicono gli ideali degli azionisti», e ha inizialmente rimosso circa 2.500 titoli erotici dal suo catalogo online.

I vescovi, da parte loro, hanno preso le distanze dall'editrice, e hanno annunziato che volevano disfarsene. Ma non hanno voluto rispondere alle domande dei pochi giornalisti interessati nel seguito della notizia, tranne ché l'arcidiocesi di Monaco, che – secondo Muller – ha dato una risposta «arrogante e dispettosa", e un'altra diocesi che ha risposto: «ho inviato la sua domanda all'ufficio stampa della Conferenza episcopale».

Tuttavia, il portavoce della CET, P. Hans Langendörfer SJ (che siede al consiglio di amministrazione della Weltbild ed è pure dirigente della VDD, ora azionista di maggioranza dell'editrice), non ha voluto fare commenti.

Gli unici commenti extra ufficiali che hanno fatto dirigenti anonimi della CET affermando che, nella società odierna, non era possibile gestire un'editrice che fosse in contemporanea veramente cristiana e profittevole.

Quando lo scandalo ha raggiunto il culmine, il presidente della Wiltbild Klaus Donaubauer è stato costretto a dimettersi. Invece, niente è cambiato alla VDD. Anzi, sotto la nuova direzione, la principale casa editrice tedesca ha rilasciato un comunicato stampa affermando che stava valutando la possibilità di citare in giudizio i «calunniatori» che l'hanno accusata di trarre profitto dalla pornografia:

> «La pornografia è un termine legale chiaramente definito. Weltbild non offre pornografia e non l'ha mai fatto prima».

Tuttavia, i media laici in Germania hanno confermato che la piattaforma online della Weltbild aveva 2.500 titoli pornografici.

Inoltre, alcuni siti cattolici hanno riferito che da quando si era diffusa la notizia iniziale che ha creato lo scandalo, la società aveva rimosso «pagine offensive dal suo sito Web e disabilitato le funzioni del motore di ricerca per le ricerche sul suo sito Web utilizzando parole come 'erotico'».

Inoltre, è stato sufficiente mostrare testi e immagini pubblicitarie molto esplicite ancora presenti nella piattaforma, per ribattere la distinzione radicale tra erotismo e pornografia difesa dall'editrice.

Nel 2012, i vescovi proprietari di Weltbild hanno dichiarato che la casa editrice era in vendita, anche se l'amministratore delegato della società ha avvertito all'epoca che potrebbero essere necessari 18 mesi per trovare un acquirente dato il clima economico.

Oggi

Tre anni dopo, il *Financial Times* ha pubblicato che la Weltbild, ancora nelle mani dei vescovi tedeschi, ha avuto nel 2014 una performance economica deludente, mentre Amazon ed altre piattaforme online hanno aumentato le vendite.

Di conseguenza, ha chiesto l'apertura dell'espediente di insolvenza presso un tribunale di Augusta, mettendo a rischio più di 6.000 posti di lavoro.

Il sacerdote Peter Beer, membro del consiglio di amministrazione della Weltbild, ha dichiarato alla *Frankfurter Allgemeine Zeitung* (il giornale tedesco più influente) che gli sforzi dell'azienda per trasformarsi in un'azienda digitale non hanno portato al successo.

La decisione ha provocato onde d'urto nell'industria editoriale tedesca. Hugendubel, la catena di librerie che possiede congiuntamente il commerciante di libri DBH con Weltbild, ha dichiarato al quotidiano Handelsblatt di essere rimasta «stupita» dallo sviluppo.

La decisione di presentare istanza di insolvenza – mettendo a rischio migliaia di posti di lavoro – ha suscitato aspre critiche da parte del sindacato tedesco *Ver.di*. Il suo addetto stampa Thomas Guerlebeck ha detto all'agenzia *DPA* che la decisione «puzza fino al cielo». La Weltbild ha rifiutato di commentare.

Siamo nel 2016. Molte cose sono cambiate: alla sede di Pietro non si siede più un papa tedesco ma un argentino, e gli argomenti che preoccupano di più riguardano il Cammino Sinodale, dove buona parte dell'episcopato tedesco si è schierato pubblicamente contro le decisioni e gli orientamenti di papa Francesco e della sua curia romana.

Sono cambiati anche il presidente della CET e il suo portavoce, che ora è un laico, professionista della comunicazione istituzionale. La Weltbild non ha più un ruolo di spicco nell'editrice tedesca: le sue dimensioni sono la metà di quanto era dieci anni prima. Ed è appena arrivata un'offerta di acquisto per l'editrice.

Domande

Cosa dovrebbe fare il nuovo direttore di comunicazione della Conferenza episcopale tedesca in questo nuovo contesto?

Come si comporteranno i media secolari e siti cattolici quando vegano a sapere la notizia?

C'è una soluzione migliore alla vendita dell'azienda?

Come preparare in anticipo la cessione della Weltbild?

21. Preparando il Congresso Eucaristico

Tucumán è una delle città più importanti dell'Argentina settentrionale. Distante 1.311 chilometri da Buenos Aires, è orgogliosa della sua bellezza («il giardino della Repubblica», viene chiamata) e della sua storia: qui si svolse la battaglia decisiva tra le truppe della corona spagnola, che venivano dall'Alto Perù, e l'esercito di patrioti sotto il comando del generale Belgrano, che portò quattro anni dopo alla firma della dichiarazione di indipendenza nella affettuosamente chiamata «Casita de Tucumán».

Il carattere del popolo di Tucumán è forte e diretto, senza il senso di superiorità e la sofisticazione dei *porteños*. Inoltre, amano ricordare che il governo provvisorio di Buenos Aires aveva ordinato a Belgrano di ritirarsi nella città di Cordova. Solo l'entusiasmo della popolazione di Tucumán e il coraggio delle sue truppe di *gauchos* e contadini senza addestramento militare convinse il generale ad affrontare i realisti, che furono sconfitti, garantendo così l'indipendenza dalla corona spagnola. Il resto è storia.

Gennaio 2015. L'arcidiocesi di Tucumán si sta preparando intensamente per il Congresso Eucaristico Nazionale 2016, che si svolgerà l'anno successivo, intorno alla festa del Corpus Domini. Tutti si aspettano che papa Francesco ne prenda parte, perché lui stesso ha detto di voler venire. Anche se non sembra facile (coincide con altri atti pontifici precedentemente annunciati), avanzano i preparativi sull'ipotesi che il primo papa argentino della storia sorprenderà ancora e verrà, quasi senza preavviso.

Nell'omelia della Messa prima della presentazione ufficiale del programma del Congresso Eucaristico, l'arcivescovo ha spiegato il motto del Congresso, «Gesù Cristo, Signore della storia, abbiamo bisogno di te», e ha incoraggiato gli oltre diecimila fedeli che hanno riempito il Parco 9 de Julio, alla conversione missionaria e ad uscire con il cuore pronto a condividere con l'altro la fede in Gesù Cristo.

Dopo la Messa, la processione con il Santissimo Sacramento si è svolta intorno alla piazza ed è stato cantato l'inno nazionale. Al termine, l'arcivescovo ha chiesto ai tutti di collaborare con l'organizzazione in ogni modo possibile: arruolandosi come volontari, accogliendo nelle loro case i pellegrini che verranno dall'estero, con aiuti in natura (computer, telefoni, mobili e anche cibo) e donazioni.

Il comitato organizzatore del Congresso è guidato da Isidoro, un sacerdote di Tucumán incaricato del coordinamento generale; e formato da Hermenegildo, decano della cattedrale di San Miguel, che si occuperà delle cerimonie liturgiche; Fulgencio, professore di economia presso l'Università Nazionale di Tucumán, che dovrà ottenere i fondi necessari e amministrare la parte economica e legale; Florentina, responsabile della logistica e dei volontari; e Leandro, delegato per i media dell'arcidiocesi, che si occuperà della comunicazione del Congresso.

Nel tardo pomeriggio di giovedì, Fulgencio viene chiamato da Isidoro:

– «Vieni subito, abbiamo un problema».

Quando entra nella sala riunioni, vi trova Isidoro accompagnato da Florentina, entrambi con un'espressione seria e preoccupata.

– «Cosa è successo?»

Florentina prende la parola, e le racconta che la mattina presto è venuto a trovarla Ildefonso, un volontario, studente di ingegneria di 19 anni che, come esperto in software, dà una mano nel programma di registrazione dei vescovi.

Con un'espressione cambiata, Ildefonso gli ha detto che ieri sera la squadra di programmatori è rimasta a lavorare fino a tardi, perché dovevano finire gli ultimi dettagli del database del Congresso. Poiché gli uffici chiudono alle 8 di sera, hanno deciso di farlo a casa di Ildefonso, che ha una buona connessione Wi-Fi e i loro genitori erano assenti.

A poco a poco, man mano che ognuno finiva la sua parte, se ne andava. Fino a quando alla fine sono rimasti solo Leovigildo, il capo dei servizi informatici del comitato, e lo stesso Ildefonso.

Di sorpresa, Leovigildo gli si avvicinò da dietro e cominciò ad accarezzarlo. All'inizio Ildefonso non reagì, pensando che lo stesse massaggiando per scherzo. Ma quando ricevette un bacio sul collo, il volontario balzò in piedi come spinto da una molla e disse:

– «Ma cosa stai facendo! Sei impazzito?»

Il volto di Leovigildo gli fece capire che non si trattava né di un massaggio né di uno scherzo: era molto serio. E quando ci riprovò, Ildefonso lo cacciò di casa e gli disse che non voleva più vederlo.

– «Gli ho detto di andare a casa, così non avrebbe dovuto lavorare in ufficio con il suo capo, e che gli avrei parlato il giorno dopo», finì Florentina.

Poi, Isidoro completa la storia:

– «Stamattina, appena Florentina me ne ha parlato, abbiamo chiamato entrambi Leovigildo, e gli abbiamo chiesto cosa fosse successo ieri sera. In un primo momento ha negato tutto, ma quando ha visto che Ildefonso ci aveva parlato, è scoppiato in lacrime, ha riconosciuto i fatti e ci ha chiesto per favore di non denunciarlo, che sarebbe stato terribile per sua moglie e i suoi due figli».

In questa situazione, Isidoro e Florentina gli dissero allora di tornarsene a casa, mentre pensavano a cosa fosse meglio (bisognava parlare prima con l'arcivescovo), e che lo avrebbero chiamato nel pomeriggio.

Tuttavia, siccome non hanno trovato l'arcivescovo, che era in viaggio, hanno parlato con il vescovo ausiliare.

– «Ci ha detto che dovevamo cacciarlo immediatamente. Il problema è che quando questo pomeriggio ho chiamato Leovigildo, lui ha negato tutto, e dice che non se ne andrà: che lo possiamo denunciare se vogliamo, ma che lui si opporrà. Cosa pensi che dovremmo fare?»

Fulgencio si prende qualche istante per rispondere. È certamente preoccupato per l'ambiente di lavoro che si può creare tra i volontari, se si venisse a sapere cosa era successa. Ma è anche preoccupato poiché il database, che comprende non solo la registrazione di vescovi, sacerdoti, pellegrini e volontari, ma anche tutta la logistica dell'evento (alloggio in alberghi e famiglie, coordinamento dei pullman, distribuzione dei libretti liturgici, ed altro), solo Leovigildo lo conosce bene. Senza quel software l'organizzazione sarà un disastro.

Quando stava per prendere una decisione, il vescovo chiese:

– «Hai pensato di dirglielo a Leandro?»

– «Non proprio, perché potrebbe essere pericoloso. Non so se sapete che Leovigildo è il fratello di Atanagildo, il caporedattore de *La Gaceta*, il principale giornale della città. Se glielo diciamo, abbiamo paura che gli sfugga, perché si vedono quasi ogni settimana. Inoltre, meno persone lo sanno, meglio è».

Domande

Quali rischi corre il Congresso?

Quale sarebbe la migliore decisione prudenziale per ogni scenario?

Sarebbe stato conveniente per Leandro essere a conoscenza dei fatti?

Cosa dovrebbe dire il piano di crisi di quell'evento per un caso di questo tipo?

22. In merito ad un'approvazione

14 aprile. Sebastiano sta prendendo parte alla riunione più importante da quando è responsabile della comunicazione del Movimento al quale appartiene. Il Moderatore generale, che presiede la riunione, gli ha appena comunicato che il prossimo ottobre il Movimento sarà riconosciuto dalla Santa Sede come associazione internazionale di fedeli.

– «È solo per tua informazione, nel caso tu debba, prima o poi, trovarti nella situazione di dover preparare qualcosa. Se prima, però, chiamasse qualche giornalista non devi dire nulla, dobbiamo essere prudenti».

Il riconoscimento del Movimento come associazione internazionale di fedeli, con la connessa approvazione degli statuti, sarà un evento molto importante, almeno per le diciassettemila persone (laici, sacerdoti e religiosi) di sei diversi paesi europei e americani, che vivono il carisma del movimento: vivere la fede e trasmetterla nel mondo della cultura attraverso iniziative di evangelizzazione come riviste, emittenti radiofoniche, case editrici...

All'allegria di Sebastiano per la buona notizia fa seguito un pensiero *professionale*:

> «Bisogna prepararsi bene: sarà un'opportunità unica per far vedere chi siamo e che cosa facciamo a servizio della Chiesa... E mancano soltanto sei mesi!».

Gli sovviene, però, il fatto che in passato alcune testate giornalistiche si erano interessate al movimento con poca obiettività, accusandolo di essere troppo *istituzionale* e *anacronistico* perché pubblicava libri e informazioni in sintonia con il magistero della Chiesa. Sfortunatamente gli stessi commenti erano apparsi anche su alcuni media cattolici che avevano raccolto le dichiarazioni di due o tre vescovi di un paese americano che non condividevano alcune pratiche pastorali del movimento.

– «Si sa qualcos'altro? Ci sarà qualche atto ufficiale? Come sarà celebrato?», chiede Sebastiano al Moderatore generale.

– «Ci sono diversi progetti in fase di studio, ma ufficialmente ancora non è stato deciso nulla. L'importante è che adesso non venga diffuso niente. Sei stato invitato affinché nel frattempo tu possa prepararti. A attenzione, puoi pensare quello che vuoi per conto proprio, ma non parlarne con nessuno».

Sebastiano comprende bene la prudenza dei suoi superiori; anche se il riconoscimento è stato già deciso e programmato fino negli ultimi dettagli, bisogna evitare che si rovinino le cose. Così, infatti, gli è stato suggerito dalle autorità del dicastero per i laici, la famiglia e la vita:

– «Se qualcuno dovesse saperlo prima, potrebbe promuovere una campagna stampa che potrebbe bloccare il riconoscimento o, nel migliore dei casi, ritardarlo», ha spiegato il Moderatore.

– «Ho bisogno però di sapere a chi posso rivolgermi per chiedere come vanno i preparativi e per chiarire i miei dubbi».

– «Il tuo interlocutore sarà Fulvio, che coordinerà tutto», è l'indicazione del Moderatore.

Sebastiano è consapevole che il diritto canonico non è la sua specialità (da giovane ha studiato Scienze Politiche e in seguito frequentato un corso di base di teologia) e perciò aggiunse:

– «Posso rivolgermi anche a don Francesco per capire bene il significato giuridico del riconoscimento pontificio?». Don Francesco è docente di diritto canonico alla Pontificia Università del Sacro Cuore ed un buon amico del movimento. Il suo parere di esperto è stato molto utile in questo processo.

– «Va bene, ma lascia che io lo avvisi prima».

– «Molto bene. Allora preparerò un progetto generale con varie iniziative e lo passerò al Consiglio di direzione per decidere cosa conviene fare».

– «Sì, va bene, ma cerca di presentarlo al più presto affinché possiamo prendere le decisioni appropriate prima dell'estate».

Con i dati consegnatigli da Fulvio e da don Francesco, Sebastiano prepara un piano di comunicazione per l'evento e lo consegna al segretario generale del movimento il 15 giugno, due settimane prima dell'inizio delle ferie. Il segretario generale, dopo aver fatto delle copie, le distribuisce ai membri del

Consiglio di direzione con l'impegno di studiarlo e discuterlo l'ultimo giorno di giugno.

Tuttavia, le cose prendono una piega inaspettata. Il 22 giugno Sebastiano riceve una chiamata da Sisto Cipriani, redattore di *Famiglia Cattolica* nonché suo buon amico, che gli dice che grazie a una delle sue fonti all'interno del Vaticano è venuto a sapere del prossimo riconoscimento del movimento. Dopo essersi congratulato per la buona notizia, gli dice:

– «Mi piacerebbe fare un'intervista al Moderatore generale; se vuoi possiamo decidere insieme le domande, ma l'importante è che esca la stessa settimana del riconoscimento pontificio».

Domande

Cosa dovrebbe fare Sebastiano?

Cosa si sarebbe potuto fare in anticipo per evitare il problema?

Come si sarebbe dovuta preparare l'istituzione per un'evenienza di questo tipo?

Cosa si dovrà fare, quando sarà passato tutto, per recuperare la fiducia dei pubblici?

Considerazioni

Siamo già in presenza di una crisi? Quali sono le cause esterne ed interne che possono favorire la nascita di una crisi? Cosa può fare Sebastiano per evitare che emerga un problema? Quali scenari si potrebbero presentare? Come possono influire le voci e la fuga di notizie? Quali dovrebbero essere gli obiettivi del piano di comunicazione dell'evento? Quali sono i pubblici dell'organizzazione? Come coordinare il piano di comunicazione ordinaria con il piano di prevenzione di crisi? Quali vantaggi comporterebbe prendere l'iniziativa? Quale sarebbe il messaggio per ciascuno dei pubblici? Quali iniziative si potrebbero prendere per informarli e guadagnarsi il loro appoggio? È necessario articolare l'informazione esterna? Quale materiale informativo dovrebbe essere preparato?

23. Dichiarazioni sull'aereo

Era stato un autunno molto mite per la Repubblica di Ottokar e, nonostante fosse novembre inoltrato, il sole splendeva e la temperatura di giorno non scendeva sotto i dieci gradi.

Monika, però, non aveva tempo da perdere e non si curava del colore cangiante delle foglie e delle passeggiate sulle rive del fiume Vladir. Aveva un compito enorme da finire in fretta e avrebbe voluto che le giornate avessero almeno 48 ore: doveva presentare al suo vescovo il piano di comunicazione per la visita che il Santo Padre avrebbe fatto a maggio nel suo Paese. Mancavano meno di sei mesi!

Era la prima visita del Pontefice a Ottokar, una nazione che aveva riscoperto la libertà da trent'anni, dopo la caduta del muro di Berlino, ma che non trovava la giusta via per riconciliarsi con il suo passato cristiano. Solo il 45% della popolazione si dichiarava credente. I cattolici erano una minoranza (tranne che nella regione della Borduria, al nord del paese, dove la Chiesa cattolica era la confessione più numerosa).

Il cardinal Kropow, primate del paese, era riuscito a convincere il Papa: «Santo Padre, venga da noi almeno per un fine settimana... ne abbiamo bisogno per la nuova evangelizzazione in Ottokar!». E il Papa, che quando era vescovo di Almazut aveva trascorso le vacanze estive a casa del cardinale Kropow, aveva accettato.

Con 26 anni e una intensa, ma breve esperienza professionale, appena laureata in comunicazione istituzionale della Chiesa a Roma, Monika Vaydova era tornata da tre mesi a Klow, la capitale del Paese e si era messa alla ricerca di un lavoro. Non ci volle molto: la sua prima visita al vescovo Muskar fece centro. Per mons. Muskar, vescovo ausiliare di Klow e incaricato della visita papale, l'arrivo di una persona preparata fu vista come una benedizione celeste.

– «Lei è caduta dal cielo: ha la laurea giusta e inoltre viene da Roma. Certamente ho un lavoro per lei: potrebbe iniziare domani?», le disse.

Monika non aspettò l'indomani per dare una risposta: disse immediatamente di sì e promise che dieci giorni dopo avrebbe presentato un piano di comunicazione affinché fosse esaminato dal vescovo prima di metterlo in pratica.

Mancavano due giorni alla scadenza fissata e il piano era pronto. Monika, però, attendeva suggerimenti e proposte da parte dei suoi ex professori Carriggio e Harassa ai quali aveva sottoposto il documento prima di consegnarlo al vescovo.

In ogni caso, anche se il piano non era stato ancora approvato, Monika aveva occupato l'ufficio principale nella sede del comitato organizzativo locale e le era stato messo a disposizione il personale del dipartimento di comunicazione della conferenza episcopale di Ottokar, composto da tre preti e una segretaria, tutti più anziani di lei almeno di trent'anni. «Poi dicono che la Chiesa non si fida delle donne!», si era detta Monika fra sé e sé.

Mentre aspettava i commenti dei due professori, Monika si ricordò di una proposta fatta al vescovo:

– «Mons. Muskar, penso che la miglior preparazione per me sarebbe prendere parte al prossimo viaggio del Santo Padre a Jauja: così potrei vedere dall'interno come funziona un viaggio papale, imparare e poi applicare quanto appreso al nostro viaggio».

La reazione del vescovo fu positiva, ma tiepida: se fosse stato nelle sue possibilità avrebbe accontentato la ragazza, ma tentar di convincere il Vaticano ad avere un posto sul volo papale con solo un mese di anticipo... era una impresa difficile. Nonostante tutto fece un timido tentativo con l'organizzatore dei viaggi papali, ma i suoi timori si avverarono: era troppo tardi. «Peccato, pensò Monika: avrei imparato tanto..., e poi a Jauja ci sono negozi di moda a prezzi molto convenienti! Anche se non c'è posto in aereo – si disse Monika – seguirò il viaggio tramite la stampa online».

Era il primo giorno del viaggio del Santo Padre a Jauja. Monika era appena uscita di casa per andare in ufficio e si apprestava a sentire le notizie sul suo *iPad*; fu grande la sua sorpresa quando sentì il radiogiornale aprire con la notizia del viaggio del Papa!

Il primo servizio, infatti, era dedicato alle dichiarazioni del Papa rilasciate ai giornalisti sull'aereo durante il viaggio. Rispondendo a una giornalista francese, il Pontefice si era così espresso:

> «L'epidemia dell'AIDS non si può superare con la distribuzione di preservativi, che anzi aumentano i problemi. La strada efficace da percorrere è un rinnovo spirituale e umano della sessualità».

A un'altra domanda, questa volta di un giornalista polacco, sulle relazioni della Santa Sede con la Cina, il Papa ha fatto riferimento con ammirazione alla loro antica cultura e ai progressi compiuti nella lotta contro la povertà, e ha espresso ottimismo sul fatto che presto ci sarebbero relazioni diplomatiche tra entrambi i paesi.

Come se si trattasse di due papi e di due viaggi, l'attenzione dei media si è divisa. Per alcuni l'attenzione si è concentrata sull'AIDS e hanno raccolto le reazioni - alcune non molto serene - di politici, medici ed esperti, tutti contro il Santo Padre. «I preservativi sono essenziali nella lotta contro l'AIDS», diceva un ministro tedesco; «Il Papa mette a rischio la salute pubblica», aggiungeva un parlamentare francese; «questa interferenza religiosa nella vita sociale è intollerabile», affermò arrabbiato da Bruxelles un alto funzionario dell'Unione Europea.

Per altri, l'elogio della Cina è stato fuori luogo, ricordandogli che si tratta di un Paese che non rispetta i diritti umani, che la libertà religiosa è vistosamente assente e che persino diversi vescovi cattolici sono da anni in prigione o agli arresti domiciliari. «Non svendete i cattolici cinesi per una nunziatura a Pechino», ha commentato un alto funzionario statunitense.

- «Umm..., mi sa che questo non finisce qui», pensò Monika.

Domande

Cosa dovrebbe fare Monika?

Come potrebbe prevedere lo scenario più probabile?

Quali iniziative possono aiutare Monika ad essere preparata in anticipo?

24. Verso gli altari

«Le prime cause in ogni campo sono sempre difficili e questa non sarà un'eccezione», aveva avvertito mons. Arvidas Marchulenis durante la sua prima conversazione con padre Rostov, svoltasi nel suo ufficio del dicastero per le cause dei santi nel maggio del 2012.

Rostov gli aveva chiesto di fare il relatore della causa di canonizzazione di Andrej Bolkonskij, il primo candidato ucraino agli altari dal 1917, e mons. Marchulenis – uno dei pochi nel dicastero che parlava russo – aveva accettato. Rostov, comunque, gli sarebbe stato molto riconoscente anche se non avesse accettato l'incarico.

Padre Nikolaj Rostov aveva ricevuto la nomina di postulatore della causa di Bolkonskij da pochi mesi, nel dicembre dell'anno prima. Il postulatore precedente, Evgenij Oneguin, era morto da due anni e l'amministratore apostolico di Lvov, mons. Piotr Bezuchov, aveva pensato che Rostov sarebbe stato il miglior candidato per sostituirlo: aveva studiato diritto canonico, conosceva molto bene la storia – era il suo *hobby* – e parlava inglese ed italiano. Nessun altro sacerdote della diocesi aveva una preparazione migliore.

Padre Rostov non la pensava allo stesso modo, ma aveva accettato lo stesso. La prima cosa che fece fu leggere con attenzione la biografia documentata sul candidato scritta dal suo predecessore.

Andrej Bolkonskij era tutto un personaggio. Era nato a Jasnaja Poljana nel 1901, in una famiglia ortodossa. Chimico di professione, aveva lavorato nell'azienda farmaceutica tedesca *Boyer*, creando il primo laboratorio farmaceutico moderno del suo paese.

Fin da giovane era stato attratto dalla politica e partecipava a riunioni clandestine dei patrioti ucraini che cospiravano contro la dominazione russa. Nel 1942, approfittando dell'invasione tedesca, Bolkonskij era entrato, con il grado di tenente, nel Battaglione Ucraino e aveva lottato contro i russi sotto il comando dei tedeschi insieme agli Alpini italiani e alla *División Azul* spagnola. Fatto prigioniero nel 1944 dall'esercito del generale Patton, fu consegnato all'esercito sovietico nel 1946 e rinchiuso in un campo di concentramento in Kazakstan – uno dei celebri *gulag* – insieme a molti ucraini.

Fu proprio in quel campo di concentramento che Bolkonskij conobbe la fede cattolica. Si ritrovò infatti con vari vescovi uniati che avevano rifiutato di firmare il documento del cosiddetto Sinodo di Lvov, organizzato nel 1947 dalle autorità sovietiche per far sì che i cattolici ucraini di rito orientale si separassero da Roma e tornassero alla Chiesa Ortodossa.

Bolkonskij, che aveva smesso di praticare la religione da diversi anni, si sentì attratto dalla loro testimonianza di fede e il suo ottimismo nonostante le circostanze, e poco tempo dopo chiese di essere accettato nella Chiesa cattolica.

I vescovi uniati furono condannati a morte alla fine del 1947, assieme ad altri credenti ortodossi, cattolici e protestanti. A Bolkonskij – del quale non si conosceva la recente conversione al cattolicesimo – fu risparmiata la vita grazie anche alle pressioni della stampa occidentale (l'Unione Sovietica, infatti, si era impegnata a non giustiziare prigionieri consegnati dagli americani) e fu deportato in Siberia.

Solo molto tempo dopo, attraverso l'opera di uno scrittore russo, premiato con il Nobel per la letteratura, che lo aveva conosciuto nel *gulag*, si venne a conoscenza di ciò che era accaduto a Bolkonskij.

Egli aveva formato un gruppo di preghiera che era cresciuto fino a superare un centinaio di persone: pregavano insieme e praticavano opere di misericordia con altri prigionieri e – quando i carcerieri lo consentivano – anche con gli abitanti dei villaggi vicini.

Aveva aiutato moltissime persone a superare disperazione e pessimismo, agendo da direttore spirituale di molti, non necessariamente cattolici. Morì nel 1961 in fama di santità, sebbene la sua devozione non si divulgò fino a quando la riforma politica dell'URSS – la *perestroika* – non permise che si potessero conoscere aspetti nascosti della religiosità popolare.

Fin dal primo momento, padre Nikolaj Rostov era rimasto affascinato dalla vita di Bolkonskij e capì perché l'amministratore apostolico voleva promuovere questa causa di canonizzazione. Allo stesso tempo, però, bisognava prevedere che non tutti sarebbero stati favorevoli al fatto che Bolkonskij arrivasse agli altari...

Oltre alle lettere di devoti di Bolkonskij, Rostov aveva ricevuto tre messaggi contraddittori. Da una parte, il governo ucraino aveva fatto sapere che gli avrebbe offerto tutto il suo sostegno istituzionale, «per rendere omaggio a un eroe della patria».

Poi, i laboratori Boyer gli mettevano a disposizione il loro dipartimento di marketing e relazioni pubbliche «per onorare e far conoscere uno dei suoi impiegati più illustri».

Finalmente, le autorità ortodosse le avevano fatto sapere che se la causa «di un personaggio così controverso» fosse andata avanti, i negoziati sulla concessione delle chiese agli cattolici ucraini (che Stalin aveva consegnato agli ortodossi e ancora rimanevano nelle loro mani) si sarebbero bloccati e l'idea di mobilitare gli altri patriarcati ortodossi contro tale «proselitismo aggressivo tipicamente cattolico e per la mancanza di spirito di comunione ecumenica» sarebbe stata presa in considerazione.

Nel 2019, dopo sette anni di sforzi, la *positio* era stata consegnata al dicastero e lo studio da parte dei consultori avanzava con rapidità. La consulta storico-teologica prima, e quella dei cardinali e vescovi poi, avevano dato parere favorevole alla fine del 2020. Mancava soltanto l'assenso del Papa affinché si approvasse il decreto delle virtù eroiche, ultimo passo – oltre la dimostrazione di un miracolo – prima della beatificazione.

Proprio di questo padre Rostov era venuto a parlare a Roma con mons. Marchulenis. Fino a quel momento tutte le notizie che erano state pubblicate in Ucraina riguardo Bolkonskij erano molto favorevoli alla beatificazione. Le poche notizie diffuse in Occidente, invece, mettevano in risalto soprattutto le conseguenze negative che potevano mettere a rischio le relazioni tra la Santa Sede e la Chiesa Ortodossa in generale, e il Patriarcato di Mosca in particolare.

Come se non bastasse, giunto alla residenza delle Brigidine, dove alloggiava a Roma, padre Rostov trovò ad attenderlo un messaggio telefonico: Hélène Kuragin, corrispondente della rivista americana *Newsmonth*, voleva parlare con lui per un libro che stava scrivendo. «Potremo parlare in russo, dato che i miei genitori sono di San Pietroburgo», diceva il messaggio.

Quando lo seppe, mons. Marchulenis diede a Rostov un solo consiglio: «Si prepari a ciò che gli sta per accadere».

Domande

Come dovrebbe prepararsi padre Rostov?

Cosa dovrebbe raccontare alla giornalista?

Come si sarebbe dovuta preparare l'istituzione per un'evenienza di questo tipo?

Cosa si dovrà fare quando sarà passato tutto?

Considerazioni

In quale momento della crisi ci troviamo? Come prevedi che essa possa evolversi? Quali sono i pubblici interessati? Qual è la posizione di ciascuno? Quale potrebbe essere il messaggio per ognuno dei pubblici? Come influiscono sul caso le differenze tra i diversi pubblici? Quali canali devono essere utilizzati per informare ed ottenere il loro appoggio? Come occorre prepararsi ad una beatificazione o ad una canonizzazione? Come pianificare il tempo disponibile? Potrebbe essere conveniente accettare le offerte della Boyer e del governo ucraino? In che termini? Quali altri alleati ed appoggi possono essere d'aiuto? Interessa accettare la conversazione con la giornalista?

25. ND: identità vs libertà[1]

L'Università di Notre Dame (ND) si trova a South Bend, nell'Indiana, a circa 150 km a est di Chicago, nell'Illinois, la più grande città del *Midwest* degli Stati Uniti. ND è stata fondata nel 1842 dalla Congregazione della Santa Croce (CSC), un'istituzione religiosa cattolica che era stata fondata in Francia solo cinque anni prima.

La missione iniziale di ND era quella di fornire un luogo per l'educazione dei cattolici, che all'epoca erano esclusi dalle principali università degli Stati Uniti.

ND è cresciuta rapidamente, tenendo il passo con la minoranza cattolica nel paese. La sua popolarità è iniziata all'inizio del XX secolo grazie alle vittorie della sua squadra di football americano (i famosi *Fighting Irish*); e il suo prestigio accademico si consolidò sotto la guida del presidente Ted Hesburgh, a metà del secolo.

Nel 2022, ND è stata l'istituzione cattolica di educazione superiore con il punteggio più alto nella classifica delle migliori università americane e ha condiviso il diciottesimo posto con la prestigiosa Columbia University di New York.

Quell'anno Notre Dame aveva 8.874 studenti universitari e altri 3.935 in programmi post-laurea. L'università aveva 1.424 professori, che insegnavano nelle facoltà di arti e lettere, scienze, ingegneria e commercio, e nelle scuole di architettura e di affari globali. La facoltà più grande era quella di lettere, con più di 500 insegnanti, mentre la scuola di affari globali era la più piccola con 100 dipendenti, tra docenti e staff.

---

[1] Versione abbreviata del case study "University of Notre Dame: identidad cristiana y libertad de cátedra", Joseph DeReuil & Yago de la Cierva, in Castelló, Guzik & La Cierva (2024), *Gestión de crisis en universidades – Casos, buenas prácticas y manual de crisis*, Pamplona: Eunsa).

ND è una delle università più costose degli Stati Uniti. Nel 2022, le tasse universitarie annuali sono state di $60,301, quasi $20,000 al di sopra della media nazionale, ma c'è un potente programma di borse di studio finanziato dal fondo di dotazione da 20,4 miliardi di dollari, l'ottavo più grande tra le università statunitensi. Il suo budget quell'anno era di $1.6 miliardi.

Governance e leadership

Un consiglio di amministrazione e un presidente governano Notre Dame. Il presidente deve essere un sacerdote della Congregazione della Santa Croce, così come almeno la metà del comitato accademico.

Il comitato, formato da tutti i docenti, elegge i membri del consiglio, ne determina i compiti e «assicura che l'Università mantenga il suo carattere essenziale di istituzione cattolica di istruzione superiore».

Il sacerdote John Jenkins ne è il suo presidente dal 2005, e il suo quarto mandato quinquennale si concluderà alla fine del 2023. Laureato a Notre Dame, ha conseguito il dottorato in filosofia a Oxford e una laurea in teologia. Ha insegnato filosofia dal 1990 fino alla sua nomina a presidente.

Secondo gli statuti di ND, «il presidente è l'amministratore delegato dell'Università ed è responsabile della gestione generale». I suoi compiti principali sono la nomina del personale accademico e amministrativo, la rappresentanza legale e la firma di contratti per conto dell'università e la preparazione del bilancio annuale.

Nei suoi anni come presidente, Jenkins aveva cercato di aumentare il prestigio accademico di Notre Dame sul modello delle università della Ivy League, dell'Università di Chicago e di altre istituzioni prestigiose, dimostrando allo stesso tempo il suo desiderio di difendere i principi cattolici.

Identità cattolica nel campus

Le difficoltà per mantenere una salda identità cattolica hanno coinciso nel tempo con il suo crescente prestigio accademico. Una prima fase di indebolimento dell'impegno cattolico iniziò durante il pontificato di papa Paolo VI (1963-1978) e culminò nella dichiarazione di Land O' Lakes, in cui i presidenti di molte istituzioni cattoliche, guidate da Hesburgh, presidente di Notre Dame, dichiararono che non avrebbero accettato interferenze da parte dei vescovi. Questa frattura tra ND e le autorità ecclesiale è stata consolidata dal rifiuto di mettere in pratica le linee guida del documento *Ex Corde Ecclesiae* (1990) di papa Giovanni Paolo II (1978-2005).

Per molti osservatori, in quel periodo il cristianesimo si era notevolmente diluito in non poche università cattoliche, sempre più assimilate alle altre università del paese.

Pur prendendo le distanze dai vescovi, Hesburgh si impegnò affinché almeno il 50% dei professori fosse cattolico, e confermò la clausola statutaria secondo cui il presidente dell'università sarebbe sempre stato un sacerdote del CSC.

Quello che rimase uguale fu l'identità degli studenti: circa l'80% degli studenti sono cattolici. Questa predominanza ha contribuito a mantenere vivi nel campus molti aspetti della vita cristiana tipici di un'istituzione cattolica come le messe, le confessioni e l'accompagnamento spirituale. Inoltre, il *cor curriculum* in filosofia e teologia ha prestigio, al punto che il suo programma di teologia si colloca regolarmente al primo posto nella classifica mondiale della disciplina.

Il fatto che la percentuale di studenti che si dichiarano cattolici praticanti sia superiore a quella dei docenti e degli amministratori pone Notre Dame in una posizione unica. Invece di dover fare uno sforzo per mantenere le regole della convivenza e i contenuti accademici in sintonia con gli insegnamenti della Chiesa di fronte alle resistenze degli studenti (cosa comune in molte università cattoliche in tutto il mondo), in ND accade spesso il contrario. Gli studenti spesso chiedono al rettorato di assumere più professori cattolici, di garantire l'ortodossia dei contenuti accademici e di mantenere le tradizioni culturali cattoliche nel campus.

Nel 2018, ad esempio, il gruppo Students for Child-Oriented Policy ha chiesto di installare un filtro anti-pornografia sulla Wi-Fi del campus. Sebbene la petizione abbia raccolto un ampio sostegno all'interno e all'esterno di ND, con oltre 2.400 firme, l'amministrazione universitaria l'ha respinta.

Due precedenti

In queste battaglie per l'identità cattolica di ND, gli studenti di solito hanno il sostegno maggioritario degli ex studenti. Due episodi spiccano in questo campo.

Il primo esempio significativo ha a che fare con l'invito a Mario Cuomo, allora governatore di New York, a tenere una conferenza a un evento organizzato dal dipartimento di teologia, nel settembre 1984.

Cuomo, che si era espresso a favore della libertà delle donne di abortire, colse l'occasione per spiegare come un cattolico come lui giustificasse quella posizione. Il governatore ha difeso di essere personalmente contrario all'aborto, ma che si trattava di un'opinione religiosa, non politica. Così, sosteneva, avrebbe violato il principio della separazione tra Chiesa e Stato sancito dalla costituzione degli Stati Uniti se avesse costretto gli altri a rispettare la propria visione morale della questione.

Il suo discorso ha articolato quell'argomento e ha avuto un notevole impatto nella sfera politica e mediatica. Numerosi politici cattolici americani lo hanno seguito, citandolo espressamente.

Molti a Notre Dame hanno espresso indignazione per quello che hanno visto come un travisamento del concetto di separazione tra Chiesa e Stato. Lo stesso presidente Hesburgh si è espresso contro la posizione di Cuomo, affermando che non tutte le questioni morali sono esclusivamente religiose. Tuttavia, era chiaro nell'atmosfera che l'invito al governatore non poteva essere interpretato come un'approvazione ufficiale da parte di ND delle tesi di Cuomo, tanto meno dell'aborto legale.

Due decenni dopo, il presidente di Notre Dame John Jenkins invitò il neoeletto presidente degli Stati Uniti, Barack Obama, a tenere il discorso di apertura alla cerimonia di laurea della classe del 2009 e, nel frattempo, a ricevere una laurea honoris causa.

Il corpo studentesco è stato diviso da questa decisione. Molti lo videro come contrario alla missione cattolica di ND: Obama aveva fatto una forte campagna per il sostegno federale all'aborto. Invitarlo come relatore di cerimonia e conferirgli una laurea equivaleva ad avallare le loro opinioni sull'aborto.

Altri non si sono opposti per principio all'invito del presidente Obama al campus, ma pensavano che avrebbe dovuto farsi in un contesto che inviti alla discussione, piuttosto che dargli il palcoscenico senza possibilità di confutazione e poi rafforzare il suo messaggio con una laurea *honoris causa*.

Molti altri pensavano che fosse importante per Notre Dame ricevere l'attenzione del presidente degli Stati Uniti, indipendentemente dalle loro opinioni politiche, e seguire le tradizioni (più presidenti degli Stati Uniti hanno tenuto discorsi di laurea a ND che in qualsiasi altra università non militare).

Un'altra visione, infine, sosteneva che l'invito al primo presidente nero della nazione dava un segno positivo del continuo impegno di Notre Dame per l'uguaglianza razziale. In effetti, Hesburgh era stato membro della commissione presidenziale per i diritti civili per 15 anni ed era considerato da alcuni il principale architetto della legge sui diritti civili.

La polemica non è rimasta nel campus. Più di 360.000 persone, molte delle quali ex alunni, hanno firmato una petizione a ND chiedendo di revocare l'invito di Obama.

Quando Jenkins non l'accettata, molti studenti hanno boicottato la cerimonia e, invece di ascoltare il presidente Obama, hanno organizzato un evento separato altrove nel campus, a cui hanno partecipato anche molti professori.

Poi, anche agli occhi di molti ND aveva appoggiato le opinioni di Obama, i buoni rapporti con il presidente si ruppero presto, con motivo della aggiunta, nel 2011, dei contraccettivi femminili ai servizi coperti dall'Affordable Care Act.

In linea con la morale cattolica, fino a quel momento ND Dame non aveva coperto alcuna forma di contraccettivo nella sua assicurazione sanitaria per i dipendenti. Per mantenere la loro posizione, che era protetta dalla legislazione, intentarono una causa contro il governo degli Stati Uniti, insieme a diverse altre istituzioni cattoliche. La causa sosteneva che l'inclusione di contraccettivi nell'assicurazione sanitaria avrebbe violato le convinzioni religiose dell'università.

Dopo anni di contenziosi e molteplici istanze, Notre Dame ha vinto la causa e i tribunali le hanno concesso un'esenzione per escludere prodotti «moralmente inaccettabili» dall'assistenza sanitaria dei suoi dipendenti. Tuttavia, l'adesione ai principi cattolici in ND era stata progressivamente indebolita dal calo del numero di insegnanti e amministratori che condividevano pienamente la posizione cristiana in materia. Poco dopo quella vittoria legale, ND ha revocato la sua decisione, scegliendo di fornire ai suoi dipendenti la copertura per alcuni contraccettivi.

L'aborto come questione legale

Le questioni etiche relative all'inizio della vita umana sono state oggetto frequente di dibattito nel campus. Tuttavia, altre erano le questioni più controverse, poiché l'aborto legale sembrava essere una questione chiusa. Così era stato stabilito dalla legge federale in applicazione della decisione della Corte Suprema in Roe v. Wade, che ha dichiarato incostituzionale qualsiasi restrizione all'aborto prima che fosse viabile (circa 22 settimane).

La situazione ha cominciato a cambiare quando la giudice Amy Coney Barret, laureata alla ND e professoressa alla sua facoltà di legge, è stata nominata alla Corte Suprema. La sua elezione ha fatto sì che la maggior parte dei giudici dell'alta corte fossero pro-life.

Non appena la giudice Barrett è stata confermata, lo stato del Mississippi (il cui governatore e legislatori statali erano per lo più pro-life) ha sfidato il divieto costituzionale di restrizione all'aborto. La strategia era chiara: approvare una legge che fosse consapevolmente in contraddizione con la dottrina giuridica creata da Roe v. Wade, in modo che potesse essere impugnata in tribunale e raggiungere la Corte Suprema.

Questo è quello che è successo. La legge del Mississippi (che aveva vietato l'aborto dopo la 15a settimana di gravidanza) è arrivata alla Corte Suprema durante la sessione 2021-2022. La risoluzione di questo caso, noto come Dobbs v. Jackson, ha ufficialmente ribaltato il precedente Roe v. Wade. Senza pronunciarsi direttamente sulla legalità dell'aborto, affermò che non era un diritto dichiarato nella costituzione americana.

La decisione dell'alta corte riaprì il dibattito giuridico in tutto il Paese (il dibattito nell'opinione pubblica non era mai stato chiuso). Gli Stati potrebbero ora legiferare in materia e introdurre restrizioni sull'aborto, se lo ritenessero opportuno. La questione è tornata nell'arena politica a livello locale.

La questione è tornata anche al campus di ND. L'unica dichiarazione ufficiale dell'università sulla questione dell'aborto è arrivata dal presidente Jenkins, che ha dichiarato:

> «Come università cattolica, Notre Dame è impegnata per la santità di tutta la vita umana, e per molti anni mi sono unito ad altri nel sostenere la protezione della vita dei non nati.
>
> «Siamo consapevoli che ci sono divisioni tra le persone di buona volontà sulla questione dell'aborto, e che le polemiche sono durate nella nostra nazione negli ultimi cinquant'anni. Auspico che l'odierna sentenza della Corte Suprema, che restituisce la questione dell'aborto agli elettori e ai loro rappresentanti eletti, offra un'occasione per una discussione serena e un dialogo rispettoso».

Anche i vescovi cattolici degli Stati Uniti hanno rilasciato una dichiarazione:

> «Questo è un giorno storico nella vita del nostro Paese, che illumina i nostri pensieri, le nostre emozioni e le nostre preghiere. Per quasi cinquant'anni, gli Stati Uniti hanno applicato una legge ingiusta che ha permesso ad alcuni di decidere se gli altri possono vivere o morire. Questa politica ha provocato la morte di decine di milioni di bambini non nati, generazioni a cui è stato negato il diritto di nascere».

Il dibattito in Indiana

Molto presto, il governatore e la maggioranza conservatrice nella legislatura dello stato dell'Indiana hanno iniziato il processo per approvare una legge che limitasse l'aborto nel loro stato.

I loro sforzi si sono rapidamente concretizzati con la legge 1/2022, che ha stabilito che l'aborto solo «è legale quando: (1) è necessario per prevenire qualsiasi grave rischio per la salute della donna incinta o per salvarle la vita; (2) al feto è stata diagnosticata un'anomalia letale; o (3) la gravidanza è il risultato di uno stupro o di un incesto». In tutti e tre i casi, può essere eseguito solo entro le prime 10 settimane di gravidanza.

Di fronte alla nuova legge, i sostenitori dell'aborto hanno portato la battaglia legale ai tribunali e all'attivismo nei media e nelle strade.

Posizione della Prof.ssa Tamara Key

La professoressa di sociologia Tamara Kay, della Keough School for Global Affairs di ND, ha iniziato a pubblicizzare sui suoi profili personali sui social network dove ottenere pillole abortive, ha condiviso altre risorse relative all'aborto e ha assicurato che «come privato cittadino, avrei aiutato chiunque avesse problemi di accesso o di prezzo».

L'attività privata della Prof. Key, portata all'attenzione del grande pubblico dal giornale studentesco *The Irish Rover*, ha fatto notizia sui media nazionali il 12 ottobre 2022. All'improvviso, la notizia ha costretto i dirigenti di ND a decidere tra due alternative che volevano evitare: difendere la loro professoressa sacrificando l'identità cattolica istituzionale, o dissociarsi dalle opinioni della loro professoressa e perdere la faccia agli occhi delle università più prestigiose del paese.

La Prof.ssa Susan Ostermann, della Keough School, si è unita al Prof. Key. Entrambi hanno pubblicato articoli sulla stampa sostenendo con forza che la Corte non dovrebbe consentire restrizioni sostanziali all'aborto.

Non era un argomento nuovo per il Prof. Key. All'inizio della sua carriera accademica, aveva pubblicato sugli effetti sociologici dei divieti di aborto, ma poi ha abbandonato l'argomento per concentrarsi su altre aree di ricerca. La possibilità di un cambiamento legale li incoraggiò ad assumere un ruolo più attivo nella controversia. Come ha spiegato la stessa Key:

> «Dobbs mi ha causato una crisi personale (...) Mi sono sentita in dovere di tornare al mio lavoro [sull'aborto] perché c'è molta ignoranza... specialmente qui a Notre Dame».

Durante l'estate del 2022, Kay e Ostermann sono stati coautori di due articoli. Il primo è stato pubblicato sulla rivista digitale *Salon,* dal titolo «La gravidanza forzata e il parto sono violenza contro le donne, e anche una terribile politica sanitaria». Lì, i docenti di ND hanno scritto:

> «La gravidanza forzata e il parto sono violenza. È un abuso sessuale. È un trauma. Esigere per legge che una persona prosegua una gravidanza indesiderata, come la Corte Suprema sembra ora pronta a fare, distruggerà vite e futuri».

Il secondo è apparso sul *Los Angeles Times* ed era intitolato «La gravidanza è pericolosa. Perdere l'accesso all'aborto mette in gioco la vita delle donne».

Il servizio di notizie ufficiale *Notre Dame News* ha diffuso sia gli articoli sui profili istituzionali sui social network, sia ha pubblicato quelli di Salon sul sito di ND.

In autunno, in seguito all'approvazione della legge che limita l'aborto nello stato dell'Indiana, la professoressa Key ha messo un cartello sulla porta del suo ufficio che recitava:

> «Questo è uno SPAZIO SICURO dove è possibile ottenere informazioni e aiuto su TUTTI i problemi di assistenza sanitaria e accedere in modo confidenziale con delicatezza e compassione».

Sui suoi profili personali sui social network, dove ha firmato "Dr. Tamara Kay: Notre Dame abortion rights expert", ha chiarito il significato di quel testo:

> «Siamo qui (come privati cittadini, non come rappresentanti di ND) per aiutarti ad accedere all'assistenza sanitaria quando ne hai bisogno, e siamo preparati in ogni modo. (...) Spargi la voce tra gli studenti!»

Da quegli stessi account personali, ha ritwittato messaggi da account come Abortion Finder e Catholics for Choice con link a siti che aiutavano le persone a ottenere farmaci abortivi, e poi ha inviato un tweet che diceva: «Aiuterò come privato cittadino se hai problemi di accesso o di costi. Scrivimi».

Il 16 settembre, sempre su Twitter, la Prof. Kay ha condiviso foto di adesivi con lo slogan «Ho bisogno di smettere di essere incinta» con codici QR che reindirizzavano a PlanCPills.org, preceduti dal testo:

> «Scrivimi tramite DM [un social network] se vuoi degli adesivi fisici. Molti sono stati stampati. La condivisione di informazioni è ancora legale in Indiana!»

Prima di pubblicarlo, la prof.ssa Key aveva convalidato il testo con le autorità di ND, che non hanno visto alcun problema perché ha espresso le sue opinioni «come privata cittadina». Inoltre, ha chiarito di aver parlato «con il preside e anche con ND Media delle regole [sui social network]».

Reazioni

Quando l'attività di Tamara Kay è diventata nota fuori dal campus, i media per lo più conservatori e personalità del mondo cattolico hanno criticato ND per aver autorizzato quei messaggi, e la storia è diventata molto nota.

Le critiche venivano in gran parte da ex studenti e media conservatori negli Stati Uniti. Per esempio, l'editorialista e scrittore Sohrab Ahmari non è stato morbido nella sua rubrica intitolata «La vergogna di Notre Dame»; e Patrick Reilly, presidente e fondatore della Cardinal Newman Society, un'organizzazione con sede negli Stati Uniti che cerca di «promuovere e difendere l'educazione cattolica fedele», ha twittato:

> «Che grottesca distorsione dell'educazione cattolica. @Notre Dame, una volta un centro di fede e di verità, ora corrompe le anime e uccide gli innocenti. Padre Jenkins fermerà tutto ciò?»

Questa copertura critica di ND ha messo l'università nel mirino dei media liberali, che hanno sostenuto che l'università doveva difendere la libertà di espressione della professoressa.

Il momento di decidere

La possibilità che ND avrebbe discretamente impedito alla professoressa Key di diffondere le sue opinioni sull'aborto mentre lavorava all'università era scomparsa. L'insegnante era al centro dell'attenzione nazionale e qualsiasi azione per metterla a tacere sarebbe stata vista come un attacco intollerabile alla libertà di espressione.

A questo punto, Jenkins e il comitato direttivo di ND si sono trovati di fronte a tre opzioni:

1) Diffondere una dichiarazione in difesa della libertà accademica e di espressione, affermando che la professoressa Kay era libera di esprimere il suo pensiero nel modo che riteneva opportuno, e persino di parlare in difesa dell'aborto. Ciò genererebbe indignazione negli ambienti cattolici e nei media conservatori, ma guadagnerebbe alleati nella sfera civile, come un'università «cattolica *ma* aperta».

2) All'altro estremo, ND potrebbe dissociarsi pubblicamente dalle posizioni della professoressa Kay, limitare esplicitamente la sua attività a sostegno dell'aborto nei campus, o persino negoziare un accordo per farla lasciare l'università. Questa opzione sarebbe accolta con favore dagli studenti e dai Alumni, ma probabilmente danneggerebbe la reputazione di ND presso l'élite della società americana.

3) Infine, ND potrebbe cercare una soluzione di compromesso a porte chiuse: convincere la professoressa Key a, *pro bono pacis*, rimuovere il cartello sulla porta del suo ufficio e smettere di inviare tweet che pubblicizzano le risorse per l'aborto. Questa opzione avrebbe il vantaggio di non essere eccessivamente criticata dai media liberali, e che il tempo farebbe sì che la polemica si spegnesse da sola a poco a poco (l'indignazione nei media conservatori non scomparirebbe da un giorno all'altro).

Domanda

Se tu fossi il direttore delle comunicazioni di Notre Dame, quale piano consiglieresti al tuo presidente?

26. Soldi sporchi

Susana Queiroz è contenta, davvero contenta. Da un anno lavora come addetta stampa presso la conferenza episcopale del suo paese e l'esperienza è veramente affascinante. Niente male per essere il primo impiego dopo la laurea. Molti dei suoi compagni di studi ancora fanno tirocini o al massimo redigono notizie di cronaca, mentre lei ha già avuto l'opportunità di fare cose sempre diverse e di assumersi varie responsabilità, tra l'altro perché... il lavoro è, in qualche modo, tutto da inventare: è stata assunta, infatti, proprio per creare un ufficio comunicazione che prima non esisteva.

Quindi, un lavoro molto creativo e variegato, agli ordini di mons. Salomão Fonseca, un vescovo segretario generale molto dinamico e con la voglia di dare una svolta all'ambito della comunicazione della Chiesa. Vantaggi, questi, che compensano uno stipendio un po' magrino... del quale lei non si lamenta.

Inoltre, proprio dopo un anno di lavoro alla conferenza, ha ricevuto un bel regalo: accompagnare tutti i vescovi a Roma nella loro visita *ad limina*.

E visto l'elevato numero di presuli, la visita si sarebbe svolta in tre ondate. Susana *è costretta* a rimanere a Roma non una settimana bensì per quasi un mese... Certo non è un viaggio di piacere, perché durante questo soggiorno deve preparare comunicati stampa, vagliare le richieste dei vaticanisti per concordare eventuali interviste con i vescovi più in vista, mandare alle agenzie nazionali riassunti dei discorsi del papa ai vescovi, inviare qualche foto ai mezzi cattolici, e tante altre cose. Ma Roma è sempre Roma..., e tutto sembra filare liscio e senza intoppi. Troppo bello per essere vero.

La mattina dell'ottavo giorno dal suo arrivo a Roma, quando sta per iniziare i lavori il secondo gruppo di presuli, Susana consulta la posta elettronica e trova ben sette messaggi urgenti di giornalisti del suo paese che hanno tentato di parlare con lei per avere un commento riguardo le dichiarazioni di mons.

Xeronimo Freitas, vescovo di Aguasfrías (il quale non risponde al telefono), e la pregano di ricontattarli al più presto.

Susana non si sorprende del fatto che non fossero stati in grado di contattarla: la prima notte in Italia aveva ricevuto, per via del fuso orario, diverse telefonate che non l'avevano fatta dormire, così, già dal secondo giorno, era solita spegnere il telefonino alle 22.00.

«Ma che ha combinato questa volta mons. Freitas?», si chiede Susana chiudendo la posta elettronica e aprendo i principali giornali nazionali *online*. «La Chiesa Cattolica ricicla i narcodollari», scrive uno; «I soldi della droga passano per Aguasfrías», segnala un altro a caratteri cubitali; e ancora «Freitas: Lasciate che i narcotrafficanti vengano a me», ironizzava il giornale più anticlericale...

A parte le differenze di dettaglio, la storia che raccontano è la stessa. Il vescovo di Aguasfrías, facendo parte del primo gruppo di presuli venuti a Roma per la visita *ad limina*, era già rientrato a casa. Tornato nella sua diocesi, aveva rilasciato un'intervista radiofonica sui lavori di ristrutturazione della cattedrale a Paulo Falcao, un giornalista cattolico. A una domanda sulla campagna di raccolta fondi, mons. Freitas – che non si lascia mai scappare un'occasione per scherzare – aveva risposto:

– «Molto bene: per le quantità raccolte, sembra che contribuiscano tutti quanti, bambini e anziani, ricchi e poveri, gente per bene e persino i narcotrafficanti!».

Il reporter, dopo una risata, aveva chiesto – più per curiositá – se la Chiesa poteva accettare i soldi del narcotraffico, e la risposta era stata:

– «I soldi sporchi della droga diventano puliti quando passano per le mani della Chiesa, se si danno per beneficenza».

A questo punto, mons. Freitas vedendo che Falcao era rimasto favorevolmente colpito dalla frase, aveva proseguito affermando che anche il Signore aveva fatto la stessa cosa: «quando il pubblicano Zaccheo si convertì, raccomandò di dare ai poveri la metà delle sue ricchezze ingiustamente accumulate».

Manuela Martines, una giornalista dell'agenzia di stampa *Hache*, aveva ascoltato la radio a casa mentre cucinava *quesadillas con guacamole*. All'udire le parole di mons. Freitas, aveva tentato subito di rintracciare prima il vescovo di Aguasfrías e poi Susana, ma senza successo. Quindi, iniziò a dettare per telefono quanto aveva sentito a un collega di turno in redazione, il quale fece un lancio che finì in tutte le redazioni nazionali e anche in quelle di altri paesi di lingua spagnola.

Il resto è sulle copertine dei giornali davanti agli occhi increduli di Susana.

Non era la prima volta che mons. Freitas creava scompiglio. Sei mesi prima, appena tornato da Roma da un precedente viaggio, aveva detto a un giornalista che il papa gli aveva detto di non fare politica e il giorno dopo quella *raccomandazione* era stata pubblicata a caratteri cubitali dai giornali vicini al governo, facendo capire che il papa aveva rimproverato tutti i vescovi (come se difendere i diseredati fosse fare politica!).

Ma questa volta l'inconveniente è accaduto proprio nel peggiore dei momenti: quasi tutte le autorità della Chiesa – il cardinale e primate, tutti i membri della commissione permanente della conferenza episcopale e persino il vescovo portavoce – sono a Roma. E la differenza oraria pare aggravare maggiormente la situazione.

Susana è sconvolta. «Bel modo di celebrare il primo anniversario di lavoro presso la conferenza!», pensa, e poi prende il telefonino e compone il numero:

– «Mons. Fonseca, dobbiamo vederci immediatamente».

Domande e compiti

Cosa dovrebbe fare Susana?

Scrive una rettifica per il vescovo portavoce e un comunicato stampa per i giornalisti.

Cosa compete alla conferenza episcopale, e cosa compete alla diocesi in particolare?

Cosa avrebbe dovuto fare in anticipo la Conferenza Episcopale per evitare il problema?

Come si sarebbe dovuta preparare l'istituzione per un'evenienza di questo tipo?

Considerazioni

In che momento della crisi ci troviamo? Come potrebbe evolvere? Quali sono i pubblici coinvolti? Sarebbe utile una smentita da parte di mons. Freitas, oppure bisogna riconoscere qualche errore? Che effetti può avere l'ammissione di un errore di questo tipo sui differenti pubblici? Quale potrebbe essere il messaggio per ognuno dei pubblici? Come sarebbe opportuno diffondere un eventuale comunicato stampa? Conviene organizzare una conferenza stampa a Roma? Pensi che la notizia avrà avuto ripercussioni in altri paesi? Quale tipo di materiale informativo e di documentazione sarebbe stato meglio aver già pronto?

27. Se ne va

Padre Jaime è in attesa da venti minuti nell'anticamera dell'ufficio del vescovo. «Che strano», pensa, «monsignore è sempre molto puntuale». Nel frattempo, continua a sfogliare le pagine dell'edizione argentina di *Vida Nueva*, e a leggere gli articoli che aveva saltato alla prima lettura.

Con quasi trenta minuti di ritardo, la porta dell'ufficio si apre ed esce il vescovo Jacobo accompagnato da padre Diego, parroco della chiesa di Santiago Apóstol, una delle chiese più importanti di Montevideo.

«Beh, ripensaci», dice il vescovo al sacerdote, «non prendere decisioni affrettate. E se vuoi, parliamo di nuovo. Ecco il mio cellulare, chiamami quando vuoi».

– «Grazie, Signor vescovo, ma sono assolutamente determinato», risponde padre Diego. «Ma grazie tante per la tua cordiale paternità: non la dimenticherò mai».

Padre Jaime finge di non sentire la conversazione, ma è perplesso. Conosce poco Diego: hanno più o meno la stessa età (45 anni), ma hanno coinciso poco, perché dopo il dottorato in comunicazione istituzionale a Roma, Jaime è stato assegnato a una parrocchia a Canelones, all'interno dell'area metropolitana della capitale uruguaiana, ma dipendente da un vicariato diverso, e quindi non si sono visti nelle riunioni del clero.

Inoltre, da quando il vescovo lo ha nominato delegato dei media, P. Jaime passa tutte le mattine piene nell'arcivescovado, e appena è libero corre ad assistere i fedeli della sua parrocchia.

Il vescovo fa entrare padre Jaime e, mentre entrambi si siedono, dice:

– «P. Jaime, ti ho chiamato perché ho qualcosa di delicato da dirti».

– «Vada avanti, signor vescovo, mi dica», risponde.

– «Ha a che fare proprio con la persona che cinque minuti fa era seduta su quella stessa sedia che ora occupate voi. Padre

Diego ci lascia, se ne va. Si è innamorato di una donna e lascia il sacerdozio. In breve: molto triste».

– «Infatti, una doccia scozzese...»

– «Beh, esattamente. Voglio che si svolga in modo molto discreto, per non creare scandalo. Ho concordato con lui che, tra due settimane, annuncerà nell'omelia domenicale che lascerà la parrocchia per motivi di salute. E sto già pensando a chi può sostituirlo, in modo da poter essere lì e passargli tutte le carte».

– «E io cosa c'entro?»

– «Vi ho chiamato perché metta questo cambiamento sul sito web della diocesi, in modo che nessuno si stupisca della nomina del nuovo parroco. Come ben sapete, la parrocchia di Santiago Apóstol è molto desiderata... E poi sai bene come sono i preti: sempre sospettosi e complottano, e quindi se non diciamo niente presto circoleranno delle voci».

– «Ma don Jacobo, sei sicuro che nessuno lo sappia? Perché ricordo che, nelle mie lezioni a Roma, mi dicevano che l'unica procedura efficace contro le dicerie è quella di inondare di informazioni le persone interessate...».

– «E che cosa vuoi che io faccia, che parli male di uno dei miei preti? Per favore, non parlarmi di teorie. Quante meno persone sappiano cosa è successo, meglio è. Inoltre, don Diego mi ha promesso che lascerà il Paese: gli è stato offerto un lavoro in Paraguay come insegnante di storia, e non lo vedremo qui».

– «Certo, don Jacobo. Grazie per la fiducia. Farò come mi ha ordinato».

– «Sì, certo che mi fido di te. Ho pensato che fosse necessario dirglielo, anche nel caso in cui un giornalista senta una voce, e la pubblichi: sai, è solo un problema di salute».

– «Molto bene, le terrò informato». E si congedò.

All'uscita dal palazzo episcopale, padre Jaime decide di non tornare in ufficio, ma di fare una passeggiata per pensare. Non sa come far quadrare ciò che il vescovo gli ha indicato con ciò che dovrebbe fare... Pertanto, pensa agli scenari più probabili, per avere un piano in ogni caso.

Dieci giorni dopo arriva il giorno dell'addio fissato da padre Diego. Jaime vorrebbe andare di persona, ma coincide con una messa nella sua parrocchia (a parte il fatto che non vuole attirare l'attenzione o destare sospetti a padre Diego...).

Per avere informazioni di prima mano, don Jaime chiede a Luis, il suo *community manager* e principale collaboratore nella delegazione dei media, un favore: recarsi nella parrocchia di Santiago Apóstol, e chiamarlo alla fine per sapere poi di prima mano cosa è successo.

Per non allarmarlo, gli dice solo che il padre Diego sta per fare un annuncio importante, e che vuole che poi glielo racconti subito.

Luis fa una faccia di non capire perché tanto mistero, ma accetta l'incarico.

Appena terminata l'omelia di padre Diego, e senza nemmeno aspettare la fine della Messa, Luis chiamò P. Jaime per dirgli:

– «Che bomba! Avrebbe dovuto dirmelo prima!»

– «Ma quale bomba?»

– «Ebbene, il padre Diego ha annunciato nella sua omelia che questa sarebbe stata la sua ultima Messa, perché voleva dire a tutti che è profondamente innamorato di una donna, con la quale progetta di mettere su famiglia, e che voleva dirle addio e ringraziarle per quegli anni vissuti in mezzo a loro».

«E come hanno reagito i fedeli presenti?»

– «Il sermone è stato molto commovente, e anche io stesso mi sono commosso, per il modo in cui ha parlato di quella donna. La verità è che tutti lo hanno ascoltato in profondo silenzio e alla fine i fedeli gli hanno tributato un fragoroso applauso».

– «Ma quanta gente c'era?»

– «Oh, la chiesa era molto piena, non c'era spazio per uno spillo. I parrocchiani sapevano già che p. Diego se ne andava, perché il sito della chiesa aveva annunciato che avrebbe lasciato l'incarico per motivi di salute, ed è per questo che tutti quelli che potevano sono andati a salutarlo».

– «Grazie mille, Luis. Domani arriva presto, avremo lavoro» ... E attaccò il telefono.

P. Jaime inizia a scrivere un eventuale comunicato, per avere l'approvazione del vescovo prima di inviarlo ai media. Quando ormai ha finito, accende la radio per vedere se qualche testata ha fatto eco alla notizia.

Sfortuna: ce n'era un giornalista alla messa. E nientemeno che Escámez, reporter del programma di notizie del principale canale radiofonico della Repubblica...

In quel servizio si sente Padre Diego dire, tra altre cose:

> «È stato così intenso che mi è venuta la pelle d'oca, ma ora sono felice e sollevato di poter riconoscere apertamente e onestamente i miei sentimenti per la donna che amo (...). Il sostegno dei fedeli mi ha dato molta forza: se avessi potuto continuare a fare il parroco con moglie e famiglia, sarei naturalmente rimasto».

Il giornalista conclude l'intervista ricordando che meno di un mese fa a Pando, a soli venti chilometri da Canelones, un altro parroco ha appeso le vesti al chiodo per sposare una donna, anche se in quell'occasione lo ha fatto senza salutare i fedeli. I parrocchiani hanno poi espresso la loro comprensione, anche se si sono rammaricati per la mancanza di un saluto personale e per il fatto che l'ex parroco non abbia lasciato i suoi recapiti.

– «La Chiesa cattolica sta imparando le buone maniere», dice Escámez per concludere: «dire addio alla francese è da maleducati».

Domande

Cosa dovrebbe suggerire padre Jorge al suo vescovo?

Quali linee guida deve dare don Jorge a Luis, per i suoi tweet e post sui social network?

Quali misure nel campo della comunicazione dovrebbe intraprendere l'arcidiocesi a medio e lungo termine?

28. Tre ore per decidere

Padre Héctor Patricio è preoccupato. Il sacerdote Jorge Lorenzo Piña, sottosegretario della conferenza episcopale venezuelana (CEV) e suo collega, è scomparso senza lasciare traccia.

Venerdì scorso, quando non si presentò alla messa che di solito celebra nella parrocchia della Visitazione alle otto del mattino, i fedeli avvisarono il vescovado. Il vicario generale – dopo aver verificato che non era nella sua residenza e che nemmeno i suoi parenti più stretti sapevano di lui – aspettò un giorno e poi chiamò la polizia per denunciare la scomparsa.

Da allora sono passati altri due giorni, ma non si hanno notizie di dove si trovi.

Lunedì presto, all'arrivo alla sede della CEV, padre Héctor Patricio – il portavoce dei vescovi – è passato attraverso la cappella per pregare per padre Jorge. «Oh Maria, che appaia sano e salvo!», ha chiesto davanti all'immagine della Vergine della Carità di El Cobre, patrona del Paese. Poi è andato al suo ufficio.

Quando stava per andare alla riunione della commissione permanente della CEV, prevista per le 9:00, il telefono squillò. Era un numero sconosciuto, e il primo pensiero è di non rispondere. Ma mancano ancora cinque minuti, e prende la telefonata:

– «Buongiorno, padre. Sono il viceispettore Ramirez. Lo chiamo perché abbiamo appena trovato Jorge Lorenzo Piña. È mio triste dovere informarvi che è morto».

– «Dove l'hanno trovato?»

– «Questo è il problema. Lo abbiamo trovato nella stanza 89 dell'Hotel Bruno, situato a Sabana Grande, alla periferia di Caracas. Il personale dell'hotel era preoccupato perché il cartello 'Non disturbare' era stato appeso alla porta per tutto il fine settimana. Hanno suonato ma non rispondeva nessuno. Finalmente questa mattina hanno usato la chiave maestra e quando sono entrati nella stanza, lo hanno trovato morto sul letto».

– «E lei sa cosa ci faceva in quell'albergo? Il suo appartamento è a meno di quindici chilometri di distanza».

Dall'altra parte del telefono c'è un silenzio fragoroso. Alla fine, il poliziotto decide di rispondere:

– «Non abbiamo ancora certezze, ma...».

– «Ma cosa?»

– «Beh, l'unica cosa che sappiamo è che Piña è arrivato in hotel sabato scorso alle 5:00 del mattino, accompagnato da una persona di sesso maschile che finora non abbiamo identificato, e hanno chiesto una stanza doppia».

– «Chi era quell'altra persona?»

– "Non lo sappiamo ancora. Abbiamo solo la descrizione che ci hanno dati i dipendenti dell'albergo: un giovane, di carnagione scura, alto, ben vestito, con una giacca beige. Ha firmato il registro dell'hotel come Antonio Rodriguez, ma dubitiamo che sia il suo vero nome. Infatti, la sua carta d'identità, con il numero 16.376.327, corrisponde invece a una donna di nome Yurelis Castellanos, residente nel comune di Miranda, nello stato di Trujillo, come indicato nei dati forniti nel Registro Elettorale Permanente. Era quindi falso».

– «Quando il padre Piña è stato visto per l'ultima volta?»

– «L'addetto alla reception dell'hotel ha riferito che l'individuo è sceso alle 8:30 della domenica mattina per annullare un giorno aggiuntivo in camera. Crede che la persona sia rimasta lì fino alle 3:00 del pomeriggio, e poi se ne è andato in macchina, ma nel parcheggio non ci sono telecamere e non sanno la targa».

– «E qual è stata la causa della morte?»

– «La prima unità di polizia che è arrivata all'hotel ha trovato il corpo nudo steso sul letto senza sintomi apparenti di violenza o ferite evidenti. Nel primo esame, il medico legale ha trovato lividi nella regione occipitale e nasale. Non ha ancora presentato il suo rapporto, ma ci ha detto che la morte è stata domenica mattina, probabilmente causata da asfissia meccanica».

– «Soffocamento? Padre Jorge Lorenzo è stato assassinato?»

– «Non lo sappiamo ancora. Può darsi di sì...».

– «E chi avrebbe voluto ucciderlo, se era un benedetto?»

– «Finché non conosciamo la causa della morte non possiamo parlare del movente. Ma potrebbe essere anche qualcos'altro».

– «Cosa vuole dire?»

– «Beh, non sarebbe la prima volta che ci imbattiamo in un cadavere con segni di soffocamento, ed è stato autoinflitto per ottenere più piacere».

La conversazione sta prendendo una piega tremenda, così padre Héctor decide di cambiare argomento:

– «E' completamente sicuro che sia lui?»

– «Sì, nel sacco appeso nell'armadio c'era una tessera di previdenza sociale a nome del prete, e la foto coincide. Ma la stanza era in ordine e non ci sono state manifestazioni di violenza».

– «E adesso cosa farà la Polizia?»

– «Ci sono cose che vanno da sole, come l'autopsia. Ma c'è qualcosa che dipende da voi. Ho chiamato la sorella di Piña e mi ha detto di contattare i vescovi. Avrei bisogno del suo consenso per rilasciare il suo nome: come sa, ogni volta che c'è una morte violenta, la polizia ha l'obbligo di comunicarla ai media, ma se la famiglia non è d'accordo, mettiamo solo le iniziali».

– «Senza dubbio: solo le iniziali», risponde subito P. Hector.

– «Come vuole. Vi avverto però che non passerà molto tempo prima che si sappia. L'indagine è stata aperta sabato per persona scomparsa, ma ora è stata trasformata in omicidio. E i giornalisti hanno fonti nelle forze di polizia, quindi lo sapranno presto. Ma insisto, dipende da lei».

– «E quanto tempo abbiamo per rispondergli?»

– «Alle 12:00 abbiamo la nostra consueta conferenza stampa, e stavamo pensando di riportare il caso. Cioè, hanno circa tre ore».

– «Qualcun altro lo sa oltre sua sorella?»

– «La carta d'identità di Piña aveva un numero di telefono in caso di emergenza, e l'ho chiamato. Ha preso il vescovo di Barquisimeto, che mi ha detto che Piña era stato prete da quella diocesi, ma che era già a Caracas da sette anni, e mi ha dato il suo cellulare».

– «Grazie mille. Appena possibile le telefonerò». E attaccò il telefono.

Senza tempo per pensare, P. Héctor si unisce alla riunione della commissione permanente della conferenza episcopale, e racconta loro della conversazione telefonica che ha appena avuto.

Domande

Cosa dovrebbe fare la conferenza episcopale?

Cosa dovrebbe riferire la conferenza episcopale?

Chi sarebbe il miglior portavoce per comunicare con ciascuna delle parti interessate?

29. Laici contro preti

L'Associazione cattolica *Unicuique Suum* è nata nel 2005 a Sergude, nel nordovest del Paese, quasi per caso. Tutto ha avuto inizio con una lettera al giornale da parte di Margot, una professoressa di un liceo artistico. Il testo mostrava il suo dispiacere perché le celebrazioni nel santuario della Madonna del Carmine a Malpica – ritenuto il centro spirituale della regione, e culla della cultura autoctona – non rispettavano più le norme della Chiesa: omelie predicate da laici, finte nozze di coppie dello stesso sesso, celebrazioni penitenziali comunitarie, messe per la comunità gay... Insomma, un lungo elenco di irregolarità liturgiche.

La lettera toccò un nervo sensibile della comunità e tante persone si dichiararono d'accordo con Margot scrivendo anche loro al giornale. Ciascuno raccontava episodi di anomalie liturgiche o di gravi negligenze di gestione, commesse in diverse parrocchie della diocesi di Sergude, con tanto di nomi e date.

Il giornale pubblicò queste lettere, la cui risonanza fu tale da far sì che diverse radio invitarono Margot come ospite frequenti dei loro programmi, e il successo mediatico spinse i principali attori di quelle rimostranze a creare *Unicuique Suum*, «un'associazione di difesa della liturgia cattolica e del canto gregoriano», come recitavano gli statuti.

Il gruppo tentò in primo luogo di essere riconosciuto come associazione cattolica di diritto diocesano, ma la diocesi respinse la richiesta (alcuni dei sacerdoti che lavoravano in curia erano stati menzionati – in maniera poco lusinghiera – in quelle lettere), e quindi non li restò altra possibilità che iscriversi al registro delle associazioni culturali della città.

L'associazione si riuniva ogni mese in *McNamara*, un pub spazioso e facilmente raggiungibile, il cui proprietario era uno dei primi che aveva aderito alla protesta di Margot. In una di queste riunioni, i presenti (quasi quaranta persone) decisero di creare un blog dove denunciare gli abusi liturgici commessi in città e dove dare spazio a qualsiasi manifestazione di dissenso ecclesiale. Il blog prese il nome di *McNamara*.

Il blog era aggiornato spesso grazie all'impegno dei membri della *Unicuique Suum*: l'elaborazione dei contenuti e la loro pubblicazione erano seguiti da volontari, e la piccola rata mensile dei soci riusciva a coprire tutte le altre piccole spese.

La pagina più visitata del sito era la sezione *La denuncia della settimana*. Ogni settimana i soci si distribuivano per le diverse chiese della città, e quando un sacerdote faceva o diceva qualcosa di deprecabile (deprecabile secondo loro), scrivevano una cronaca, alcune volte in tono duro e altre in uno stile ironico e divertente, ma sempre con tanto di citazioni fra virgolette; e non mancavano foto fatte con il cellulare.

Nonostante il numero degli associati e dei simpatizzanti del sito non arrivasse nemmeno a cento persone, le cronache omiletiche del blog ricevevano un paio di migliaia di visite ogni lunedì. Così, il blog divenne un *must* per tanti sacerdoti della diocesi e fonte inesauribile di pettegolezzi: se Fr. Charles aveva predicato per ben 35 minuti, se Fr. Michael aveva celebrato senza stola, se Fr. Gregory aveva iniziato la messa con 15 minuti di ritardo, se Fr. Oliver aveva criticato il papa...

Peggio ancora, anche i giornalisti leggevano la colonna settimanale e bensì non c'era materia per scrivere sui giornali, ogni tanto scrivevano su X e in Instagram in tono scherzoso.

Il successo di *McNamara* fece infuriare molti in curia. Per bloccare il blog, seguirono il consiglio di qualcuno in vescovado: sfruttando l'omonimia tra il titolo del blog e il nome di un diacono permanente, Cormac McNamara, denunciarono i gestori per uso illegittimo del nome di persona e per diffamazione continua. A nome del diacono, l'avvocato della diocesi chiese per i responsabili quattro anni di carcere, una multa di 100.000 € per danni morali e la chiusura del blog.

La denuncia fu ammessa e il giudice iniziò la fase istruttoria della causa. Furono mesi duri per l'associazione che non aveva fondi per assumere un avvocato. La tentazione di mollare tutto era forte: molti pensavano che fosse meglio dissolversi e sparire, che difendersi dalla querela.

Alla fine, nonostante la stampa laica avesse preso una posizione netta contro l'associazione chiamandola «chiesa parallela» e «disobbediente al vescovo», *Unicuique Suum* decise di accettare la sfida davanti alla corte, e organizzò una cena per raccogliere fondi per la parcella dell'avvocato.

Durante i sei mesi di processo, i responsabili legali del blog dichiararono davanti al giudice che mai avevano voluto offendere il diacono McNamara, che tra l'altro neppure conoscevano. Anzi, lo consideravano una persona esemplare, evidentemente consigliata da persone malevole. Spiegarono che il nome del blog proveniva dal nome del pub dove i soci solevano riunirsi una volta al mese.

Dichiararono inoltre che il problema si sarebbe potuto risolvere facilmente se, invece di conoscere l'equivoco tramite la citazione querelante in tribunale, il diacono o il suo rappresentante avesse chiesto loro di cambiare il nome, cosa che avrebbero fatto immediatamente.

Alla fine, la sentenza del giudice della corte penale di Sergude assolse i tre accusati dell'associazione, perché la controparte non aveva dimostrato che i responsabili del blog fossero consapevoli dell'omonimia con il diacono McNamara né che avessero agito con la volontà di danneggiarlo.

La sentenza riempì di gioia i soci di *Unicuique Suum*. Ma Margot, sapendo che la querela pretendeva solo zittire un sito scomodo si indignò del fatto che avevano dovuto sprecare quei soldi per avvocati e tasse legali e chiese quindi che la sentenza assolutoria venisse pubblicata da tutti quei giornali laici che avevano attaccato duramente l'associazione.

Margot aprofittò la visibilità della sentenza per annunciare che la missione di denuncia si sarebbe ulteriormente rafforzata, visto che le notizie degli abusi liturgici invece di convincere il vescovado a fare qualcosa al riguardo, avevano dato come unico frutto il tentativo di eliminare la voce dei cattolici tradizionali.

A seguito di ciò, e grazie ad una volontaria esperta di comunicazione digitale, l'associazione ha deciso di creare profili ufficiali su diversi social network, che dessero maggiore visibilità ai messaggi critici dell'associazione. La sentenza assolutoria fu utilizzata anche per moltiplicare per dieci il numero di persone che hanno letto il sito.

Poche settimane dopo, *McNamara* pubblicò una storia che non lasciò indifferente a nessuno. Secondo il blog, Agnes, una giovane donna di 29 anni, era andata all'ospedale St. Paul, di proprietà della diocesi, per curare un'artrite di tipo psoriasico, una malattia cronica che l'affliggeva da quando era adolescente.

Agnes raccontò che aveva scelto questo ospedale perché la sua infermità la costringeva a prendere medicine molto forti, alcune davvero aggressive con effetti simili a quelli di una chemioterapia; nel dubbio di una possibile gravidanza, essendo cattolica, non voleva fare niente di sbagliato.

L'infermiere che l'accolse le disse di non preoccuparsi, poiché anche se non aveva l'età per essere sottoposta ad un'amniocentesi, vista la particolarità del caso avrebbero proceduto lo stesso e, se necessario, avrebbero fatto un aborto.

Agnes rispose immediatamente:

- «Abortire o meno lo deciderò io, non le pare?». E chiese la presenza di un medico. Quando arrivò in stanza, gli domandò:

- «Sarebbe possibile abortire qui, nonostante sia un ospedale cattolico?».

La risposta del dottore non lasciò dubbi:

- «Certamente. Dobbiamo studiare la cosa, ma si, potrebbe farsi qui. Possiamo aiutare lei, come abbiamo aiutato tante altre giovani».

Il racconto di Agnes pubblicato da *McNamara* suscitò tanto scalpore, da svegliare l'interesse de *Il Progresso* - il secondo giornale della città - che la domenica successiva pubblicò un lungo *reportage* sull'ospedale Saint Paul, con annessa un'intervista ad Agnes; l'istruzione della Santa Sede del 2011, in cui si manifestava profonda preoccupazione per le pratiche irregolari negli ospedali cattolici e dava norme molto particolareggiate a tal proposito per i vescovi. Nel *reportage* non mancarono le dichiarazioni dei movimenti provita di Sergude.

Compito

Descrivi i diversi piani che dovrebbero seguire al riguardo i direttori di comunicazione della diocesi di Sergude e della conferenza episcopale.

30. Mancata denuncia

New Vigo, nel Midwest degli Stati Uniti, è una diocesi come tutte le altre. Promuove un ospedale, diverse scuole, programmi di formazione professionale per madri single, e diverse iniziative sociali per aiutare i ceti più deboli della società.

Soffre gli stessi problemi delle diocesi vicine, compresi quelli economici: negli ultimi dieci anni ha dovuto pagare 14,7 milioni di dollari per le accuse a 16 sacerdoti di abusi su minori, dei quali 10,5 sono andati alle vittime e 4,2 ai loro avvocati. Dopo l'inizio della crisi degli abusi sessuali che ha colpito molte diocesi degli Stati Uniti, anche qui è stata fatta un'inchiesta sugli abusi su minori che dimostrava come, dei 487 sacerdoti che la diocesi aveva avuto in 63 anni (dal 1948 al 2011), 22 erano stati accusati (il 4,7%). Di questi, sei erano stati accusati dopo la loro morte, e quindi l'inchiesta non era andata avanti; cinque erano stati laicizzati; sei, essendo già in pensione, era stato loro proibito il ministero; tre erano deceduti prima del verdetto del tribunale, e due furono messi in sospensione amministrativa.

Tali abominevoli condotte non riguardavano solo la Chiesa cattolica. Nel 2007, ad esempio, grazie a una ricerca di un giornalista di AP si venne a sapere che, nei distretti educativi di New Vigo, si erano verificati diversi episodi di abusi sessuali da parte di docenti delle scuole pubbliche, e che le autorità accademiche erano arrivate ad accordi segreti con le vittime, per permettere ai docenti accusati di trasferirsi in altri stati senza problemi.

Una particolarità della diocesi di New Vigo è il *National Catholic Enquirer*, il settimanale cattolico più diffuso del paese, che arriva alla maggioranza del clero statunitense e ha un notevole influsso internazionale, specialmente nei paesi anglofoni come Canada, Regno Unito, Filippine, ecc. E non solo: viene letto dai tantissimi missionari americani che lavorano in Africa, America Latina e Asia.

I rapporti della diocesi con *l'Enquirer*, però, non sono stati mai buoni. Il settimanale ha una lunga tradizione di non condivisione della posizione dei vescovi in temi di morale sessuale, di azione sociale dei cattolici, ecc., sia nelle pagine di notizie che in quelle di analisi, dove tanti esponenti del dissenso ecclesiale hanno colonne settimanali.

I rapporti tra il settimanale e la diocesi si sono ulteriormente deteriorati con la nomina, nel 2002, del vescovo Peter Lynn, ritenuto dal *Enquirer* troppo tradizionalista. Pochi vescovi ricevono una copertura favorevole nelle pagine del settimanale, meno ancora Lynn, visto che – almeno questa è la voce che arrivò in redazione alla sua nomina – uno degli obiettivi del nuovo vescovo era quello di togliere l'aggettivo *cattolico* dalla copertina del settimanale.

Nel dicembre del 2010, durante un controllo informatico di *routine* nella scuola annessa alla parrocchia di St. Patrick, un tecnico trovò nel computer personale del sacerdote Bill Sound, diverse foto strane di ragazzine, in posizioni bizzarre ma tutte vestite tranne una.

Il tecnico riferì quanto aveva trovato al preside della scuola, che a sua volta lo comunicò al vescovado.

La notizia colse il vescovado di sorpresa: Sound era un prete molto popolare e attivo nell'organizzare marce per la vita e pellegrinaggi mariani. Il vescovado mostrò le foto prima ad un ufficiale di polizia amico del vicario, e poi all'avocato della diocesi; entrambi giunsero alla stessa conclusione: non erano di natura sessuale e quindi non costituivano reato di possesso di materiale di pedo-pornografico.

Poiché i fatti non rientravano nella categoria di abusi su minori, la diocesi non informò *l'Independent Review Board*, l'organismo che – secondo le precise regole della conferenza episcopale degli Stati Uniti riguardo questa materia – deve investigare qualsiasi accusa di abusi sessuali da parte del clero, e non fece una denuncia ufficiale alla giustizia.

Il vescovo fu informato di entrambi i pareri del poliziotto e dell'avvocato e approvò la linea di condotta suggerita dai suoi collaboratori, ma non vide le foto incriminate. Secondo il vescovo, il fatto che non era emersa nessuna condotta illegittima da parte di Sound, aveva molto peso.

Certamente, Lynn nutriva alcuni dubbi e considerò la possibilità di sospendere Sound dal ministero sacerdotale, ma per il vescovo era prioritario tentar di salvare la vocazione di uno dei suoi sacerdoti e alla fine non lo fece.

Quanto Sound seppe che la diocesi aveva scoperto il suo segreto, tentò il suicidio nel parcheggio della sua residenza. La diocesi, dopo la ripresa del sacerdote, chiese una valutazione psichiatrica. I medici diagnosticarono una depressione, ma non fu considerato pedofilo.

A questo punto, la diocesi fece trasferire Sound in una struttura religiosa di un'altra città, e tra le limitazioni imposte c'era il divieto di entrare in contatto con bambini e giovani.

Sebbene la curia non avesse informato nessuno, la notizia trapelò in alcuni ambienti e il preside della scuola e un gruppo di genitori scrissero al vescovo affinché denunciasse Sound alle autorità. Lynn decise di non farlo «per salvare il sacerdozio di Sound», visto che non si era provato nessun delitto.

Quattro mesi dopo, nell'aprile 2011, Bill Sound violò il divieto incontrando dei minori e celebrando la Messa con loro. Appena la diocesi lo seppe, chiamò la polizia che, controllando il computer personale che il sacerdote aveva a casa, trovò molte foto di ragazzine nude, ritratte a scuola. La polizia arrestò subito Sound con l'accusa di pedopornografia. Informato su questi fatti, il vescovo Lynn ordinò un'inchiesta indipendente a un avvocato penalista.

L'inchiesta giudiziaria iniziò subito. Contemporaneamente si scatenò un'aspra controversia mediatica in seguito alle dichiarazioni dei genitori della scuola che avevano chiesto invano di processare Sound. La polemica suscitò subito l'interesse nazionali, per la vivace e intensa copertura fatta dall'*Enquirer*, dalle televisioni locali e dai grandi network.

Un ruolo di primo ordine per mantenere alto l'interesse mediatico nell'opinione pubblica fu svolto dall'associazione *Survivors Network of those Abused by Priests*, SNAP (Rete di sopravvissuti agli abusi del clero), e da alcuni avvocati associati a loro che, dal momento della diffusione della notizia, presentarono altre 20 denunce di casi di abusi commessi dal clero della diocesi di New Vigo molti anni prima, e che – sempre secondo le presunte vittime – erano state riemerse nel vedere la vicenda di Sound al telegiornale.

La SNAP si mise a organizzare diverse conferenze stampa per denunciare la mancata risposta adeguata del vescovo Lynn nel risolvere il caso Sound, e dichiarò che sarebbe arrivata fino al Papa. Il suo presidente affermò:

> «Non siamo così ingenui da pensare che il Papa sarà portato in tribunale con le mani legate la settimana prossima o il mese prossimo, ma pensiamo che le nostre possibilità a lungo termine siano eccellenti».

Ora siamo a maggio. La corte ha condannato Bill Sound a nove anni di carcere, ma il caso non è per niente chiuso: in seguito alla condanna del sacerdote, il procuratore generale dello Stato ha accusato il vescovo Lynn di omissione dell'obbligo di denuncia all'autorità giudiziaria dei sospetti di pedofilia, e ha chiesto per lui la pena di 2 anni di carcere. Se la Corte dovesse accettare la richiesta del pubblico ministero, sarebbe la prima volta che negli Stati Uniti un vescovo verrebbe condannato per motivi riguardanti gli abusi sessuali del clero (l'unico precedente era in Francia, nel 2001). Inoltre, la diocesi è anche accusata come responsabile sussidiaria.

L'apertura del processo è prevista per settembre. Subito dopo la formalizzazione delle accuse al vescovo e alla diocesi, diverse associazioni e gruppi cattolici hanno preso posizione pubblicamente sulla vicenda, alcuni in difesa del vescovo e altri in favore di una condanna. Questi ultimi hanno annunciato anche che scriveranno al Papa affinché il vescovo Lynn venga rimosso.

Il giorno dopo la denuncia, il vicario generale della diocesi chiama Christine Bonhoffer, la direttrice di comunicazione della diocesi, per chiedere come far fronte agli attacchi al vescovo che, secondo lui, si succederanno lungo l'estate.

Domande

Cosa dovrebbe suggerire Bonhoffer al vicario generale?

Che si sarebbe potuto fare in anticipo per evitare il problema?

31. Bimbi come gli altri?

Ronald H. ha 42 anni e lavora come architetto di interni per *Bon Marché*, una delle principali catene de negozi specializzati in moda e accessori di lusso. Christian V. è tre anni più giovane, e dopo dieci anni come *reporter* di un giornale sportivo, un suo romanzo ambientato nel mondo del tennis, premiato con il *Goncourt*, gli ha aperto le porte di tutte le case editrici francesi. Ora si dedica a scrivere gialli di successo con personaggi che si muovono negli ambienti di alta competizione.

Ronald e Christian si erano conosciuti durante un galà di beneficenza per raccogliere fondi per il restauro della cattedrale gotica della città, bellissima ma un po' malandata.

Ci fu chimica sin dal primo momento. Dopo poche settimane, Roland e Christian decisero di andare a vivere insieme. Per Christian non era la prima volta, ma per Ronald il cambio fu enorme, perché era reduce da un divorzio per niente sereno: lasciava moglie e due bambini ancora piccoli di 6 e 9 anni.

Sei mesi dopo andarono dal sindaco per celebrare il loro matrimonio. Poi si misero in lista di attesa per adottare un figlio. Tutto stava andando bene, ma proprio quando sembrava prossima l'assegnazione di un bimbo di tre mesi, la Federazione Russa comunicò che non avrebbe più affidato bambini russi abbandonati a quei paesi che riconoscevano il diritto di adozione anche alle copie dello stesso sesso.

Per entrambi fu un duro colpo, soprattutto per Ronald, poiché il giudice aveva assegnato la custodia dei suoi due figli alla madre e gli mancavano tanto. Ma Roland e Christian non si arresero e tramite una nota clinica si misero in contatto con una ragazza che cercava una fonte di introiti complementare per finire il suo dottorato e che accettò di esserne la madre surrogata. Quasi un anno dopo era nata Sami, una bellissima bimba che fece felici a entrambi.

Quando Sami stava per compiere quattro anni, Christian e Ronald scrissero alla scuola cattolica più vicina, delle suore della Congrégation des Sacrés-Cœurs (CSC), chiedendo l'iscrizione della bambina per l'anno successivo. Per entrambi era importante che Sami ricevesse un'educazione religiosa. Christian si dichiarava apertamente cattolico e continuava ad andare a messa ogni tanto (anche se non nella sua parrocchia, perché altrimenti il prete gli avrebbe negato la comunione). La religiosità di Ronald, invece, era molto più tiepida, però era un difensore convinto dei benefici della formazione cattolica per la gioventù e specialmente per le ragazzine.

Mandare una figlia dalle suore non era per niente economico (in Francia gli unici introiti delle scuole cattoliche sono le rette che i genitori pagano), ma Roland e Christian erano concordi nel ritenere questo non una spesa, ma un investimento, e Sami meritava quello e molto di più.

La richiesta venne respinta poiché non c'erano più posti disponibili! Il dispiacere fu grande, ma questo non scoraggiò la coppia, che si misero a cercare un'altra scuola per Sami. Nonostante si rivolsero a tutti i loro amici e conoscenti, fu invano.

In occasione del quarto compleanno di Sami fu organizzata una grande festa, e furono invitati molti amici della coppia, con e senza figli. Durante la conversazione non poté sfuggire la ricerca di una scuola per la bambina, e Raphaël, uno degli invitati, chiese perché non mandassero Sami alla vicina scuola delle suore. Roland rispose che ci avevano provato, ma che non c'era più posto. «Impossibile – disse Raphaël – la settimana scorsa c'erano ancora posti disponibili. Altri amici hanno chiesto di recente per una loro figlia, e la ragazzina è stata ammessa».

– «Davvero? Sarebbe fantastico, magari ci sono state alcune disdette e ora c'è posto. Domani riproveremo!», ribatté Roland.

Raphaël rimase un po' stupito, ma non aggiunse niente in pubblico. Appena ebbe un momento per parlare in privato, chiese a Roland:

– «Ma quando avete chiesto la prima volta, avete detto quale tipo di famiglia eravate?»

– «Certamente – rispose Roland – abbiamo scritto che eravamo una famiglia omoparentale. Lo facciamo sempre. Perché lo chiedi?»

– «Beh, forse non vogliono accettare figli di omosessuali…».

La conversazione finì lì, ma fece molto pensare Ronald. Il giorno dopo, d'accordo con Christian, chiamarono la scuola, ma questa volta usando un nome fittizio, e chiesero se c'erano posti ancora liberi per l'anno successivo. La risposta fu chiara:

– «Sì, ne abbiamo ancora quattro: lo chieda subito, perché si esauriranno tra poco».

Roland e Christian, un po' annoiati, dissero chi erano davvero e chiesero spiegazioni. La persona al telefono – che si presentò come la responsabile delle ammissioni – disse che sicuramente la prima risposta negativa era stata un errore amministrativo e che Sami avrebbe avuto un posto nella scuola.

Due settimane dopo, però, Christian e Ronald ricevettero una lettera firmata dalla preside, la madre Marcelle, che con dispiacere annunciava che non c'era posto per Sami. I due provarono a telefonare diverse volte per chiedere spiegazioni, ma non riuscirono mai a parlare con la preside, e la responsabile delle ammissioni seppe solo dire che non c'era posto.

Dopo dieci giorni di tentativi falliti, Christian scrisse una lettera aperta alla preside e la mandò al giornale locale più diffuso. La lettera creò molto scalpore e diventò un caso, prima locale e poi regionale: giornali e riviste, radio e televisioni di ogni tipo si occuparono della vicenda. Nonostante lo scalpore mediatico, né le suore né l'associazione dei genitori della scuola accettarono uno solo dei tanti inviti da parte delle emittenti per dare la loro versione dei fatti. Tantomeno il portavoce del vescovo diocesano volle commentare la faccenda.

Se nei media ci fu molto rumore, nelle reti sociali ci fu un vero scandalo: il caso diventò immediatamente *trending topic* e diventò una delle controversie più accese per diversi giorni.

Quando le autorità educative della regione si resero conto che la polemica non diminuiva, aprirono una indagine amministrativa per accertare i fatti e verificare se ci fossero le condizioni per una sanzione.

Dopo due settimane dall'apertura dell'inchiesta amministrativa, il giudice del dipartimento per l'istruzione prese l'iniziativa citando in giudizio la preside della scuola per un delitto «contro i diritti fondamentali e le libertà di educazione garantite nella Costituzione della Repubblica» perché aveva rifiutato un figlio di una coppia gay. Secondo il giudice c'erano indizi sufficienti per dedurre che la risposta negativa alla richiesta dei genitori di Sami era stata motivata da una discriminazione sessuale.

Congiuntamente all'azione del giudice, i giornali locali pubblicarono alcuni elementi emersi dall'inchiesta (coperti dal segreto degli atti, ma che qualcuno aveva fatto trapelare) e che erano a sfavore della scuola. Tra questi c'erano i conti bancari della scuola che attestavano come, dopo aver rifiutato la domanda d'iscrizione di Sami, erano stati ricevuti diversi bonifici riguardanti preiscrizioni di altre alunne: prova di posti disponibili nella scuola.

Da tre anni Serge R. è direttore di comunicazione della scuola, e inoltre due sue figlie studiano presso le suore della *Congrégation des Sacrés-Cœurs*. In realtà non è un lavoro a tempo pieno, perché fino a quel momento l'incarico non aveva richiesto molto tempo ed era compatibile con le sue lezioni di letteratura francese.

Per Serge fu una vera sorpresa sapere che la risposta negativa della scuola non era stata decisa dalla preside, bensì dalla posizione pressoché unanime del comitato direttivo dell'associazione dei genitori, che aveva insistito perché la preside non accettasse figli di coppie omosessuali.

In diverse occasioni Serge aveva tentato di convincere madre Marcelle a intervenire, ma la preside ha respinto tutte le sue proposte:

– «Abbiamo fatto quello che dovevamo e non dobbiamo dare spiegazioni a nessuno: la scuola è nostra e i genitori sono con noi. Il rumore passerà tra poco, vedrai».

Anche se il quadro della situazione è complesso, Serge pensa di avere una opportunità. L'apertura della causa è stata fissata tra due mesi, ma tra tre settimane ci sarà la riunione annuale dei presidi delle scuole della CSC in Francia, che sono più di trenta. Madre Marcelle, sollecitata dagli altri presidi, chiede a Serge di preparare una sessione informativa sul Caso Sami, «perché tutti vogliono sapere come stanno le cose».

– «Magari, oltre a informare, posso far discutere nuove proposte sul da fare in questi casi», pensò Serge.

Domande

Quali sarebbero gli elementi fondamentali per la comunicazione della scuola prima, durante e dopo la sentenza?

Come potrebbe Serge non limitare il suo intervento a informare sulla vicenda, proporre altre cose, senza irritare madre Marcelle?

Quali ragioni potrebbe allegare Serge per convincere i presidi delle scuole ad assumere una strategia diversa?

Come si sarebbe potuto evitare il problema?

32. Ladro in Vaticano

Roma, 14 febbraio 2011. Le riforme promosse da Benedetto XVI nella curia romana procedevano a rilento. Sei settimane fa, il 30 dicembre 2010, il papa ha pubblicato un *motu proprio* che amplia i poteri di controllo dell'Autorità di Informazione Finanziaria (AIF). Dall'inizio dell'anno l'AIF ha la missione di vigilanza prudenziale su tutti gli enti della Santa Sede e dello Stato della Città del Vaticano che svolgono professionalmente attività di natura finanziaria.

I cambiamenti complessi non sono facili. Ma gli sforzi cominciano a dare i loro frutti: anche media come il *Financial Times* hanno commentato che la pubblicazione del primo Rapporto annuale dello IOR «suggerisce che la banca, sotto forti pressioni esterne, ha preso sul serio la questione della trasparenza».

Ma non tutto è economia nella Santa Sede. Dopo aver letto un dossier consegnato a Giovanni Paolo II nel 2005 che il papa polacco non ha potuto studiare, Benedetto XVI si è convinto dell'importanza di annunciare solennemente il ritrovamento delle spoglie di San Pietro. Molti anni fa, Pio XII aveva proclamato la scoperta della tomba, ma non si era spinto oltre. E sebbene la ricerca storica avesse raggiunto la certezza storica sulle ossa ritrovate, i papi successivi non le diedero più rilievo.

Invece, papa Ratzinger considera importante dirlo: «Solo se il papa è successore di san Pietro può esercitare il primato petrino su tutta la Chiesa: una verità che è particolarmente importante in questi momenti di disgregazione e di tensioni centrifughe», ha commentato alla Segreteria di Stato.

Per questo il pontefice ha disposto che, nella prossima festa dei santi Pietro e Paolo, il 29 giugno, le ossa ritrovate dalla ricercatrice Margherita Guarducci, che finora erano conservate in povere scatole di plastica trasparente, siano solennemente trasferite all'altare della confessione, e collocate in un bellissimo medaglione alla vista dei fedeli.

In occasione di questa dichiarazione, la Fabbrica di San Pietro (l'ente vaticano che se ne occupa della conservazione della basilica) ha ottenuto l'approvazione per un nuovo percorso negli scavi sotto la basilica vaticana, che permetterà ai pellegrini di visitare la necropoli romana sotto la basilica, vedere la basilica costantiniana e venerare le spoglie del Principe degli Apostoli. Grazie ai lavori, finanziati dai Cavalieri di Colombo, potranno passare più di mille persone al giorno.

Durante il suo recente viaggio nel Regno Unito lo scorso novembre, il papa ha avuto l'opportunità di parlare in diverse occasioni con il cardinale John Keats, arcivescovo di Westminster. In una di esse, il cardinale inglese gli raccontava quanto bella era rimasta la sua cattedrale dopo il restauro intrapreso negli anni precedenti. Perciò, quando è stato sottoposto a Benedetto XVI il progetto dei lavori in basilica, abbia scritto al margine con la sua calligrafia minuscola: «Chiedete all'arcivescovo di Westminster un architetto».

Per l'arcivescovo, la richiesta del papa fu una manifestazione di fiducia, e lui l'ha apprezzato molto. Tuttavia, lo colse un po' alla sprovvista: non sapeva chi consigliare. Così ha chiamato Percey Shelley, vicario per gli affari economici dell'arcidiocesi, e le ha chiesto consiglio:

– «Il Papa mi ha chiesto di suggerire un bravo architetto, che sia cattolico praticante, per un lavoro a Roma. Immagino che ce lo chieda perché quando è venuto qui è rimasto colpito dal restauro della nostra cattedrale. Chi potremmo suggerire?»

Il vicario ci pensò un attimo, e disse:

«Suggerirei William Wordsworth. In tutto ciò che gli abbiamo commissionato ha superato le nostre aspettative».

– «Il nome non mi risulta familiare. È cattolico?»

– «Vive nel nord, vicino a Manchester», dice Shelley. «E sì, è del movimento laicale becketiano».

Il movimento laicale becketiano fa parte della Famiglia Becketiana, alla quale appartengono frati, monache, famiglie e il movimento giovanile becketiano.

Il cardinale sembra dubbioso. La famiglia becketiana non è esattamente nota per la sua sintonia con papa Benedetto: ha tra le sue fila numerosi esponenti della teologia più progressista, e dicono di non aver visto di buon occhio l'autorizzazione papale per qualsiasi sacerdote a celebrare la messa secondo la forma straordinaria (la cosiddetta "Messa di San Pio V") senza bisogno dell'autorizzazione del vescovo del luogo. Ma il cardinale ha molta fiducia nel suo vicario, e per di più si tratta di fare un progetto, non di guidare la Chiesa universale... Così risponde:

– «Va bene. Per favore, dammi le sue informazioni, in modo che io possa inviarle al Santo Padre».

Un mese dopo, Wordsworth è già al lavoro presso la Fabbrica di san Pietro. Nell'incarico gli è stata data piena libertà di formare la sua squadra, ed è per questo che ha scelto un comitato con esperti in storia, arte, archeologia ed epigrafia, e un ingegnere specializzato in calcolo strutturale.

La nomina dell'epigrafista suscita i sospetti di molti in Vaticano. È completamente sconosciuto agli esperti della Fabbrica, ai quali nessuno ha chiesto la loro opinione, e non ha pubblicato nulla su riviste prestigiose. Dove invece è molto noto è nel mondo dello spettacolo, perché è solito partecipare alle feste dell'alta società romana.

Ma Wordsworth è determinato a portare a termine a modo suo la missione affidata. Gli è stato consigliato di circondarsi di persone di cui poter fidarsi, perché all'interno del Vaticano «non ci si può fidare di nessuno». Così riceve ordini solo dal Papa, e tiene aggiornato dei progressi solo a lui.

Questo modo di procedere causa molti attriti con la Fabbrica, ma almeno le permette di progredire rapidamente e senza interferenze. Il papa gli ha dato un anno, e lui vuole rispettare la scadenza.

È passato un anno di duro lavoro e il progetto è stato consegnato e pure approvato dal papa. Ma qualcosa è successo, perché inaspettatamente il pontefice non ha affidato all'architetto la sua realizzazione, ma ad un altro. Nessuno lo sa ancora, ma la Gendarmeria Vaticana sta indagando sulla comparsa sul mercato internazionale dell'arte di alcuni frammenti murari con iscrizioni greche relative a San Pietro, databili al I secolo.

Grazie all'aiuto dell'Interpol, la Gendarmeria identifica l'origine di queste opere d'arte: qualcuno del team dell'architetto Wordsworth.

Il giorno dopo, l'architetto e la sua squadra vengono arrestati, e la sala stampa della Santa Sede rilascia un comunicato stampa che afferma che sono accusati di aver rubato beni artistici dalla Santa Sede e di averli venduti a un noto collezionista greco, Papadopoulos.

George Byron è il direttore di comunicazione della famiglia becketiana. Grazie al suo abbonamento al bollettino della sala stampa vaticana, apprende la notizia a mezzogiorno, allo stesso tempo che i giornalisti. Quasi le viene un colpo quando legge la notizia. Immediatamente, avvisa i suoi superiori.

– «Dobbiamo dire qualcosa subito. Qualunque cosa, ma prima del telegiornale dobbiamo rilasciare una dichiarazione».

Nella riunione convocata per decidere il piano d'azione, ci sono pochissime informazioni confermate e sensibilità molto diverse. Alcuni sono indignati per il fatto che saranno incolpati per ciò che Wordsworth viene accusato:

– «Non siamo stati noi a nominarlo, e neanche ci hanno chiesto un parere prima di assumerlo! Per non sapere non sappiamo neppure in cosa consista il suo lavoro in Vaticano».

Altri sono dominati dalla preoccupazione che qualcuno veda lo scandalo come la conferma che la famiglia Becketiana è coinvolta in una sorta di cospirazione contro papa Benedetto.

C'è pure chi prende le difese di Wordsworth:

> «È un bravo ragazzo, che ha lavorato tutto quest'anno con generosità e dedizione spettacolari, nonostante il numero di nemici che aveva. Non sarà un regolamento di conti?»

Infine, non manca chi pensa che non ci siano abbastanza informazioni, e che quindi sarebbe meglio non dire nulla...

Domande

Prepara un comunicato stampa a nome della famiglia Becketiana.

Dopo aver rilasciato la dichiarazione, quali altre iniziative dovrebbero essere realizzate?

33. Hackers contro il sito web della GMG

Mancano solo due settimane all'inizio della Giornata Mondiale della Gioventù Tallin 2018, e Christine Gardiner, *webmaster* del sito ufficiale della GMG, non si dà pace. È veramente preoccupata perché quindici giorni prima, durante una ricerca su quanto si diceva sulla Giornata nelle principali reti sociali, aveva trovato un video in cui un uomo incappucciato e con la nota maschera di Guy Hawkes, usata nelle operazioni di Anonymous, invitava tutti i suoi seguaci a procedere con un attacco DDoS[1] contro il sito della GMG, www.tallin18.com.

Appena visto il video, Christine aveva avvisato il direttore di comunicazione della GMG, don Erik Jakinek. Don Erik (chiamato anche *Erik il rosso* per i suoi capelli color peperoncino) aveva fatto due cose: la prima, informare il responsabile della sicurezza della GMG, don Gregorcy Rholdany, affinché informasse la Polizia; la seconda, avvisare l'azienda che offriva l'*hosting* al sito ufficiale, affinché potessero prendere misure di protezione adatte a quanto stava per succedere.

Il responsabile della ditta di servizi informatici, Athens, rispose a don Erik:

– «Non si preoccupi: abbiamo messo in funzione un sistema di protezione che non ha buchi. Gli attacchi, se ci saranno, non causeranno problemi».

Nonostante queste assicurazioni, Christine non era tranquilla. La preoccupava il fatto che il sito non serviva solo per informare pellegrini e curiosi sulla GMG, ma doveva servire

---

[1] Un attacco DDoS (dalle iniziali in inglese Distributed Denial of Service, attacco distribuito di denegazione di servizio) è l'aggressione informatica più frequente ed efficace, proprio per la sua semplicità tecnologica. Si causa con la generazione di un intenso flusso di richieste simultanee di informazione rivolte a un sito inviate da molti punti della rete, che il sito non è in grado di gestire e quindi si blocca.

pure per distribuire i discorsi ai giornalisti accreditati e anche per attivare il sistema di prenotazione dei giornalisti per le tribune nei vari eventi con il papa: era necessaria una iscrizione tramite un formulario *online*, e la prenotazione era confermata in maniera automatica in funzione dei posti disponibili in ogni luogo.

Appena ebbe un momento libero, Christine fece una ricerca un po' più approfondita sulla minaccia di Anonymous, e scoprì che era collegata al sito dell'Associazione di Liberi Pensatori e Atei (ALPA), che tra l'altro aveva convocato una manifestazione contro la visita del papa da svolgersi la sera dell'arrivo del pontefice, e che da mesi invitava tutti i simpatizzanti del continente a recarsi a Tallin per «rovinare la festa ai papisti», diceva la convocazione.

Ma passò il tempo e il ritmo di lavoro al sito *web* della GMG diventò così intenso e frenetico, che Christine non ebbe più tempo di preoccuparsi per gli eventuali attacchi informatici. Era assolutamente presa dagli aggiornamenti nelle undici lingue del sito, l'*upload* di video e foto nei canali ufficiali di YouTube e Flickr, e il coordinamento di una squadra internazionale di volontari che avevano grande disponibilità ma poca esperienza, erano già grattacapi abbastanza seri per cercarne altri.

Inoltre, il numero di visite al sito aumentava esponenzialmente. Da due settimane ogni giorno si batteva il record di accessi, per essere di nuovo battuto il giorno dopo.

La GMG iniziò come previsto, il lunedì. Ma alle tre del pomeriggio del martedì, proprio quando il Papa arrivava in città, il *website* ricevette una valanga di richieste, e si bloccò per due ore.

Christine capì immediatamente che si trattava di un attacco DDoS, e procedette subito ad avviare di nuovo il sito, e poi a capire da dove venivano gli attacchi. Ma era disperata: appena il sito era di nuovo in funzione, tornavano con più violenza gli attacchi e il sito si bloccava di nuovo, o diventava così lento che i visitatori, dopo lunghe attese, si arrendevano e andavano a cercare informazione in altri siti non ufficiali.

L'attacco durò tutto il pomeriggio e la sera. Mentre la squadra di Christine si dava da fare per attivare il sito ogni volta che cadeva, il resto del dipartimento di comunicazione era disperato, poiché i giornalisti protestavano perché non avevano ricevuto i discorsi del pontefice e del presidente della Repubblica durante la cerimonia di benvenuto all'aeroporto.

Allo stesso modo, gli incaricati di condurre i giornalisti alle tribune della stampa, in piazza di Nettuno, sede del primo atto della GMG, erano bloccati perché non sapevano chi aveva posto assegnato e chi no, e quindi non potevano avvisare i giornalisti per informarli sull'esito delle loro richieste.

Grazie a Dio la gente non poteva scrivere commenti negativi nel sito perché era bloccato, ma era prevedibile che, appena si ricuperasse, critiche ed ironie avrebbero inondato il sito.

Alle undici di sera, Christine era riuscita a individuare gli IP che generavano gli attacchi e li aveva bloccati. Finalmente il *website* della GMG fu ristabilizzato.

Nonostante questo successo importante (mica male per una ragazza ventitreenne lavorando da sola, quando i programmatori di Athens non erano stati capaci), Christine non si rilasciò. Temeva infatti che il mattino dopo gli *hackers* tornassero all'attacco e questa volta non solo per tentare di bloccare il sito bensì per superare i *firewalls* e introdurre testi e foto offensive contro il papa e la Chiesa.

Prima di andarsene a casa per dormire qualche ora, Christine andò a congedarsi da don Erik, accompagnata dalla sua vice, Megan Davidson.

– «Erik – gli disse –, le cose ora sono tranquille, quindi me ne vado, e rimane qui Megan di guardia tutta la notte. Ma se tornassero gli attacchi, chiamatemi e torno subito, ormai ho il sonno molto leggero e l'agitazione di questi giorni non mi lascia riposare a lungo».

Prima che Christine se ne andasse, don Erik le chiese se il sito avrebbe funzionato adeguatamente il giorno dopo, Christine non fu in grado di confermarglielo. Don Erik, preoccupato, chiamò i due vicedirettori dell'ufficio comunicazioni e chiese loro di pensare a una possibile soluzione e di tornare con una proposta entro mezz'ora.

Compiti

Elabora una proposta per don Erik, che includa tra l'altro misure che riguardino la pagina web, la distribuzione dei discorsi e l'assegnazione di posti nelle tribune per i giornalisti.

Scrivi un comunicato stampa spiegando la situazione.

Cosa si sarebbe potuto fare in anticipo per evitare il problema?

34. Meglio dimenticare?

Quattro anni fa, appena tornato da Roma dopo aver discusso una tesi sull'influsso del pensiero di Jacques Maritain nei documenti del Concilio Vaticano II sul laicato, Caspian fu nominato segretario della commissione di apostolato laicale della conferenza episcopale di Narnia (CEN).

Di solito il suo lavoro gli dava molte soddisfazioni, perché si occupava dei nuovi carismi che nascevano nella Chiesa, facendogli toccare con mano la presenza attiva dello Spirito Santo in tanti ambienti.

Questa settimana invece il lavoro che lo aspetta è particolarmente noioso e anche spinoso. Il lunedì mattina, alle nove in punto, mons. Aslan, il segretario generale della CEN gli aveva consegnato un grosso pacco, con l'incarico di leggere le lettere che conteneva, fare un riassunto della vicenda e presentare una proposta per la commissione permanente della conferenza episcopale nella riunione del venerdì mattina.

Di solito, compiti di questo tipo corrispondono al suo capo, mons. Edmund, vescovo di Narnia e presidente della commissione per l'apostolato laicale alla CEN. Ma da più di sei mesi il vescovo è malato e sembra che non sarà sostituito fino al prossimo anno quando rinnoveranno tutte le cariche della CEN. Perciò, Caspian è ormai abituato ad assumere mansioni che vanno oltre le sue responsabilità ufficiali.

Questa volta però c'è una novità: mons. Aslan gli ha detto esplicitamente: «Si tratta di una vicenda molto delicata, per cui ti chiedo di non dire niente a nessuno. Mi raccomando, teniamo il problema nella cerchia più stretta possibile».

Da lunedì a mercoledì, Caspian non ha fatto altro che studiare i documenti riassumendone i dati salienti.

I documenti riguardano un'istituzione, fondata nel 1968 e riconosciuta subito dopo come associazione di fedeli. Era presente in sette diocesi del paese; ad essa appartenevano quasi un migliaio di persone di cui l'ottanta percento donne, che dedicavano il loro tempo libero a mense di carità, alla raccolta di vestiti per i più poveri e di libri per i bambini, gestivano inoltre alberghi per i senza tetto e promuovevano iniziative sociali nei quartieri dimenticate delle grandi città. Tutte cose che Caspian conosceva, perché appena arrivato in ufficio, tre anni fa, se ne era occupato dell'approvazione di alcuni permessi.

L'associazione era guidata da una delle prime seguaci del fondatore, che era assistita da altre due persone: un colonello in pensione, che coordinava la logistica, ed un avvocato commercialista che faceva da segretario e se ne occupava degli aspetti economici e legali.

Ma leggendo quei documenti apprende così qualcosa lo lascia sbalordito: un anno fa, la commissione per l'apostolato laicale, all'insaputa di Aslan (mons. Edmund non volle dirgli niente), era venuta a conoscenza di alcune denunce verso il fondatore di un'associazione laicale e, d'accordo con la commissione permanente della CEN, si era aperta un'inchiesta riservata, affidata a un commissario, fra' Digory, ofm.

Nel rapporto finale consegnato alla CEN al termine dell'inchiesta, il commissario denunciava chiara ed energicamente il comportamento irregolare e immorale del sacerdote fondatore dell'associazione verso più di 30 donne associate. Non solo: secondo fra' Digory, i continui abusi erano stati possibili perché la responsabile femminile dell'associazione aveva coperto le denunce delle vittime attribuendo alle stesse la responsabilità dei fatti accaduti.

Le pressioni esercitate sulle vittime erano state così intense e costanti che nonostante i fatti risalissero a più di 20 anni prima (e quindi il crimine fosse ormai caduto in prescrizione), la stragrande maggioranza delle vittime non se ne era andata, ma era rimasta nell'associazione, e anche coloro che lo avevano fatto non avevano sporto alcuna denuncia contro il padre fondatore.

Chi avevano dati la voce di allarme erano stati due medici a cui diverse vittime si erano rivolte per assistenza psichiatrica. Infatti, una nuova legge obbligava il personale medico del paese a denunciare i fatti criminosi di cui fossero venuti a conoscenza durante il loro lavoro, di qualunque tipo: ferite da arme di fuoco, stupri, abusi, ecc.

I medici avevano informato la Polizia, ma l'inchiesta non era andata avanti proprio perché era passato troppo tempo. Tuttavia, avevano comunicato al vescovo le denunce dei medici. Così la notizia era arrivata alla CEN.

Il fatto più sorprendente era che da parte di tutti c'era il desiderio quasi generale che i fatti non venissero alla luce. Neppure le vittime, molte delle quali avevano girato pagina e superato l'accaduto, volevano che il fondatore fosse giudicato per quanto aveva fatto, e meno ancora che gli abusi subiti fossero resi noti. L'ultima cosa che i membri dell'associazione volevano era rivivere quei tristi e vergognosi eventi.

C'era però un'eccezione: Jadis, una delle vittime, che da allora non aveva recuperato la normalità psichica, ed ora voleva una punizione esemplare sul fondatore (forse spinta da suo marito, addirittura più arrabbiato di lei).

Dopo la descrizione dei fatti, il commissario segnalava nel rapporto che, avvalendosi dell'autorità conferitagli dalla conferenza episcopale, aveva allontanato la responsabile femminile che aveva insabbiato la vicenda e nominato un nuovo consiglio provvisorio.

Nella parte propositiva, il rapporto suggeriva di procedere a nominare un visitatore incaricato di revisionare le regole interne dell'associazione e supervisionare la nomina del nuovo consiglio dirigente.

Il commissario però si mostrava indeciso sulla strada da seguire riguardo il fondatore: negli ultimi mesi, l'indagato aveva avuto un grave problema di salute e aveva subito un'operazione al cervello. Come conseguenza, non aveva ripreso tutte le sue capacità mentali.

Quindi, fra' Digory non sapeva se la cosa migliore fosse iniziare una causa penale canonica o risolvere la questione in via amministrativa, senza nessuna pubblicità, e quindi comunicare la decisione solo ai membri dell'associazione.

Era già giovedì e Caspian era inquieto: quella sera avrebbe dovuto consegnare in segreteria generale la sua proposta, ed era in un mare di dubbi. Intuiva che, se fosse venuto alla luce, lo scandalo avrebbe avuto risonanza mondiale e la vicenda non sarebbe rimasta segreta a lungo comunque. Perciò non se la sentiva di firmare un documento senza chiedere consiglio ad un esperto in comunicazione.

Quindi, nonostante l'indicazione diretta di mons. Aslan, decide di raccontare tutto a Lucy, direttore di comunicazione della conferenza episcopale, e di chiedere il suo parere.

Domande

Cosa dovrebbe suggerire Lucy a Caspian riguardo la vicenda?

Quali sono gli scenari più probabili?

Come prepararsi per evitare uno scandalo?

35. Intervista sfortunata

Manzanares è un paese tranquillo, una vera oasi latino-americana. L'economia cresce a velocità sostenuta grazie alle esportazioni di carne, grano, soia e altre materie prime verso la Cina e, in minor grado, gli Stati Uniti e l'Europa; e il clima sociale pare godere proprio di questo periodo di pace e di progresso.

Governa il paese una coalizione di sinistra nella quale non ci sono molti cattolici, ma i cento anni di democrazia, la tradizione di tolleranza religiosa e i livelli culturali tra i più alti del continente fanno in modo che la Chiesa si senta a suo agio e possa sviluppare la sua attività religiosa, educativa e assistenziale senza inciampi.

Nella capitale del paese, oltre all'università pubblica ci sono anche tre atenei privati: uno di ispirazione cattolica, un altro di orientamento protestante e un terzo che fa riferimento alla massoneria, presente nel paese – e molto influente – dall'epoca dell'indipendenza dalla corona spagnola.

A dire il vero, la prima di esse non appartiene ai vescovi né ha ufficialmente il titolo di cattolica, ma si ispira ai principi cristiani ed è promossa da diverse istituzioni cattoliche, rappresentate nel consiglio permanente dell'ateneo.

Nei suoi trent'anni di vita, l'università cattolica non è cresciuta molto: ha appena 3.700 studenti, distribuiti in sette facoltà, con duecentocinquanta professori a tempo pieno e quasi il doppio a tempo parziale.

Nonostante le sue dimensioni modeste, è quella più prestigiosa del Paese, per la qualità dei suoi docenti, per la pregevole attenzione offerta agli studenti e per aver incorporato nella didattica tanti elementi del metodo pedagogico anglosassone, che fa sì che i laureati trovino lavoro appena usciti dalle aule. Così lo rilevano i ranking universitari continentali.

Dopo dieci anni di mandato del rettore, era arrivato il tempo di un cambio alla guida dell'università. Il consiglio superiore dell'università decise di nominare come nuovo rettore la professoressa Isabel Talón, attuale decana della facoltà di filosofia.

L'annuncio della nuova nomina creò vivo interesse nei media: per la prima volta a Manzanares una donna sarebbe stata alla guida di un ateneo.

Più autorità del solito annunciarono la loro partecipazione alla cerimonia di insediamento, prevista per il lunedì 15. Anche i rettori delle altre università della capitale, e molti benefattori e sponsor corporativi dell'università accettarono l'invito.

Una settimana prima della cerimonia accademica di presa di possesso, Jorge Merodio, caporedattore della prestigiosa rivista *América,* chiese alla prof.ssa Talón un'intervista.

La richiesta venne subito accolta dalla professoressa nonostante in quei giorni fosse molto occupata a chiudere le pratiche del suo precedente lavoro in facoltà. La Talón non trovò neppure il tempo di informare Arda Turan, il direttore dell'ufficio di comunicazione dell'università, e meno ancora pensò di prepararsi a dovere.

L'intervista ebbe luogo lunedì 8 e si svolse senza intoppi. Ad un certo punto il giornalista chiese alla professoressa una sua opinione sulla nuova legge di diversità e inclusione. L'argomento era molto attuale perché pochi mesi prima il parlamento aveva approvato una legge contro la discriminazione, e la regolazione su questioni come l'omosessualità aveva e acceso gli animi dei deputati e di tutta l'opinione pubblica e diviso il Paese in due blocchi, quasi al 50%.

Alla domanda di Merodio, Talón rispose senza esitazioni:

> «All'università sappiamo bene cosa vogliamo. Il rispetto delle persone non contraddice quello che consideriamo sia la verità che la stessa natura umana suggerisce. Secondo la natura umana siamo uomini o donne, e la differenziazione di genere è di natura biologica e mentale. In questo senso, l'omosessualità è un'anomalia. Anche in natura ci sono anomalie, come per esempio i quadrifogli».

A questo punto, il giornalista chiese se l'omosessualità fosse un fattore rilevante nella politica di assunzione dell'università, e la professoressa rispose:

> «È ovvio che conta, perché il docente deve essere un punto di riferimento per gli studenti, non solo accademico».

Merodio chiese alcune altre precisazioni in materia, per capire meglio la posizione della prof.ssa Talón (o questo almeno è quello che disse). Poi il suo interesse si spostò verso altri temi, e la conversazione prese un altro taglio.

Come al solito, la rivista *América* arrivò alle edicole e agli abbonati il giovedì 11. Il settimanale pubblicava l'intervista in controcopertina, e aveva dato un grande rilievo alla questione dell'omosessualità come l'argomento più importante dell'intervista, a cui dedicava il titolo e anche qualche sommario.

Già prima delle dieci dello stesso giovedì, la prof. Talón iniziò a ricevere telefonate di colleghi e amici che avevano letto l'intervista e le mostravano preoccupazione riguardo le eventuali reazioni.

Tra qualche ora, le dichiarazioni della neorettore diventarono l'argomento di tutti i programmi di radio del paese. Dove si scatenò una controversia più accesa fu nelle reti sociali, dove la professoressa veniva chiamata nazista, intollerante, retrograda e altri epiteti non proprio lusinghieri.

Davanti a questa tormenta così intensa, l'università decise di rimanere in silenzio, per non alimentare ulteriormente la polemica.

Nel primo pomeriggio, il ministero della pubblica istruzione rese noto un comunicato dicendo che, in seguito al polverone sollevato dalle dichiarazioni della prof.ssa Talón, annunciava l'apertura di un'inchiesta per accertare se l'università avesse discriminato gli omosessuali nei processi di assunzione dei docenti. Il ministero assicurava che, nel caso in cui si fossero dimostrate tali pratiche illegali, ci sarebbero state delle sanzioni gravi, senza escludere la chiusura dell'ateneo.

Allo stesso tempo, l'università ricevette tante email di protesta da parte di studenti, genitori, professori e altre persone, respingendo le parole della prof.ssa Talón. Oltre agli insulti, sembrava che tutti quanti pensassero la stessa cosa: «questa signora non può essere il rettore di un'università del XXI secolo!». Arrivarono anche messaggi di supporto alla decana, ma in una quantità molto esigua.

La lettura di questi messaggi non fece cambiare di opinione all'università, tra l'altro perché molte delle accuse citavano frasi che la decana non aveva mai pronunciato, oppure criticavano l'identità cristiana dell'ateneo. Perciò, il rettorato decise di rimanere ancora in silenzio.

Intanto, al telegiornale più seguito del paese, un rappresentante delle *Pecore Nere*, l'Associazione di Gay e Lesbiche del paese, annunciava una manifestazione pacifica davanti all'università per il giorno dopo.

La mattina del venerdì 12, la segreteria del rettorato ricevette le telefonate da parte di molte autorità civili, politiche e accademiche che disdicevano la loro partecipazione alla cerimonia di insediamento.

Fu allora che il rettore uscente decise di riunire il consiglio permanente dell'università e sospendere la cerimonia, visto che sarebbe potuto diventare un gioco al massacro contro la prof.ssa Talón e contro l'università.

A mezzogiorno, l'ufficio di comunicazione inviò un comunicato stampa informando della sospensione dell'atto accademico, e cogliendo l'occasione per affermare che nell'università mai si era discriminato nessuno, e chiedendo scusa a coloro che si erano sentiti offesi dalle parole della prof.ssa Talón.

Quello stesso pomeriggio di venerdì, l'università ricevette due lettere ufficiali: una dal ministero della pubblica istruzione, che chiedeva delle spiegazioni sul processo di selezione dei docenti e del personale, e domandava se c'erano state discriminazione sessiste di alcun genere; e una seconda dal giudice delle indagini preliminari (GIP), Oliver Torres, che citava la prof.ssa Talón a presentarsi davanti alla corte il mercoledì della settimana successiva.

Il sabato mattina, la prof.ssa Talón, dopo aver parlato con persone di sua fiducia, decise di rinunciare alla nomina, per non danneggiare l'università e anche per potersi difendere con più libertà dalle accuse.

Il consiglio permanente dell'università, riunitosi di urgenza nel pomeriggio, decise di accettare la richiesta di rinuncia della prof.ssa Talón, considerando che l'immagine dell'università era stata profondamente danneggiata e che difficilmente la prof.ssa Talón avrebbe potuto svolgere il suo lavoro dopo quanto era successo. Quindi, chiese all'ufficio di comunicazione di preparare un comunicato stampa informando della rinuncia.

Non fu facile per Arda preparare quel comunicato, tra l'altro perché lui non era stato invitato alla riunione del sabato pomeriggio, e le mancavano molte informazioni. Quindi, Arda scrisse un testo con le idee che le erano state dette al telefono.

Se la stesura non fu facile, neppure fu semplice neppure la sua revisione: essendo domenica, non tutte le persone che dovevano intervenire erano disponibili.

Di conseguenza, il testo non fu revisionato da nessuna autorità accademica, poiché sembrò prioritaria l'idea di distribuirlo al più presto ai media, per assicurare che veniva pubblicato lunedì (di solito, la chiusura di quell'edizione viene anticipata al primo pomeriggio di domenica).

Nel comunicato si prendevano le distanze dalle dichiarazioni della prof.ssa Talón in maniera assai netta.

Concretamente, si affermava che l'università non aveva mai discriminato nessuno per ragione di razza, opinioni politiche o religione, e neppure per orientamento sessuale. In particolare, si spiegava che, nel processo di selezione per le assunzioni, non si chiedeva mai ai candidati questioni sulla loro vita personale. Il comunicato concludeva così:

> «Le affermazioni dell'intervista pubblicata dalla rivista *América* non corrispondono allo spirito né alla cultura istituzionale della nostra università, che non prende in considerazione la sessualità delle persone al momento della loro assunzione».

Oltre ad essere inviato ai giornali, il comunicato fu messo *online* nel sito ufficiale dell'università. E la politica di non parlare con i giornalisti fu mantenuta.

Il comunicato ebbe due effetti: da una parte, riuscì a calmare le acque nell'opinione pubblica. Sebbene la controversia non sparì, almeno il tono diventò meno aspro. La veloce e decisa risposta da parte dell'università fu considerata in maniera positiva dai media e persino da parte del ministero della pubblica istruzione, che infatti considerò le spiegazioni fornite abbastanza chiare ed esaustive per archiviare l'inchiesta.

Ma dall'altra parte, alcune autorità accademiche (decani, vice decani, ecc.) e non pochi professori fecero sapere al consiglio permanente dell'università che erano dispiaciuti per il modo in cui l'università aveva *scaricato* la prof.ssa Talón senza una parola di lode né di apprezzamento.

Queste persone manifestarono anche che non erano d'accordo neppure con il comunicato distribuito, perché non menzionava la dottrina della Chiesa riguardo l'omosessualità, e perché non era possibile che nel processo di selezione del personale docente proprio tale dottrina non avesse voce in capitolo.

Il mercoledì mattina, Sergio Asenjo, il vecchio rettore il cui mandato era stato provvisoriamente prolungato, chiamò Arda Turan e gli chiese:

– «Ora che dobbiamo fare?».

Compiti e domande

Prepara un piano di comunicazione con ciascuno dei pubblici prioritari da consegnare al rettore.

Analizza l'operato dell'Università: lo svolgimento e il contenuto dell'intervista, le dimissioni del rettore, i comunicati stampa.

Quali sono le cause che hanno provocato il problema?

Come potrebbe l'università recuperare la reputazione danneggiata?

36. Segreti e bonifici

Raymond Ford aveva un talento speciale: sapeva sintonizzarsi con i bisogni del suo tempo, e muovere le persone affinché facessero qualcosa al riguardo. Un talento molto utile per la società e per la Chiesa del dopoguerra, devastata materialmente ma ancora di più spiritualmente.

Ancora giovanissimo (aveva 17 anni quando si arruolò dopo aver falsificato la sua carta d'identità) aveva partecipato allo sbarco in Normandia con il III Battaglione Canadese.

Fu proprio il contatto diretto con le grandezze e le miserie della guerra che lo convinse che Dio voleva arruolarlo per un altro tipo di combattimento, una guerra di pace. Quindi, appena ricevette il congedo militare nella primavera del 1946, entrò nel seminario di Manitoba, e quattro anni dopo ricevette l'ordinazione sacerdotale.

La sua prima destinazione fu il paesino di Saskatchewan, ma, avendo tanti contatti in città, andava e tornava molto spesso. Questi frequenti viaggi non piacevano al vescovo, il quale avrebbe preferito che il clero rimanesse dove era stato assegnato.

Ma quando il presule comprese che questi viaggi erano molto redditizi (ogni mese arrivavano al seminario donativi per decine di migliaia di dollari canadesi), non solo li autorizzò, ma regalò a don Raymond una macchina di seconda mano, ancora in buon stato, affinché potesse andare e venire quando e quanto volesse.

Un fatto più unico che raro, visto che il vescovo, forse per le sue radici scozzesi, era piuttosto misurato e sobrio (o, secondo altri, addirittura tirchio...).

Ma Fr. Raymond non si era arruolato nell'esercito della Chiesa per rimanere in una parrocchia piccola di un paese sperduto in mezzo al nulla. Da soldato aveva percorso l'Europa occidentale, dai Pirenei fino a Berlino, e aveva visto i bisogni di tante comunità: e ora voleva contribuire a sanare le ferite che la guerra aveva lasciato. Quindi, iniziò a scrivere alle persone che aveva conosciuto, sollecitando le risposte e pregando che venissero esplicitati i bisogni delle varie comunità.

Appena arrivava una di queste lettere, Fr. Raymond chiedeva un appuntamento con una persona ricca, gli consegnava la lettera e chiedeva un aiuto. I racconti drammatici e le doti persuasive di Raymond facevano miracoli, e i donativi crescevano sempre più. (Anche se in realtà chi faceva i miracoli erano le suore di Saint Barnabas, un convento a cui Fr. Raymond si rivolgeva prima di ogni visita per chiedere alle suore di pregare per la persona a cui stava per sollecitare un contributo.)

A poco a poco, questo lavoro assorbì Fr. Raymond completamente, e diventò la sua occupazione unica. Infatti, non doveva solo tener aggiornata l'abbondante corrispondenza, ma anche gestire i soldi.

Su questo non c'erano dubbi: se una persona voleva aiutare a ricostruire una chiesa distrutta in Alsazia, i soldi dovevano arrivare là, e non rimanere a Manitoba. Ogni tanto dava anche qualche contributo alla diocesi per tenersi buono il vescovo, ma lo faceva con soldi ricevuti senza una finalità predeterminata. Conti chiari.

Dopo otto anni a Saskatchewan, Raymond si rese conto che questa era la sua vera vocazione, piuttosto che stare in parrocchia. Andò a parlare con il vescovo, e creò una fondazione, il cui scopo era aiutare quelli che si dedicavano agli altri. Più che far arrivare fondi direttamente ai bisognosi, voleva aiutare le persone e le istituzioni che se ne occupavano. Diventare cioè qualcosa come l'intendenza dell'esercito, e fornire i mezzi a quelli che erano sulla prima linea di fuoco.

Chiamò la sua fondazione *Nicodemus Foundation*, la NF. Seguendo l'esempio del suo santo patrono, la fondazione si occupava dei bisogni del Corpo di Cristo (e cioè dell'Eucarestia e dei preti) di nascosto, senza farsi notare. Convinse anche le suore del convento di St. Barnabas a diventare le *Figlie di St. Nicodemus*, separandosi dalla matrice, affinché questo lavoro pastorale poggiasse sulla preghiera e il sacrificio.

Simbolicamente, la prima sede della fondazione si aprì il 3 agosto 1965, festività liturgica di san Nicodemo. Per la sede fu scelta fu Toronto, residenza dei donatori più generosi del paese, in una casa dono di una ricca vedova. La palazzina aveva cinque piani: i due superiori furono assegnati alle suore, con accesso indipendente; il terzo all'abitazione di Fr. Raymond, con qualche stanza per gli ospiti; e i primi due piani furono adibiti ad uffici della fondazione.

Nel 1975, don Raymond accettò di partecipare a un programma televisivo dell'emittente locale della *Canadian Broadcasting Company*. Durante quell'ora di trasmissione, raccontò storie di missionari di tutto il mondo, una dietro l'altra, con tale passione e convinzione che il conduttore non si azzardò a interrompere l'intervista per la pubblicità.

Il programma fu un successo completo, tanto che poche settimane dopo aveva un programma tutto suo.

Il formato era semplice ma efficace: Fr. Raymond leggeva una lettera di un missionario che chiedeva aiuto mentre sullo schermo compariva un numero per fare una donazione telefonica. Il prete cambiava argomento solo quando le donazioni coprivano la quantità richiesta dal missionario.

Non si sa se la gente offriva contributi perché spinta dalla generosità o perché volevano che don Raymond cambiasse argomento, fatto sta che i contributi arrivavano da tutto il paese. Dopo pochi episodi il programma fu mandato in onda da tutte le emittenti della rete.

Presto la NF aprì una sede negli Stati Uniti, poi un'altra in Francia, Germania, Belgio, Messico, Australia, Italia... Arrivavano richieste da vescovi, missionari e comunità di tutte le parti del mondo, che sapevano di poter contare sull'aiuto della fondazione per la costruzione di chiese o la raccolta di borse di studio per seminaristi.

Persino la Santa Sede ringraziò pubblicamente don Raymond, lo fece Cappellano di Sua Santità, e lo nominò membro del Pontificio Consiglio Cor Unum.

Mons. Raymond morì nel 2004, e lasciò una fondazione ben gestita, con una rete consolidata di benefattori. Furono in molti a chiedere che, appena passati i cinque anni della sua scomparsa, si aprisse la causa di beatificazione e canonizzazione.

Queste lettere fecero molto piacere al patronato della fondazione, perché Fr. Raymond era stato per loro una persona importante nelle loro vite. Aveva un grande cuore, era molto affettuoso con i suoi collaboratori, e certamente un uomo di grande fede: si era lanciato in molte idee umanamente pazze, confidando solo nelle preghiere delle *sue* suore e dei collaboratori spirituali della fondazione: migliaia di persone che si impegnavano a recitare il rosario ogni sabato per i progetti della NF.

Tuttavia... i collaboratori più stretti erano consapevoli che la causa non avrebbe avuto molto futuro. Mons. Raymond era un uomo di grandi virtù ma anche di alcuni eccessi. Estroverso come era, gli piaceva tanto mangiare, e non poche volte beveva anche troppo. Aveva avuto un'intensa vita sociale, con ricevimenti, feste e cene di *fundraising*, e si era affezionato ai buoni vini e ai liquori. I suoi assistenti lo dovevano poi accompagnare a casa evitando di essere visti dai dipendenti della NF e dagli estranei.

Aveva anche una debolezza per i sigari cubani, e si faceva mandare una scatola di Cohiba Maduros 5 Genios ogni settimana. Ma i suoi collaboratori erano testimoni anche di come mons. Raymond, dopo ogni sbornia, faceva una settimana di penitenza...

La successione alla guida della NF non fu semplice. I membri del Patronato scelsero come nuovo presidente Richard Carver, che era stato la mano destra di don Raymond durante gli ultimi quindici anni. Ma la decisione si rivelò poco azzeccata, e pochi anni dopo, due membri del Patronato scrissero alla Santa Sede denunciando irregolarità nell'uso dei fondi. Nel 2008, il Papa nominò un visitatore apostolico.

La visita apostolica consigliò un cambio al vertice della NF con una persona dal di fuori, che potesse metter fine alle dispute interne, e rinnovare l'organizzazione. Con grande docilità, il Patronato si riunì e scelse Dell Parsons come nuovo presidente esecutivo della NF. Parsons era un generale in pensione molto noto nei circoli cattolici per le sue capacità di organizzazione e di *fundraiser*.

Con grande determinazione, Dell iniziò i cambiamenti nei posti chiave della NF, a cominciare dalla parte economica e di controllo delle spese.

Alcune settimane dopo la sua nomina, il nuovo direttore finanziario scoprì che la NF pagava ogni mese un bonifico bancario di 5.000 dollari canadesi a un certo Frank Bascombe.

L'operazione si protraeva da 9 anni senza interruzioni. La cosa sembrò un po' strana, e quindi fu subito comunicata al presidente.

Con il cipiglio abituale, Dell chiese alla sua segretaria di concertare un appuntamento con il signor Bascombe, che risultò essere un docente di storia alla University of Winnipeg. Dopo i convenevoli di saluto, Dell chiese direttamente il motivo per cui la NF versava una quantità di soldi non indifferente ogni mese nel suo conto bancario. E la risposta lo lasciò di stucco.

Secondo il racconto del prof. Bascombe, Raymond Ford e lui erano diventati amici perché da piccolo abitava nel palazzo accanto alla prima sede della NF, e visitava ogni tanto casa sua.

I genitori di Frank invitavano Fr. Raymond a trascorrere un paio di settimane di vacanze ogni anno in una casa che avevano sul lago Ontario, e così il prete era diventato quasi di famiglia. Lì poteva allontanarsi completamente dall'intenso lavoro della fondazione e riposarsi in un ambiente tranquillo e rilassato.

Morti i suoi genitori, Frank continuò ad invitare il prete e Fr. Raymond continuò ad andare fino all'anno della sua morte.

In un'occasione in cui Bascombe era assente, Fr. Raymond aveva bevuto troppo e aveva tentato di abusare di Sylvie, la figlia quattordicenne di Frank. La ragazza era rimasta molto scossa per l'accaduto. Da quel momento in poi la personalità allegra e vivace di Sylvie cambiò; la ragazza diventò molto timida e riservata, tralasciò gli studi, e spesso si rifiutava di uscire di casa.

Frank lo seppe solo un anno dopo, quando sua figlia glielo confidò. Parlò allora con Fr. Raymond, che riconobbe i fatti, chiese perdono e promise che si sarebbe preso cura della ragazza.

– «E così è stato: questi 5.000 dollari coprono le cure psichiatriche di Sylvie e lo stipendio di una badante che la accompagna quando non c'è nessuno a casa. Mentre don Raymond era vivo, me li dava di persona; quando morì, lasciò detto di farlo tramite bonifico bancario».

Dell Parsons rimase talmente scioccato, che riuscì ad articolare solo poche parole e a chiedere:

– «Lo sanno altre persone?».

– «Io non l'ho detto a nessuno. Ma ho lasciato la storia per iscritto nelle mie memorie, perché non vorrei che questi fatti si dimenticassero e qualcuno volesse far sì che Raymond divenisse santo un giorno».

Da allora sono passati due anni. La Nicodemus Foundation si prepara a festeggiare il 50º anniversario dalla sua fondazione, e il Patronato ha chiesto al presidente di inviare una lettera al Papa pregandolo di aprire la causa di beatificazione per mons. Raymond Ford.

Domande

A chi deve chiedere consiglio Dell?

Quale risposta deve dare il presidente alla richiesta di iniziare la causa di beatificazione?

Quali sono le cose che si dovrebbero aver pronte nel caso in cui la vicenda si venga a sapere?

Quale dovrebbe essere il piano di comunicazione da seguire se un giornale pubblicasse la notizia?

37. Nella Terra Santa dell'Islam

Aden, strategicamente situata all'uscita del golfo persiano sull'oceano Indiano, è la seconda città della Repubblica islamica dello Yemen. Nella capitale, Sana'a, i cristiani non possono avere chiese e devono riunirsi quasi di nascosto in domicili particolari, in case in affitto, o in garage con le pareti imbottite affinché le loro preghiere e i cantici non vengano sentiti dai vicini. Ma a Aden, gli anglicani, i cattolici e i presbiteriani hanno chiese e c'è persino un cimitero cristiano.

Questa maggior libertà di culto si deve paradossalmente alla dominazione sovietica del sud dello Yemen durante quasi trent'anni. I comunisti russi reputarono più pericoloso l'islamismo fondamentalista che il cristianesimo, e quindi a Aden le chiese cristiane rimasero aperte durante la loro dominazione; e dopo l'unificazione del paese, la situazione ad Aden è rimasta come era. L'unica cosa che il governatore esige è che non si vedano i segni cristiani dall'esterno, e perciò le chiese non hanno la croce fuori e le campane delle chiese hanno una catena attorno, affinché non suonino neppure per errore.

La situazione è certamente instabile. Il problema non dipende dalle autorità civili bensì dalla loro debolezza davanti ad alcuni Imam (si tenga presente che l'Islam nello Yemen è probabilmente il più radicale di tutti quelli dell'Arabia) e ai capitribù delle diverse etnie, che controllano le zone rurali e persino alcuni quartieri delle grandi città, e sovrastano la polizia governativa e l'esercito.

Oltre alle chiese, la presenza cristiana a Aden consiste nell'orfanotrofio delle Missionarie della Carità di Madre Teresa di Calcutta, che accoglie i bambini portatori di handicap abbandonati dalle famiglie e trovati dalla polizia; e di alcune ONG episcopaliane, battiste e cattoliche. Queste organizzazioni, operative grazie a personale e fondi stranieri, tentano di aiutare i profughi di Somalia, Eritrea e Djibouti, che attraversano un mare infestato da squali in piccole imbarcazioni e arrivano alla costa yemenita come tappa del loro viaggio verso l'Arabia Saudita. In questi campi di rifugiati, decine di migliaia di profughi di ogni età aspettano per mesi la risposta alle loro richieste di visto di transito, sotto la minaccia del rimpatrio.

La chiave per lavorare in pace ed evitare i problemi è tenere un profilo basso, molto basso, non entrare in conflitto con nessuno, e non tentare alcun tipo di evangelizzazione con i musulmani. Infatti, l'offesa più grave per l'Islam è la conversione di un musulmano al cristianesimo. Essa viene considerata un tradimento verso Dio, la famiglia e tutta la società, è punita con la pena di morte che può essere eseguita da qualsiasi fedele devoto che ne venga a conoscenza.

Paul Hindsight è il vescovo cattolico del Vicariato apostolico di Arabia, con residenza ad Abu Dhabi. Ogni mese visita lo Yemen, prima Sana'a e poi Aden, e si trattiene con i sacerdoti, le famiglie di cattolici del luogo (quasi tutti immigrati dall'Iraq, Siria, India, Pakistan e dal Libano) e le suore di Madre Teresa.

Due volte l'anno ha pure un appuntamento con l'ufficio dello sceicco. Da tempo ha presentato la richiesta per l'apertura di una chiesa a Sana'a, in una zona fuori della città, ma le autorità preferiscono mantenere lo *status quo*: che i cattolici continuino cioè a riunirsi discretamente, e anche se queste riunioni sono illegali, il governo chiude un occhio e lascia fare.

Ma il vescovo non si arrende e, con la pazienza evangelica della vedova che reclamava davanti al giudice ingiusto, ogni primavera e ogni autunno rinnova la sua richiesta.

Nel 2014, il *Corpus Domini*, la festa della carità fraterna, è stata celebrata il 20 giugno, e il dicastero per gli emigrati e gli itineranti aveva organizzato in quella settimana un convegno a Roma. Il tema sono le attività della Chiesa cattolica in difesa delle popolazioni africane che tentano di fuggire da situazioni di guerra e miseria estrema nei loro paesi, e rimangono intrappolati in campi di rifugiati per anni, in circostanze disumane e soggetti ancora di più ai soprusi e alle violenze del traffico umano.

Al convegno, presentato il venerdì 13 nella sala stampa di via della Conciliazione, oltre al portavoce, erano presenti il presidente e il segretario del dicastero, il presidente del convegno e un missionario che lavorava in un campo di rifugiati a Tunisi. In sala c'erano pochi vaticanisti, forse una decina.

Dopo la lettura degli interventi da parte dei relatori, abbastanza noiosa e senza spunti interessanti (tra l'altro perché i giornalisti avevano ricevuto prima i testi, e i relatori non si sono discostati da essi neanche una virgola), un giornalista della *Religious News Agency* chiese se oltre a fornire ai rifugiati aiuti materiali e supporto legale, la Chiesa si prendesse cura anche dei loro bisogni spirituali, che in quelle circostanze devono essere particolarmente intensi.

Il presidente del convegno, William Bucholz, professore della *Catholic University of America*, rispose:

– «La presenza della Chiesa in questi luoghi è una testimonianza fortissima del Vangelo, e sono tanti che durante il loro soggiorno nei campi profughi, si interessano della fede cristiana, leggono la bibbia e non pochi, dopo mesi di catechesi, finiscono per battezzarsi».

A questo punto, il corrispondente a Roma dell'agenzia *Reuters* prese il microfono per fare una domanda, e chiese allo stesso professore:

– «Ci sono statistiche di queste conversioni? Procedono da qualsiasi religione?».

Il presidente del convegno rispose:

> «Non ci sono statistiche perché non teniamo il conto. Ma quello che posso dire è che ogni anno si contano a centinaia le persone che chiedono il battesimo in questi campi, e provengono da qualsiasi religione: non lo impediamo a nessuno: animisti, induisti, buddhisti, e persino musulmani. Anzi, mercoledì prossimo un gruppo di questi sarà presente all'udienza generale con il Santo Padre, perché vogliono ringraziarlo per il lavoro che fa la Chiesa in questi luoghi dimenticati dai potenti della terra».

Il missionario che era accanto al prof. Bucholz tentò di bloccarlo, ma ormai era tardi. Neppure il portavoce ne fu felice, ma a questo punto l'unica cosa che si poteva fare era ringraziare e dare per finita la conferenza stampa.

Un'ora dopo, il lancio di *Reuters* era già *online*, e le versioni digitali di diversi media in tutto il mondo titolavano quasi tutte seguendo la traccia dell'agenzia: «Proselitismo cattolico nei campi di rifugiati»; e non mancavano di annunciare che alcuni dei convertiti avrebbero incontrato il Papa la settimana successiva.

Il vescovo Hindsight stava preparando l'omelia del venerdì (il giorno di precetto nel mondo islamico) quando ricevette un messaggio da un amico giornalista tedesco, che chiedeva:

– «Mi potrebbe fare un commento su quanto è stato detto oggi in Vaticano sui musulmani convertiti al cristianesimo?».

Prima di rispondere, il vescovo cercò nel sito www.newsva.va ma non trovò niente di clamoroso. Quindi, scrisse «convertiti musulmani vaticano» nella finestra del motore di ricerca, e vide una lunga lista di siti informativi con la notizia.

– «Mio Dio! – esclamò il vescovo –. Ma non si rendono conto di cosa può significare questo per noi?».

Il giorno dopo, Hindsight fu subissato di telefonate da parte di sacerdoti sparsi in tutto il Vicariato, che si dicevano preoccupati per quanto sarebbe potuto accadere per quelle dichiarazioni fatte proprio di venerdì, giorno santo per l'Islam.

Ricevette anche una telefonata del tutto speciale, dall'ufficio dello sceicco, con la quale veniva informato di recarsi al palazzo per un incontro urgente.

Nel frattempo, a Roma, cominciarono ad arrivare in sala stampa richieste di accreditamento da emittenti televisive del mondo arabo (*Al-Jazeera*, *Al-Arabiya* e altre) per poter riprendere l'udienza di mercoledì successivo; mentre il portavoce vaticano intanto riceveva diverse *e-mail* e telefonate a proposito delle parole pronunciate dal professore americano.

Domande

Come pensi che si svilupperà la controversia nelle reti sociali, nelle televisioni e nei media occidentali, e nel resto del mondo?

Cosa dovrebbe fare il vescovo Hindsight?

Quali consigli daresti al portavoce vaticano?

38. Sophia: identità cristiana e nuovi valori[1]

Fondata nel 1924 dall'arcivescovo Raphaël Martin, l'Universitè Sophia (da non confondere con l'Università giapponese Sophia, fondata dai gesuiti nel 1913, o con l'Istituto Universitaire Sophia, creato nel 2007 dal movimento cattolico dei Focolari) è un'università privata, con 13.700 studenti, 1.250 docenti e 3.400 dipendenti. Ha iniziato con tre sole facoltà: giurisprudenza, lettere e teologia, ma oggi è diventata un'università di medie dimensioni, con quindici organismi, tra facoltà e centri di ricerca.

Gli studenti provengono principalmente dalla Francia e dalla vicina Svizzera (74%). Il restante terzo proviene da altri paesi francofoni (12%) o sono studenti che, dopo aver conseguito il diploma di maturità in uno dei migliaia *di Lycées Français* sparsi per il mondo, decidono di ricevere un'istruzione superiore anche in francese (14%).

Sophia gode di una buona posizione nelle classifiche QS, Shanghai e altre classifiche universitarie, che la collocano regolarmente tra le prime 50 università europee e nella fascia 501-1000 delle università del mondo.

La riserva di benevolenza accumulata da Sophia è notevole. Più di 9.000 ex studenti hanno aderito all'Associazione Alumni e, in cambio di un piccolo contributo mensile a sostegno dell'università, possono partecipare a un intenso programma di attività di ogni tipo: accademiche, culturali, artistiche, filantropiche, religiose, ecc. Inoltre, circa 50 aziende e istituzioni senza scopo di lucro fanno parte dell'*Association des Bienfaiteurs de Sophia*, una piattaforma di *networking* e raccolta fondi a beneficio sia dei soci che di Sophia.

---

[1] Riproduzione parziale di Guzik (2023), "To Club or not to Club, That Is the Question", *Cultural and Religious Studies*, 11, 5, May 2023.

Questa piattaforma è il motivo principale per cui il governo locale e i politici mantengono buoni rapporti con l'università. A contribuire a questi forti legami con le autorità locali è anche l'intenso coinvolgimento di insegnanti e studenti in progetti sociali pubblici in materia educativa e di salute.

Infine, Sophia intrattiene rapporti amichevoli con le altre università della città, due statali e tre private, e collabora con istituzioni nazionali e internazionali in progetti di ricerca.

Mission e vision: l'identità di Sophia

L'identità cattolica di Sophia è motivo di orgoglio per i docenti, per il personale e, in una certa misura, per il corpo studentesco. Valori cristiani come la centralità della persona, il rispetto e la tolleranza ispirano la vita del campus a tutti i livelli.

Un generoso programma di borse di studio aiuta gli studenti di talento provenienti da contesti svantaggiati o con disabilità a coprire le tasse scolastiche e le spese di soggiorno e facilita un ambiente altamente inclusivo.

I conflitti sono generalmente risolti in uno spirito di collaborazione, le proteste pubbliche e i boicottaggi sono rari e il tasso di criminalità è venti volte inferiore a quello delle due università pubbliche della città. Inoltre, la proprietà ecclesiale aiuta a ridurre la politicizzazione che altre istituzioni accademiche hanno subito negli ultimi decenni.

Sophia è un'oasi sereno e allegro, in cui è possibile studiare, prepararsi alla vita professionale e sviluppare competenze culturali, artistiche e sportive. Un ambiente molto apprezzato da insegnanti, personale, studenti e dai loro genitori.

Tutto ciò non significa che tutto il personale dell'università sia cattolico praticante. Questa era la norma fino a una generazione fa, ma non più. I tassi di pratica religiosa sono più alti della media nelle città francesi, ma una percentuale significativa di personale non pratica molto, e anche alcuni dipendenti sono divorziati e risposati. Inoltre, alcuni membri della facoltà sono luterani, ebrei, musulmani o... Niente affatto.

Per garantire l'ispirazione cristiana, alla firma del contratto i neoassunti devono accettare non solo gli impegni etici standard e certificare l'assenza di precedenti penali, ma anche alcune regole specifiche: accettare e sostenere la missione e la visione dell'università; non insegnare, pubblicare o sostenere pubblicamente nulla che sia in contraddizione con i valori cattolici; ed evitare lo scandalo nella loro vita personale.

Dal punto di vista studentesco, solo una minoranza sceglie Sophia principalmente per il suo spirito cattolico. Per il resto, è una combinazione di tradizioni familiari (molti studenti di Sophia sono figli di Alumni), buona posizione (in una delle principali città europee, con uno stile di vita moderno, ottime infrastrutture e ben collegata) e ben piazzata nei ranking.

Poi, le tasse scolastiche sono ragionevoli: non possono competere con università pubbliche quasi gratuite, ma sono inferiori rispetto ad altre università private della regione, rivolte ai giovani delle classi superiori.

Questo mix attrae ogni anno un gruppo molto eterogeneo di studenti, che potrebbero essere divisi in tre gruppi, di dimensioni simili: cattolici praticanti; cattolici non praticanti e altri cristiani; e membri di altre religioni o di nessuna.

Per questi ultimi due gruppi, i motivi principali per studiare a Sophia sono i ranking, le tasse scolastiche moderate, il suo generoso programma di borse di studio... e l'efficacia del dipartimento incaricato di aiutare gli studenti a trovare un lavoro dopo la laurea: il 74% degli studenti trova lavoro in meno di tre mesi dopo la graduazione.

la cappellania di Sophia è piuttosto attiva: il fatto che un terzo degli studenti del campus siano cattolici praticanti significa un tasso tre volte superiore a quello della città. Oltre a due messe quotidiane nel campus, i cappellani fanno lezioni di catechismo per gli studenti che hanno chiesto il battesimo, la cresima o il matrimonio (soprattutto studenti post-laurea) e ritiri spirituali. Ma il ruolo principale dei cappellani è l'accompagnamento spirituale: c'è sempre un sacerdote disponibile per orientarsi, ascoltare le confessioni o semplicemente chiacchierare davanti a un caffè... o una birra.

Sophia promuove inoltre numerosi progetti di solidarietà sia in città che all'estero. La sua associazione di volontariato, fondata quasi trent'anni fa, ha moltiplicato le sue attività su insistenza di papa Francesco per aiutare i poveri e gli scartati.

Governance

Sophia ha un consiglio di amministrazione nominato dall'arcivescovo, che è il gran cancelliere. Il compito principale del consiglio è quello di garantire che Sophia duri per sempre... e rimanga cattolica. A tal fine, il consiglio presta particolare attenzione alla sostenibilità economica, alla qualità dell'educazione impartita e alla fedeltà alla propria identità cattolica.

Mentre il consiglio si riunisce solo quattro volte all'anno, il comitato esecutivo dirige la vita quotidiana di Sophia. Nove persone si incontrano ogni venerdì per (almeno) un paio d'ore: il rettore; tre prorettori (per docenti, studenti ed ex alunni); i direttori dei dipartimenti finanziario, risorse umane, operazioni e comunicazione; e un segretario generale responsabile delle questioni giuridiche e delle relazioni con il consiglio.

Attualmente il rettore è Thérèse Chateaubriand, prestigiosa professoressa di mineralogia, le cui ricerche sui sistemi magmatici sono pubblicate su riviste scientifiche Q1. Il suo mandato quattriennale sta per scadere, i suoi risultati alla guida di Sophia sono stati notevoli e il suo rinnovo per un secondo mandato è all'ordine del giorno della prossima riunione del consiglio.

Infine, l'assemblea universitaria, composta dal comitato esecutivo più i presidi delle quindici facoltà e centri, e due rappresentanti dei docenti, del personale e degli studenti, eletti democraticamente dai loro pari.

Alleanze internazionali

Sebbene Sophia sia un ente completamente autonomo, fa parte di una rete internazionale di università cattoliche in paesi francofoni: altre due in Francia, una in Belgio, Canada, Haiti e Svizzera, e tre in più in Africa.

La rete è nata subito dopo la Seconda guerra mondiale. Alla fine del conflitto, tre ex cappellani di Sophia si recarono in Africa come missionari, e pochi anni dopo furono nominati vescovi. Per loro è stata la cosa più naturale andare nella loro *alma mater* in cerca di aiuto: formare professori. L'arcivescovo dell'epoca disse di sì, e molti dottorandi provenienti da quei paesi vennero a studiare a Sophia. Poi, quando sono tornati come professori, hanno avviato le proprie università cattoliche.

Ben presto, alcune altre diocesi europee, americane e africane chiesero sostegno per avviare nuove università, e la generosità e la filosofia della condivisione di Sophia portarono a una fiorente rete di università sorelle (anche se, propriamente parlando, Sophia era più una madre che una sorella).

Ora, i suoi rettori si incontrano una volta all'anno durante la Pasqua, ogni volta in una città diversa, per discutere nuove iniziative, approfittando delle sovvenzioni dell'UE per progetti internazionali di formazione degli insegnanti e di ricerca scientifica. All'interno della rete, tutte le università sorelle sono uguali ma, per ragioni storiche ed emotive, Sophia occupa un ruolo unico tra loro, una sorta di *prima inter pares*. Ciò che il rettore di Sophia dice all'incontro annuale o negli scambi di e-mail ha un peso e un'autorità speciali, che le impongono un dovere di essere esemplare.

Dati finanziari

Sebbene Sophia sia un'istituzione senza scopo di lucro, di proprietà dell'arcidiocesi attraverso un trust, le sue finanze sono indipendenti. L'arcivescovo che lo fondò quasi un secolo fa chiese alle autorità accademiche di affrontare il progetto da cima a fondo:

> «Vi ho dato il terreno e il primo edificio, ma d'ora in poi Sophia tocca a voi. Non aspettatevi soldi dal bilancio dell'arcidiocesi, già impegnato negli stipendi e le pensioni dei miei sacerdoti, nella costruzione di nuove chiese o nel sostegno ai nostri missionari all'estero. È la vostra università; dovrete trovare un modo per coprirne le spese».

Da allora, gli arcivescovi successivi hanno mantenuto questo approccio. Se alla fine dell'anno i risultati sono positivi, gli utili vengono reinvestiti in personale, strutture e progetti di ricerca; in caso contrario, prendono in prestito denaro o devono fare tagli per ridurre le spese (ma non possono vendere proprietà, secondo la legge canonica).

Fin qui tutto bene: oggi, quello che un tempo era un predio vuoto con un palazzo vecchio, ora ha dodici edifici moderni, buoni impianti sportivi e un auditorium con una capacità di

1.500 persone, spesso ceduto alle istituzioni locali per i loro eventi artistici e culturali.

Il budget annuale per l'anno accademico 2021-22 prevede 260 milioni di euro di entrate e 245,7 milioni di euro di spese. Agli studenti sono stati addebitati 3.790 euro di tasse universitarie per l'anno accademico. Sophia dedica una cifra significativa alle borse di studio per attrarre i migliori candidati: ad esempio, il 29% degli studenti universitari ne gode una. Nei *master* per laureati, l'aiuto finanziario si basa più sul merito che sul bisogno e può assumere molte forme, tra cui borse di studio, tirocini di ricerca e prestiti.

Le tasse scolastiche rappresentano solo il 66% delle entrate di Sophia. Il resto proviene dalle donazioni degli Alumni (18%) che coprono le borse di studio; e il programma di sponsorizzazione, in cui aziende nazionali e locali sostengono progetti di ricerca, la costruzione di nuovi edifici e la manutenzione delle strutture.

Non tutte le facoltà sono uguali in termini economici. Quella con il budget più grande è medicina con il suo ospedale (170 milioni di euro). I restanti 90 milioni di euro corrispondono alle altre quattordici facoltà, in proporzioni abbastanza simili.

I club studenteschi

Sebbene ci siano numerose associazioni attive nel campus, i club universitari svolgono un ruolo fondamentale nella vita degli studenti al di fuori delle aule. Furono creati diversi decenni fa per incanalare gli interessi professionali considerati chiave per le future carriere degli studenti: robotica, innovazione, energia, lusso, venture capital, settore sanitario... o da un punto di vista geografico: il Club Asia, il Club Africa, ecc. Tutti sono legati a opportunità di carriera, con due eccezioni: il *Club des femmes de Sophia* per gli studenti universitari e il *Club Familles et Partenaires* per gli studenti post-laurea.

Sophia abbraccia e promuove attivamente i club come parte integrante dell'esperienza studentesca nel campus. Per questo motivo, l'università concede loro uno status speciale, più istituzionale rispetto alle altre associazioni studentesche come quelle sportive, di teatro, di musica, di gastronomia, etc., che organizzano pure molte attività, ma senza sostegno ufficiale.

I club sono organismi autogestiti, non supervisionati dal rettorato, che possono organizzare attività nei locali dell'università, utilizzare il logo ufficiale per i loro dépliant, invitare personalità prestigiose a tenere conferenze per i membri del club e i loro amici, organizzare viaggi in centri globali come Londra, Milano o la Silicon Valley e organizzare eventi di *networking* con aziende, e Sophia copre il 50% delle loro spese. Inoltre, hanno una propria sezione sul sito ufficiale dell'università, dove pubblicizzano le loro iniziative.

Negli ultimi dieci anni, la Prof.ssa Rosemary Mercier è stata coinvolta nel comitato di coordinamento tra i rappresentanti degli studenti e il consiglio universitario dal 2012, probabilmente perché era una delle professoresse più giovani e popolari della facoltà di economia (e probabilmente anche perché è una donna, anche se nessuno del comitato esecutivo oserebbe menzionarlo).

Il suo carattere calmo, l'apertura mentale, l'empatia, le capacità di negoziazione e l'atteggiamento sempre amichevole l'hanno aiutata a diventare prima un membro indispensabile del comitato, e dal 2019 la sua presidente, come vicerettore per gli studenti.

All'inizio di ogni mese di giugno, la vicerettrice riceve numerose richieste di creazione di club, e lei decide quali saranno operativi nell'anno accademico successivo. Secondo il *Campus Handbook* (un documento sulla vita universitaria disponibile sul sito web di Sophia), le richieste devono dimostrare che un numero rilevante di studenti sostiene una proposta, spiegare l'interesse professionale che desiderano perseguire con il club e impegnarsi a rispettare la legge e il codice di condotta dell'università.

Gli studenti chiedono un club LGBTQ+

La prima richiesta di creare un club LGBTQ+ è arrivata nel 2009. Il comitato esecutivo rispose negativamente quasi immediatamente: non aveva abbastanza firme di studenti per sostenere la petizione, e la spiegazione delle ragioni («un luogo per esprimere la nostra identità nel campus») non rientrava in nessuno degli obiettivi dei club contemplati nel Manuale.

Forse per questo, o perché all'epoca solo le università statali francesi avevano approvato richieste simili ai loro studenti LGBTQ+, gli studenti di Sophia che hanno firmato la petizione non l'hanno presa male. Hanno continuato a incontrarsi in pub e altri spazi non di proprietà universitaria e in residenze private; e hanno ospitato i loro eventi Pride fuori dal campus.

Nell'ultimo decennio si sono verificati molti cambiamenti sociali e giuridici. Dopo intense campagne di sensibilizzazione, i diritti LGBTQ+ sono stati accettati da tutti i partiti politici rappresentati nell'*Assamblée Nationale* (la camera bassa del parlamento francese); nel 2013 è stato approvato il matrimonio tra persone dello stesso sesso e nel 2020 è stata approvata la legge antidiscriminazione, che include la discriminazione basata sull'orientamento sessuale. Oggi la Francia è considerata un *paese LGBTQ+-friendly*, meno favorevole della Germania o della Spagna, ma più del Regno Unito, dei Paesi Bassi o dell'Italia (almeno secondo le statistiche).

Il numero di persone LGBTQ+ è cresciuto solo leggermente, ma oggi l'85% dei francesi di età inferiore ai 25 anni considera i diritti LGBTQ+ fondamentali per la democrazia quanto la libertà di espressione. Pertanto, i club LGBTQ+ non sono più l'eccezione, ma la regola nella maggior parte dei campus francesi.

Questo è anche il caso di altre università cattoliche, in Francia e all'estero. La prima università cattolica ad accettare un club LGBTQ+ è stata la Fordham University nel 1990; anche se il grande cambiamento è avvenuto quando Georgetown (anch'essa gestita dai gesuiti) ha creato nel 2008 il «Centro risorse LGBTQ, che serve lesbiche, gay, bisessuali, transgender, queer e persone interrogative».

Ben presto, altre università cattoliche seguirono il suo esempio, negli Stati Uniti (come la Holy Cross, l'Università di Notre Dame o l'Università di San Tommaso) e in Europa, come l'Università Cattolica di Lovanio, anche se non tutte. Oggi, non poche università cattoliche hanno un club o un centro impegnato a creare un ambiente sicuro e inclusivo per gli studenti LGBTQ+; e alcune sono addirittura ben posizionate nelle classifiche delle università *gay-friendly*.

LGBTQ+ e chiese cristiane

La comunità LGBTQ+ non ha mai considerato la Chiesa cattolica come uno dei suoi alleati. Per secoli, tutte le denominazioni cristiane (così come l'ebraismo e l'islam), hanno condiviso una visione negativa dell'omosessualità, accettando l'affermazione della Bibbia nel libro della Genesi secondo cui gli atti omosessuali sono «atti di grave depravazione» e, per questo motivo, intrinsecamente disordinati; e la sua conferma nelle lettere di San Paolo.

L'influenza del secolarismo, delle tendenze sociali e del pensiero liberale sulle denominazioni cristiane ed ebraiche dopo la seconda guerra mondiale e in particolare dopo la rivoluzione sessuale degli anni '60 ha causato la maggior parte di esse, sia in Europa (presbiteriani, luterani, chiese riformate in Danimarca, Francia, Islanda, Norvegia, Svizzera, Svezia, ecc.) che nelle principali chiese protestanti negli Stati Uniti e in Canada, cambiassero le loro posizioni, e ora considerano l'omosessualità come naturale, e benedicono persino le unioni tra persone dello stesso sesso e le considerano matrimoni. Ad esempio, i vescovi della Comunione anglicana si sono riuniti nel 2022 per discutere su questo argomento, e hanno concluso che erano d'accordo che erano in disaccordo.

Anche le chiese evangeliche sono divise: le loro posizioni sull'omosessualità vanno da quelle liberali a quelle moderate a quelle fondamentaliste, e anche alcune denominazioni evangeliche hanno adottato posizioni neutrali, lasciando la scelta alle comunità locali.

All'inizio del terzo millennio, solo le Chiese cattoliche e ortodosse (insieme a una manciata di battisti meridionali e altre denominazioni cristiane, e alcuni settori dell'ortodossia ebraica) perseverano nella loro posizione originale, basata su testi biblici espliciti e su un'antropologia che sostiene che l'identità sessuale è profondamente radicata nell'anima. Nella psiche e nel corpo di ogni persona, l'attività sessuale ha senso solo come espressione fisica di un impegno totale, ed è quindi accettabile (e persino santa) solo tra un uomo e una donna sposati tra loro, e aperti a generare vita.

La posizione cattolica è affermata nel Catechismo della Chiesa Cattolica come segue:

> [Gli atti omosessuali] «sono contrari alla legge naturale (...). In ogni caso, non possono ricevere l'approvazione. (...) [Gli omosessuali] dovrebbero essere accolti con rispetto, compassione e delicatezza. Deve essere evitato qualsiasi segno di discriminazione ingiusta nei loro confronti».

Nel secondo decennio del XXI secolo, tuttavia, le cose sembrano in evoluzione anche nel mondo cattolico. Durante il pontificato di Francesco, il papa ha spesso insistito con parole e gesti sull'importanza dell'accoglienza e dell'inclusione, e ha esortato le autorità e le istituzioni ecclesiastiche a fare lo stesso. Simultaneamente, Francesco ha mantenuto l'insegnamento cattolico tradizionale sull'omosessualità, ilché ha creato una certa confusione nelle comunità LGBTQ+.

Un altro segno di questa nuova sensibilità cattolica sul tema sono alcuni nuovi contributi teologici e alcune dichiarazioni di importanti autorità cattoliche, che hanno affermato che «la posizione della Chiesa sulle relazioni omosessuali è errata, ed è giunto il momento di rivederla» (Cardinale Jean Claude Hollerich); «L'omosessualità non è un peccato. È un atteggiamento veramente cristiano quello delle persone che, indipendentemente dal loro genere, si sostengono nella gioia e nella tristezza»; e il Catechismo deve essere cambiato poiché «non è scritto nella pietra» (Cardinale Reinhard Marx).

Inoltre, alcune conferenze episcopali come la belga e diocesi europee non lontane da Sophia benedicono le unioni omosessuali, e un vescovo, recentemente creato cardinale, ha commentato che «la Chiesa dovrebbe chiedere scusa alla comunità LGBTQ+» (Robert McElroy).

In molti ambienti cattolici c'è la sensazione che ci troviamo in una situazione fluida, e che questo argomento, insieme ad altre questioni legate alla sessualità, sia completamente aperto alla discussione.

L'altro ieri (anno accademico 2020-21)

Negli ultimi anni, le richieste degli studenti di Sophia di approvare un club LGBTQ+ sono diventate sempre più pressanti. Non solo hanno ricevuto il sostegno di molti studenti al di fuori della comunità LGBTQ+, ma anche perché sono stati presentate in un modo diverso: come un vero club professionistico.

Secondo la domanda presentata al termine della stagione 2020-21, l'obiettivo del club era triplice:

- Affermare l'identità di ciascuno e facilitare l'assistenza mutua e da parte dell'università alle persone diverse.
- Organizzare attività accademiche per saperne di più sulle migliori pratiche di diversità e inclusione nei diversi settori economici.
- Facilitare l'assunzione di aziende e istituzioni che cercano specificamente candidati LGBTQ+: colloqui di lavoro, visite aziendali, ecc.

Per i promotori dell'idea, avere un club del genere significherebbe molto in termini di riconoscimento pubblico. Molti studenti che si sono fatti avanti come LGBTQ+ alla Prof.ssa Mercier le hanno detto che si sentono davvero accolti a Sophia: l'atmosfera è accogliente e solidale, i docenti e il personale parlano con loro con rispetto e non hanno mai trovato nulla di offensivo nei materiali didattici. Alcuni studenti di scambio hanno persino riconosciuto di essere stati trattati meglio nel campus Sophia che nelle loro università di origine. Ma pur non subendo alcuna discriminazione personale, considerano il club assolutamente necessario in termini di dignità collettiva.

Dopo aver ricevuto questa richiesta, il Prof. Mercier l'ha portata alla successiva riunione del comitato esecutivo all'inizio di luglio 2021. Nel suo discorso, dopo aver spiegato la richiesta degli studenti, ha elencato tre possibili linee d'azione.

Prima: accettare e approvare il club Sophia LGBTQ+ per il prossimo anno accademico (2021-22). A suo avviso, questa decisione sarebbe accolta calorosamente dagli studenti e da non pochi membri della facoltà, ma creerà polemiche con altri studenti e docenti e tra le altre parti interessate: genitori, benefattori, università sorelle e, soprattutto, il consiglio di amministrazione di Sophia, che potrebbero pensare che potrebbe compromettere l'identità cristiana dell'università.

Seconda: rifiutare la richiesta, partendo dallo spirito cattolico di Sophia, o dando qualsiasi altra spiegazione adeguata, come il fatto che tutti i club erano orientati all'industria (tranne forse il club femminile). In questo caso, le manifestazioni studentesche e il boicottaggio dei social media potrebbero creare una polemica pubblica con conseguenze sconosciute (attenzione da parte delle autorità di regolamentazione e degli organi di vigilanza francesi, disaccordo con le aziende che assumono laureati e persino con le agenzie di classificazione).

Terza: negoziare un'offerta intermedia: creare un club per la diversità e l'inclusione, in cui gli studenti possano studiare e discutere questioni professionali e personali relative a tutti i tipi di discriminazione (es. genere, abilità, età, etnia, religione, lingua, ecc.) senza ridurli all'orientamento sessuale. Inoltre, il vicerettore potrebbe anche ricordare agli studenti che chiunque può riservare un'aula o qualsiasi altro spazio per qualsiasi tipo di riunione, semplicemente assicurandosi che non si stia facendo nulla di illegale (e non c'è bisogno di indicare un motivo per chiederlo).

La Prof.ssa Mercier ha concluso il suo intervento dicendo:

> «Come cattolica, accetto tutte le conseguenze dell'identità di Sophia, anche se danneggiano la nostra reputazione. Allo stesso tempo, sarei la sostenitrice numero uno della richiesta degli studenti se qualcuno mi dimostrasse che non contraddice i nostri valori. Il mio problema è che sono docente di economia, non di teologia morale. Quindi mi sento un po' insicura su dove tracciare la linea rossa».

La rettrice e il suo comitato esecutivo hanno deciso che non c'era abbastanza tempo per la necessaria consultazione con tutte le parti interessate prima dell'inizio del prossimo anno accademico (2021-22). Tutti sarebbero andati in vacanza nel giro di poche settimane...

Inoltre, chiedere una risposta urgente al consiglio non solo richiederebbe mesi, ma potrebbe provocare alcune reazioni inaspettate e persino bloccare alcune decisioni più pratiche riguardo alla questione in gioco.

Il comitato ha quindi chiesto alla Prof. Mercier di presentare l'opzione c) agli studenti all'inizio del prossimo anno. Dopodiché sono andati tutti in vacanza.

Ieri (anno accademico 2021-22)

La Prof. Mercier ha incontrato gli studenti nel settembre 2021. L'incontro si è concluso con sentimenti contrastanti: da un lato, i rappresentanti degli studenti hanno visto che il loro ateneo stava facendo piccoli passi nella giusta direzione, e per la prima volta potrebbero organizzare attività nell'ambito del nuovo centro; dall'altro, erano scontenti che la propria università discriminava un gruppo di loro.

Rosemary non ha menzionato le credenze religiose tra i motivi del rifiuto della domanda. Ma gli studenti sospettavano che il vero problema fosse lì. Qualcosa di confuso proprio perché la maggior parte delle università cattoliche non erano così intransigenti.

L'anno accademico 2021-22 si è svolto serenamente. L'unica relatrice invitata dal gruppo LGBTQ+ è stata una professionista molto prestigiosa, che ha condiviso le sue opinioni ed esperienze su come combattere la discriminazione nelle grandi multinazionali.

La piccola folla che partecipò alla conferenza la trovò stimolante e utile, e la stessa Mercier (che fece l'introduzione) non trovò nulla di rifiutabile o riprovevole. Al contrario, la maggior parte delle sue raccomandazioni erano completamente in sintonia con gli ideali cristiani!

L'unico incidente degno di nota è stato un post su Facebook di «Sophia LGTBQ & Allies – Out for Business» all'inizio della Pride Week, con una foto di circa 90 studenti in abiti multicolori di fronte all'edificio principale dell'università, invitando tutti a una «settimana orgogliosa piena di eventi diversi».

L'uso del logo dell'università con i colori dell'arcobaleno e lo sfondo della foto ha causato un po' di rumore sui social media perché sembrava abbastanza ufficiale. Fortunatamente, dopo aver parlato con Mercier, il dipartimento di comunicazione di Sophia ha deciso di non reagire in alcun modo, e nel giro di un paio di giorni la polemica si è placata da sola.

Oggi (giugno 2022)

La professoressa Mercier è appena tornata alla sua scrivania. Il suo incontro con i rappresentanti della Sophia Student Pride Association (AOES) non è andato come previsto.

Mercier sperava che le concessioni che il comitato della rettrice aveva fatto nel 2021 all'AOES sarebbero state accolte con apprezzamento, o almeno con abbastanza comprensione da raffreddare la temperatura della discussione. Invece, la conversazione è stata ancora più conflittuale dell'incontro alla fine dello scorso anno accademico.

Le ultime parole di Andrea Huber, presidente di AOES (che è anche membro del consiglio dell'università, eletto dagli studenti) risuonano ancora nelle orecchie di Rosemary:

> «Vogliamo un club LGBTQ+, e lo vogliamo per l'inizio del prossimo anno accademico. Lo chiediamo da anni, e non capiamo perché ci si metta così tanto ad accogliere la nostra richiesta. Quasi tutte le università del paese ne hanno uno, così come molte università cattoliche in tutto il mondo».

Mercier aveva davanti a sé il compito di riassumere alla rettrice come era andata la riunione e presentare il documento che gli studenti gli avevano consegnato con le loro domande e, più difficile ancora, preparare una proposta operativa. Perché Mercier ne era sicura: le concessioni fatte l'anno scorso non avevano chiuso la questione, e le spade erano ancora alzate.

Domande

Quali sono i rischi di accettare o rifiutare la richiesta?

Può un'università cattolica accettare la creazione di un club LGBTQ+ senza tradirne i principi?

Come e a chi comunicherebbe la decisione dell'università?

39. Vendita irregolare

Fra' Stefan Nemanja, di trentaquattro anni, della provincia religiosa di Doclea in Iliria e parroco di Assunzione della beata Maria Vergine a Kotor, era stato sempre conosciuto come un *playboy*. Portava vestiti di pregio, guidava macchine di grossa cilindrata, ed era accompagnato da avvenenti donne. Ogni tanto era nell'occhio del ciclone, come quando due anni prima era stato picchiato da un signore in un bar mentre il religioso era in compagnia di sua moglie.

La mattina del 16 ottobre, i giornali locali pubblicarono la notizia che fra' Stefan aveva venduto per 1.300.000 € un terreno di ben 40.000 metri quadri appartenente alla parrocchia, ed era poi sparito con i soldi, in compagnia di una donna sconosciuta.

A seguito della notizia, la provincia religiosa e la diocesi avevano diffuso contemporaneamente un comunicato stampa in cui ammettevano che fra' Stefan aveva venduto il terreno senza le autorizzazioni previste da parte della diocesi e della provincia; chiedevano scusa per lo scandalo, e rassicuravano i fedeli che era stato già avviato l'iter giudiziario per rendere nullo l'atto di vendita.

Il giorno dopo, la polizia l'aveva rintracciato grazie al cellulare e lo aveva arrestato a Rascia nell'appartamento di una persona amica. In seguito, si era scoperto che il 5 aprile dell'anno precedente, fra' Stefan aveva venduto senza permesso quel terreno della diocesi a un certo Danilo Petrovic con l'aiuto di Milena Jovanovic, la misteriosa donna che aveva accompagnato il religioso nella sua fuga.

Era stata, infatti, Milena, che lavorava in una succursale bancaria del luogo, a presentare fra' Stefan al signor Petrovic, uomo di affari e suo cliente; la stessa, poi, aveva facilitato l'accordo economico e il pagamento.

Dopo la vendita, e sempre secondo i giornali, fra' Stefan aveva trasferito i soldi dal conto della parrocchia al suo conto personale, una parte a maggio e la restante parte ad agosto; dopodiché era scappato con Milena. Tra il primo e il secondo prelievo aveva comprato una Volkswagen Passat, per la quale aveva pagato circa 55.000 €, ed aveva versato 280.000 € sul conto di Milena, e con quelli lei aveva restituito un debito di 40.000 € ed acquistato una barca di nome *Happy Ending* per 60.000 €.

Dopo la cattura, fra' Stefan era stato portato al carcere di Danilovgrad con l'accusa di vendita fraudolenta di beni ecclesiastici. Qualche giorno dopo, Milena si era consegnata alla polizia al rientro da un viaggio in Svizzera.

Il giudice, dopo l'interrogatorio, aveva concesso la condizionale, ritirato il passaporto a fra' Stefan, e proibito Milena di lasciare il Paese. In seguito a questa vicenda, fra' Stefan era stato sospeso dalla diocesi e trasferito in un convento dove un frate lo avrebbe accompagnato nella sua penitenza come guida spirituale.

La causa ebbe inizio il 9 gennaio successivo. Fra' Stefan fu accusato di malversazione di fondi e abuso della sua posizione di parroco, mentre Milena di istigazione a delinquere. Tutti e due si dichiararono non colpevoli.

I giornali seguirono da vicino tutta la vicenda processuale. L'interesse principale era sapere dove erano andati a finire i soldi, perché non furono mai ritrovati.

Invero, fra' Stefan affermò che li aveva regalati a tredici famiglie povere, 100.000 € ad ognuna, ma non aveva mai voluto rivelarne i nomi. Questa affermazione di fra' Stefan venne confermata dal superiore della sua provincia religiosa Doclea, fra' Sava Kovacevic.

I media diedero anche speciale rilievo alle dichiarazioni del vicario generale della diocesi, don Milovan Dapcevic, che affermava di aver saputo della vendita del terreno solo dai giornali, e che fra' Stefan non aveva nessuna autorizzazione per farlo.

Venne fuori, intanto, che due mesi prima della vendita, il vescovo aveva chiesto a fra' Stefan di cambiare parrocchia perché non era contento del suo lavoro pastorale, ma il religioso si era rifiutato di obbedire. Inoltre, un membro del consiglio economico parrocchiale aveva testimoniato che, in un'occasione, il frate aveva manifestato al consiglio il suo desiderio di vendere il terreno e ampliare la chiesa con il prezzo della vendita, ma poi non se ne era più parlato.

Da parte sua, il compratore del terreno disse che i suoi avvocati avevano controllato tutti i documenti e le autorizzazioni necessarie per l'acquisto, e che fra' Stefan aveva tutte le carte in regola. Poi, su richiesta di fra' Stefan, i suoi rappresentanti avevano preso accordi con Milena Jovanovic per il pagamento in banca.

Dal primo comunicato stampa diffuso il 17 ottobre, né la diocesi né la provincia religiosa avevano voluto fare commenti al riguardo, perché – disse il portavoce diocesano – «la cosa è *sub iudice* e non si deve interferire con l'inchiesta ufficiale».

Tra il clero regnava un forte stato confusionale. Le notizie pubblicate fino ad allora dai giornali erano contraddittorie. Tant'è vero che tra i sacerdoti che lavoravano alla diocesi, i pareri erano molto diversi.

Per alcuni, la vendita aveva tutte le autorizzazioni (così hanno dimostrato gli avvocati del signor Petrovic) però una volta fatta la vendita, fra' Stefan si era trattenuto i soldi. Perciò, il vescovo l'aveva voluto trasferire in un'altra parrocchia e recuperare il denaro, per risolvere la vicenda senza rendere pubblico il problema.

Altri invece pensavano che fra' Stefan si era innamorato di Milena ed aveva venduto il terreno per scappare con lei e iniziare una nuova vita. Perciò i soldi non si trovavano: erano stati portati da Milena in Svizzera e coperti dal segreto bancario svizzero.

Infine, non mancava neppure chi affermava che era vero che fra' Stefan aveva dato i soldi ai poveri della parrocchia, come confermato dal suo superiore, perché la proprietà era in disputa tra la diocesi e la provincia religiosa. Ma ora la cosa era sfuggita dalle mani della Chiesa, e non si sapeva come sarebbe andata a finire.

L'opinione pubblica nella regione si stava scaldando: aumentavano i commenti negativi sul modo in cui la diocesi stava gestendo questa vicenda nei giornali, nelle riviste e nelle televisioni e nei *social networks*. I giornalisti erano arrabbiati perché ormai nessuno in diocesi prendeva il telefono o rispondeva alle richieste inviate per fax.

A questo punto, il vescovo chiamò Peko Vikmanovic, responsabile dell'ufficio per le comunicazioni della conferenza episcopale dell'Iliria, e gli chiese un parere su cosa fare.

Domande

Quali elementi non possono mancare nel piano di risposta della diocesi sulla vicenda?

Quali sarebbero i momenti più opportuni per informare i pubblici prioritari?

Cosa dovrebbero fare la provincia e la diocesi quando tutto sarà passato?

40. In difesa della vita

Alle ultime elezioni, tenutesi sei mesi fa, è stata eletta una nuova presidente, con questo messaggio: «Il nostro grande nemico è la disuguaglianza e sconfiggerla segna il mio nord».

Nei primi cento giorni del suo mandato era decisa a mettere in atto i due obiettivi principali del suo programma elettorale: la riforma fiscale, affinché i ricchi pagassero più tasse, e la legalizzazione dell'aborto in caso di violenza sessuale, rischio di vita per la madre e malformazione del feto.

Per la nuova presidente, la riforma fiscale dovrà finanziare anche il sistema scolastico pubblico come aveva promesso in campagna elettorale. Così lo spiegò a *El País*:

> «Probabilmente tutti pensavano che non l'avrei fatto e che era solo una promessa da campagna elettorale. Credo davvero che le riforme tributarie siano la chiave per il cambiamento, ma siamo molto aperti ad ascoltare tutti i settori. Quello che non siamo disponibili a fare e rivedere quello che consideriamo il cuore della riforma».

In agenda ha messo anche una delle sue grandi promesse elettorali, la legalizzazione dell'aborto: «questa nazione è uno dei cinque Paesi al mondo in cui l'aborto è vietato in qualunque caso». La presidente non ha voluto indicare i tempi, ma ritiene che l'aborto legalizzato potrebbe divenire legge negli ultimi mesi dell'anno.

L'aborto è da decenni un tema caldo, in un paese che negli ultimi anni si è dimostrato liberale in campo economico e conservatore in quello sociale. Per esempio, è stato tra gli ultimi dell'America Latina a legalizzare il divorzio (nel 2004) e solo lo scorso anno ha approvato una legge contro la discriminazione.

Nella scorsa legislatura si parlava di introdurre l'aborto in occasione di due storie eclatanti: da una parte, il caso di una giovane di 13 anni, rimasta incinta dopo essere stata abusata dal padre. Dall'altra, una ragazzina violentata e rimasta incinta del suo patrigno agli undici anni. Di lei i giornali parlavano come di una vittima della Chiesa cattolica che in accordo con il dittatore, al potere da quindici anni, aveva fatto di tutto per proscrivere l'aborto in ogni caso (prima di lui, gli aborti per ragioni mediche erano legali fino al 1973). «11 anni costretta a non abortire», strillavano i titoli apparsi allora sulla stampa locale.

Non servì a molto che la stessa "Belén" (pseudonimo usato da giornali e tv per tutelare la *privacy* della minore) avesse dichiarato ai microfoni di Canal 13 che sottoporsi all'aborto sarebbe stato ancora più deleterio per lei; e spiazzando tutti i suoi presunti *difensori* dichiarò il suo amore per il figlio in grembo: «Lo amerò molto, nonostante tutto, anche se viene da un uomo che mi ha fatto del male», disse la ragazzina.

Eppure, dopo la richiesta dell'undicenne, anche chi aveva dichiarato di volerla rispettare ha continuato per la sua strada, e in quell'occasione l'allora candidata, e ora eletta alla presidenza del paese, affermò: «La misura più appropriata è l'aborto terapeutico».

La battaglia mediatica fu davvero accanita. I difensori della vita tentarono di ricordare a tutti che non esistono aborti terapeutici, dal momento che l'omicidio di un figlio non può avere effetti curativi per la madre. Da parte loro, i militanti della causa abortista fecero leva sulla presunta incoscienza della bambina.

Il governo allora in carica si rifiutò di cambiare la legge. Ma, oggi, la nuova presidente vuole fare in fretta. Già poche settimane dopo la vittoria, il progetto di legge era pronto in parlamento per la discussione in aula. I parlamentari hanno presentato una grande quantità di mozioni, sia alla camera che al senato, e il dibattito con molta probabilità sarà abbastanza lungo.

In contemporanea con le azioni in ambito politico, è scesa in campo *Amnesty International*, che ha lanciato due campagne. La prima a San Valentino, per il rispetto e l'attuazione dei diritti sessuali e riproduttivi. Le immagini fanno vedere una donna indiana che viene brutalmente violentata e assassinata; un'altra donna che muore in Irlanda in quanto le è stato rifiutato di abortire; dimostranti in Svizzera contro il desiderio dei conservatori di restringere di nuovo l'accesso all'interruzione volontaria di gravidanza legale...

Un mese dopo, al fine di sensibilizzare l'opinione pubblica nei confronti della battaglia contro lo sfruttamento e le molestie sessuali, è stata lanciata in vista dell'8 marzo, festa mondiale della donna, la campagna *My Body My Rights* (il mio corpo i miei diritti). Per questo progetto *Amnesty International* ha scelto di collaborare con Hikaru Cho, una giovane artista di Tokio, che usa il corpo umano al posto delle tele per realizzare delle opere in 3D.

Per questo speciale incarico, Hikaru Cho ha realizzato una serie di dipinti, ognuno dei quali rappresenta un diverso diritto umano. Ad esempio, in una di queste opere il viso di un ragazzo si trasforma in un bacio tra due uomini, a sottolineare il diritto di ognuno di scegliersi il proprio partner. Così l'ha spiegato la stessa artista:

> «Hai il diritto di scegliere chi amare, quale tipo di famiglia volere e di vivere libero da stupri e violenze sessuali. Spero che la mia arte possa aiutare i giovani a dare inizio ad un dibattito su questo tema».

Un po' a sorpresa, l'intervento della presidente nel dibattito sullo stato del paese (chiamato *Cuenta pública*), tenutosi il 21 maggio al Congresso Nazionale, è stato incentrato sulla pubblica istruzione, sulla riforma fiscale, sulla salute e sul nuovo censimento.

In risposta a questo discorso, l'arcivescovo della capitale nonché presidente della conferenza episcopale, Cardinal Filemón Gastón, ha sottolineato che ha sentito l'assenza nel discorso di questioni ritenute importanti:

> «Per esempio, quelle che si sentono dalla gente quando uno visita i quartieri e assiste la popolazione, il tema della violenza, il problema della droga, il tema molto sentito dell'immigrazione. Non ho sentito una parola in relazione a loro, alla loro situazione nel paese e ai problemi che sperimentano».

Riguardo alla depenalizzazione dell'aborto in caso di rischio per la vita della madre e di stupro, il cardinale ha ribadito che la prima cosa è «difendere la vita, come abbiamo fatto noi vescovi nella nostra dichiarazione».

Oltre la gerarchia, sono tante le associazioni civili di ispirazione cattolica che da anni si mobilitano in difesa della vita umana dal concepimento fino alla morte: altrimenti non sarebbe stato possibile una resistenza talmente forte nonostante le pressioni di organismi internazionali, a cominciare dalle Nazioni Unite e dalla Banca Mondiale, e di grosse corporazioni e *lobbies* multinazionali.

Ma questa volta le speranze sono poche. Quindi, si sono decisi a usare le stesse procedure degli abortisti, e chiedono a una grande agenzia pubblicitaria di preparare una campagna da lanciare nelle ultime settimane della discussione in parlamento del progetto di legge sull'aborto.

Compiti

Prepara un briefing per l'agenzia, con gli elementi fondamentali dell'incarico.

Quali sarebbero i pericoli ai quali bisognerebbe prepararsi in anticipo?

41. Meglio non fidarsi

Dal punto di vista religioso, la vita di oggi a Malta è molto simile a quella di trent'anni fa. La partecipazione alla messa domenicale è molto alta, e persino per la messa infrasettimanale e la recita del rosario le chiese sono piene di gente di tutte le età.

Certamente si nota qualche influsso negativo che deriva dall'arrivo dei tanti turisti che affollano l'arcipelago maltese alla ricerca di tranquille spiagge sul Mediterraneo e altri vari servizi come lo studio della lingua inglese. Ma i turisti di solito restano confinati nei villaggi turistici di San Gwann e San Julian, e quindi la popolazione può in un certo qual modo vivere in pace.

Anche le devozioni popolari tengono bene. Ai maltesi piacciono le processioni con le immagini della Madonna e dei santi, specialmente con quella di san Paolo, considerato il padre spirituale di tutti i maltesi (al 95% cattolici). Le strade e i vicoli si adornano con fiori, le coperte più belle si appendono ai balconi, e migliaia di persone seguono la processione del santo patrono con canti e preghiere.

I fedeli sentono forte l'appartenenza ecclesiale, come un elemento fondamentale dell'identità nazionale e culturale di Malta. Grazie alla fede hanno resistito in un contesto geografico molto complicato.

Anche i rapporti con i pastori sono buoni. Qualche anno fa ci fu un periodo difficile per via del modo lento e incerto con cui furono affrontati i casi di abusi a minori da parte di alcuni sacerdoti e religiosi, ma ora – dopo le misure prese in seguito alla visita di Benedetto XVI sull'isola – la situazione è rientrata.

L'unico attrito con l'opinione pubblica riguarda l'amministrazione dei beni della Chiesa. Sia a Malta che a Gozo (l'altra isola dell'arcipelago), ci sono tanti conventi femminili con grandi palazzi, molta terra e poche religiose.

La pressione delle amministrazioni municipali è oltremodo costante: le richieste riguardano il patrimonio artistico del paese, che per l'80% è nelle mani delle istituzioni cattoliche, affinché sia restaurato o comunque sia data la possibilità di renderlo fruibile al pubblico. Ma in molti casi ciò non è possibile: le suore sono poche e molto anziane.

Il governo vorrebbe anche migliorare le infrastrutture, ma alcune nuove strade richiederebbero la cessione o lo scambio di terreni, e le congregazioni religiose non ne vogliono sapere.

Per fare la questione ancora più difficile, le suore non vogliono nemmeno affidare la gestione di questi beni alle diocesi per cui neppure i vescovi hanno voce in capitolo. Fatto sta che però l'opinione pubblica non va per il sottile e i media scaricano tutta la responsabilità della gestione di questo annoso problema alla Chiesa cioè alle diocesi e principalmente sull'arcivescovo.

Tuttavia, l'argomento principale della discussione pubblica è se l'ingresso nell'unione monetaria europea, con la sostituzione della lira maltese con l'euro, sia stata una buona idea. Molte persone sono preoccupate dal fatto che l'economia e la società maltese, finora tenuta al margine delle pratiche corrotte della vicina Grecia, possa esserne contaminata. Di fatto, l'ingresso nell'UE nel 2004 e l'adozione dell'euro nel 2008, hanno fatto crescere il numero di scandali finanziari scoperti e riportati dai media locali.

La diocesi di Malta ha un ufficio comunicazione che si occupa del sito web e di un settimanale cattolico pubblicato insieme con la diocesi di Gozo. Cura, inoltre, gli articoli settimanali del vescovo che pubblicano i due giornali principali del paese, infatti, il direttore dell'ufficio, don Oreste Calleja, prima di ordinarsi prete, era un giornalista dell'*Avvenire* a Milano.

Il suo non è un compito facile, perché la maggior parte dei lettori e fruitori del sito web sono maltesi che vivono fuori, specialmente nel Regno Unito, in Canada e in Australia, i quali apprezzano molto la versione online del settimanale. Ma il suo lavoro deve soprattutto essere gradito ai membri della commissione diocesana dei media, quasi tutti preti della diocesi.

Un giorno di fine gennaio Fr. Oreste ricevette la visita di Fr. Charles Vassallo, parroco della collegiata del naufragio di san Paolo, una delle chiese più antiche di Valletta. Durante la conversazione, Fr. Charles raccontò a Fr. Oreste che nei mesi precedenti aveva fatto l'inventario, e aveva trovato due fatture dell'anno 2015, che l'avevano sconvolto.

La prima riguardava il manto della statua di san Paolo (quella che viene portata in processione per le strade di Valletta nella festa del naufragio di san Paolo, il 10 febbraio), un'opera di grande pregio del 1657 di Melchiorre Cafà, uno degli artisti maltesi più famosi, del valore di 25.000 LM (corrispondenti a 62.000 €).

L'altra riguardava un enorme *pallium*, impermeabile nella parte superiore in cui era posta la stoffa di seta, mentre era bordato e impreziosito con pietre di vario valore nella parte inferiore, il tutto per proteggere l'immagine sacra durante la processione, poiché quel giorno è solito piovere a dirotto, per un valore di 15.000 LM (corrispondenti a 37.000 €).

La prima di queste fatture aveva un'annotazione: «pagato da Carmelo Borg»; mentre la seconda diceva: «pagato da Peter Fenech». Borg è un imprenditore edilizio molto noto, che ha costruito buona parte degli alberghi turistici di Marsaskala; mentre Fenech è il consigliere comunale di quella cittadina costiera.

– «E qual è il problema?», chiese Fr. Oreste.

– «Beh ho saputo, tramite un mio cugino che lavora al tribunale superiore di Valletta, che Borg e Fenech stanno per essere processati per corruzione. A quanto sembra, Borg ha pagato Fenech per avere la licenza di costruzione in una zona che era protetta», rispose Fr. Charles.

– «Ma la cosa è pubblica?».

– «Non che io sappia. Ma sono persone molto in vista: tutti e due appartengono alla confraternita del naufragio (Borg ne è il presidente), e si mettono sempre in prima fila durante la processione. Ho veramente paura che questo si venga a sapere, e ci sia uno scandalo proprio durante le feste».

– «E perché chiedi il mio consiglio? È piuttosto una faccenda di Fr. Joe Camilleri, economo della diocesi. Lui saprà se questi donativi sono regolari o meno...».

– «Infatti, prima sono andato da lui, ma mi ha detto che era un problema della collegiata, non del vescovado; e ha aggiunto che era meglio che il vescovo non lo sapesse, per non comprometterlo, e ora io sono ancora più preoccupato...».

Domande

Quale consiglio daresti al parroco, come direttore di comunicazione?

Conviene dire qualcosa al vescovo?

Come potrebbe prepararsi la diocesi in caso queste donazioni divenissero di dominio pubblico?

42. Con motivo di un documento

– «Ci vediamo domani, don Renzo, e quando esca non dimenticare di spegnere la luce», disse la signora Prassede, la donna delle pulizie, per salutare il portavoce dei vescovi.

Erano le tre del pomeriggio e don Renzo Tramaglino era l'unico rimasto nell'aula magna della conferenza episcopale. Si era appena conclusa la presentazione del documento «Orientamenti per la formazione dei candidati al sacerdozio», e sia i relatori che i giornalisti erano partiti.

La conferenza stampa era stata un disastro. «Scommetto che domani i giornali titoleranno con la domanda di Osio» disse don Renzo, riflettendo ad alta voce.

Gian Paolo Osio, il corrispondente dell'agenzia *Reuters*, era stato responsabile della trasformazione di un briefing pacifico in un gioco al massacro.

Tutto procedeva normalmente, le domande erano prevedibili e mancavano solo pochi minuti all'orario previsto per le domande dei giornalisti, quando Osio si alzò e, dall'ultima fila di sedie, scattò contro monsignor Cristóforo:

– «È vero che questo documento proibisce agli omosessuali di entrare in seminario?»

Monsignor Cristoforo, vescovo di Pescarenico e presidente della commissione del clero, occupava la posizione centrale a tavola. Era sbalordito. Lo stesso accadde alle altre due persone sedute al tavolo: alla sua destra, monsignor Abbondio, segretario di quella commissione, che aveva preparato il documento secondo le linee guida del dicastero per il clero; e alla sua sinistra, don Renzo, responsabile dei media della conferenza episcopale.

Dopo aver guardato i suoi compagni, che discretamente gli fecero segno di non avere una risposta pronta, il prelato chiese:

– «Dove lo dice?»

– «A pagina 45, penultima riga».

All'unisono tutti i presenti, sia sul palco che in platea, hanno iniziato a sfogliare il documento che era stato consegnato a ciascuno. Il rumore di voltare pagina cessò immediatamente: tutti leggevano quel paragrafo *importante* che fino a quel momento nessuno aveva notato. Il paragrafo in questione recitava:

> «D'altra parte, consapevoli che "noi portiamo un tesoro preziosissimo in vasi di creta", non c'è dubbio che i candidati al sacerdozio devono giungere in seminario dopo un periodo non trascurabile di sforzo ascetico per coltivare le virtù necessarie per ricevere un dono così grande. Concretamente, non siano incorporati alla disciplina del seminario prima di aver acquisito abitudini di forza, di generosità, di spirito di povertà e di docilità verso i loro superiori; e di aver incanalato la tendenza naturale della sessualità, poiché la grazia si radica solo in una natura ben disposta».

– «È sicuro che si riferisca a quel paragrafo?», ha chiesto Mons. Cristóforo.

– «Sì. Cioè, la mia domanda è: se un giovane con tendenze omosessuali volesse diventare prete, gli sarebbe permesso di entrare in seminario?», ha ribattuto Osio, facendo crescere la tensione di momento in momento.

La domanda aveva colto Mons. Cristoforo completamente di sorpresa, e davanti agli occhi dei giornalisti, che avevano fiutato l'odore di sangue, il vescovo si è sentito completamente vessato. Non sapevo cosa rispondere. Finalmente, dopo qualche secondo che gli sembrò anni, rispose:

– «Credo che non dovrebbero entrare in seminario».

Ha poi preso la parola Virginia Marini, corrispondente del *New York Post*:

– «Potrebbe spiegare ciò che la Chiesa cattolica considera una *tendenza naturale*?»

Prima che potesse rispondere, Lucio Mondella, giornalista del *Mattino di Lecco*, chiese a sua volta:

– «Quanto tempo ci vuole perché si capisca che un candidato al sacerdozio ha superato una tendenza omosessuale?»

Inoltre, senza far respirare monsignor Cristoforo, Carlo Borromei, di *Milano Oggi*, ha chiesto (o meglio ancora gridato dal fondo della sala):

– «Chiedete a coloro che entrano in seminario quali sono le loro tendenze sessuali?»

Dario Salimbeni, dell'agenzia Ansa, ha aggiunto subito dopo:

– «E se un seminarista scopre la sua tendenza omosessuale quando è già in seminario, se ne deve andare?»

Di fronte alla confusione di Mons. Cristóforo, ha preso la parola don Renzo:

– «Mi sembra importante sottolineare che questo documento non introduce alcuna novità nella prassi della Chiesa cattolica, e potete star certi che la Chiesa non inizierà alcuna caccia alle streghe nei seminari».

Poi, e prima che la cosa gli sfuggisse di mano, aggiunse:

– «Il tempo previsto è scaduto, quindi terminiamo la conferenza stampa. Grazie mille per la vostra presenza e a presto».

In questo modo don Renzo chiuse la seduta, suscitando la rabbia dei giornalisti presenti, che uscivano dalla sala tra una protesta e l'altra.

Nella solitudine dell'auditorium vuoto, don Renzo pensò: «Di questa mi cacciano via». E cominciò a deprimersi. Era stata sua l'idea di presentare il documento ai media – qualcosa che non era mai stata fatta prima – e aveva dovuto mettere in campo tutta la sua capacità persuasiva per convincere il segretario della conferenza episcopale a sostenerlo, di fronte a chi non ne voleva sentir parlare.

Padre Renzo aveva usato tutti gli argomenti che gli venivano in mente: che la Santa Sede presenta tutti i documenti, che il papa voleva che la Chiesa fosse una «casa di vetro», che bisognava dare un'immagine di apertura, che bisognava perdere la paura dei giornalisti...

Ancora più difficile sarebbe stato il suo successivo colloquio con Mons. Cristóforo, che era stato molto riluttante a presiedere quella conferenza stampa.

Domande

Cosa pensi che i media pubblicheranno sul documento?

Può succedere di nuovo?

Cosa può fare ora don Renzo?
Cosa dovrebbe fare don Renzo quando tutto sarà finito?

Considerazioni

A che punto della crisi siamo? Come si prevede che si evolverà? Chi sono le parti interessate? Don Renzo ha commesso degli errori? Dovremmo riconoscere qualche errore o negare qualsiasi frase? Tutto è perduto? Quale sarebbe il messaggio per ciascuno dei pubblici? Come descriverebbe il comportamento dei giornalisti? Quali canali dovrebbe usare don Renzo per informarli e ottenere il loro sostegno? Come prepararsi per la presentazione di un documento? La conferenza stampa è uno strumento adeguato a pubblicizzare un documento con queste caratteristiche? Che tipo di materiale informativo e documentale deve essere preparato?

43. In campagna elettorale

Bastava leggere i giornali o vedere qualche telegiornale per capire che le elezioni erano dietro l'angolo. Mancavano, infatti, solo quattro mesi ai comizi per le presidenziali della Repubblica africana di Sildavia e i media non mancavano di amplificare qualunque cosa venisse detta o fatta dai candidati: Jim Hawkins, del Partito York e John Silver (alias Long John) del Partito Lancaster.

Dal suo ufficio di responsabile della comunicazione della ONG *Faith and Development* (F&D), alle dipendenze della conferenza episcopale, miss Joanne Shelton seguiva con attenzione il dibattito politico.

Nelle elezioni precedenti, che si erano tenute quattro anni e mezzo prima in un periodo di recessione, il tema centrale era stato l'economia, e i dibattiti tra i candidati erano incentrati sulla riduzione del deficit pubblico, sull'equilibrio finanziario e la diminuzione delle imposte. Ma questa volta, poiché il Paese si trovava in un momento di grande crescita economica, i candidati non parlavano che di religione.

Da una parte, Jim Hawkins, fervido musulmano, moralmente impeccabile, sottolineava il fatto che avrebbe cercato di ridare alla religione il ruolo che le spettava nella vita sociale del paese (come a voler dire: *se sei credente, vota me*).

Dall'altra parte, John Silver – che era cattolico ma non godeva di una reputazione moralmente irreprensibile – andava dicendo che «Gesù è il mio filosofo preferito» ed appoggiava la gerarchia cattolica sul tema della difesa della vita.

L'unica cosa che avevano in comune era il fatto che entrambi avevano imparato il portoghese per ottenere il voto degli immigranti provenienti dalla vicina Angola che, per la maggior parte cattolici, formavano la principale minoranza del Paese.

«Non è curioso? Quattro anni senza farci caso ed adesso sono tutti fiori», commentò Joanne tra sé e sé. Non aveva torto: sia gli York che i Lancaster avevano rifiutato numerose proposte legislative in favore dell'insegnamento della religione nelle scuole pubbliche, di programmi di inclusione agli immigrati, dell'aiuto ai poveri del terzo mondo, di un'educazione sessuale rispettosa della dignità della persona...

Tuttavia, la sua inquietudine non era dovuta all'indecisione del voto, ma al fatto che la sua scelta l'avrebbe chiamata in causa in quanto era parte del corpo dirigente della F&D.

L'attività principale di questa ONG consisteva nel prendersi cura di giovani madri, per lo più immigrate, senza risorse economiche (e molte volte senza neanche una casa) che si trovano nei quartieri più disagiati di Rasleigh, e fornire loro un'occupazione degna.

Il governo locale aveva sempre sostenuto le attività della F&D, all'inizio con una certa cautela e poi con maggiore generosità. Tantoché, ad oggi, il 45% delle entrate della F&D proveniva dal Comune di Rasleigh. E il sindaco era niente meno che John Silver...

Da parte sua, Jim Hawkins era stato fino a poco tempo fa ambasciatore di Sildavia presso le Nazioni Unite, ed era orgoglioso di aver sostenuto non poche iniziative della rappresentanza della Santa Sede in quel foro internazionale.

Ricevere denaro non era per Joanne un problema, o almeno non era certamente il problema più preoccupante al momento. Il vero cruccio era che da due giorni la campagna elettorale del Partito Lancaster usava delle fotografie (prese tre anni prima, in un altro contesto) nelle quali Long John Silver dava un assegno al vescovo della diocesi, mons. Daniel Brackey, segretario della conferenza episcopale.

«Aiutiamo chi fa la differenza», era lo slogan nei cartelloni pubblicitari, assieme ai volti sorridenti del vescovo e dal sindaco.

Quando il vescovo Brackey aveva visto un manifesto, si era affrettato a contattare Joanne:

– «Cosa pensa di fare con i manifesti, miss Shelton? Mica possiamo consentire che la gente pensi che appoggiamo un politico, tanto più in piena campagna elettorale!».

Ciò che mons. Brackey non disse a Joanne era che uno dei responsabili della campagna elettorale di Jim Hawkins lo aveva chiamato per protestare, credendo che quella foto fosse stata scattata in piena campagna (nel manifesto non era indicata la data dell'evento di quella donazione).

– «Come se Silver fosse l'unico che ha delle foto con voi! Posso farlo anch'io, e non con il vescovo, ma con papa Francesco», ha commentato con rabbia.

Il leader del Partito di York ha annunciato velatamente che prenderebbe provvedimenti (senza specificare di che genere) se non si fosse provveduto a ritirarla.

Joanne si trovava in una posizione difficile: da un lato capiva le ragioni del suo vescovo. Come ONG che dipendeva dalla Chiesa, era logico che si allineasse a queste ragioni, senza tanti cavilazioni. Dall'altro lato, però, non aveva chiaro cosa dovesse fare dato che la foto era vera: la F&D aveva ricevuto quei soldi da John Silver; e per di più la foto non era neanche di proprietà della F&D ma del *The Black Arrow*, il giornale locale che aveva mandato il fotografo a quell'evento.

Bisognava fare qualcosa e bisognava farla in fretta: se si fosse aspettato un po' di più la campagna elettorale sarebbe finita. Allora chiamò il direttore dell'ufficio stampa della diocesi di Rasleigh, Holden Caulfield. Non lo conosceva personalmente, ma era certa del fatto che questi avesse amici da tutte le parti: nei quotidiani, nell'emittenti radio e televisive, nelle riviste... e perfino nei partiti politici.

– «Holden Caulfield, per favore? Sono Joanne Shelton».

– «Buon giorno, Joanne, sono Holden. Suppongo che chiami per la questione dei manifesti. Mons Brackey mi aveva annunciato la sua chiamata».

– «Mi fa piacere che abbia indovinato, almeno così possiamo andare diretti alla questione. Potrei vederla? Ho bisogno di buone idee e ne ho bisogno proprio ora».

– «Che ne dice tra due ore, alle 13:00, nel mio ufficio?».

– «Perfetto. Sarò lì».

– «A dopo, allora. Ma mi piacerebbe invitare anche un consulente di *Phoebe*, sa, un'agenzia di comunicazione specializzata in comunicazione politica. Abbiamo lavorato insieme altre volte ed in passato i loro consigli mi sono stati molto utili», propose Caulfield.

Joanne dubitò per qualche istante. Non aveva mai lavorato con consulenti esterni – di solito una ONG non se lo può permettere – ma non aveva nulla da perdere dalla prova.

– «D'accordo, anche se vorrei che prima di iniziare parlassimo del suo onorario, perché la F&D non può fare fronte a...».

– «Ah, mi scusi, ha ragione, non glielo avevo detto. Si tratta di Carl Spencer, un mio amico, buon cattolico che a volte collabora con la diocesi *pro bono*».

– «In questo caso va benissimo! Ci vediamo dopo», concluse Joanna, con un sospiro di sollievo.

Domande

Quale piano di azione dovrebbe proporre Joanna?

Cosa si sarebbe potuto fare in anticipo per evitare il problema?

Come si sarebbe dovuta preparare l'istituzione per un'evenienza di questo tipo?

Cosa si dovrà fare, quando sarà passato tutto, per recuperare la fiducia dei pubblici?

Considerazioni

Ci troviamo in una crisi? Perché? Quali sono i rischi? Quali benefici si possono ottenere da questo episodio? Come può evolvere la situazione? Qual è la questione di fondo nell'opinione pubblica? Come influisce il fatto che l'ONG dipenda dalla diocesi? Quali valori o principi devono ispirare gli interventi della F&D e della diocesi? In cosa si differenzia un atteggiamento reattivo da uno attivo? Quali sono i pubblici interessati? Quale dovrebbe essere il messaggio per ognuno dei pubblici? Quali iniziative potrebbero essere promosse per informarli ed ottenere il loro appoggio? Cosa può apportare l'intervento di Caulfield e del consulente dell'agenzia Phoebe? Come si può essere preparati di fronte ad un caso simile?

44. Di sicuro che lo sapevano!

La città è di moda. Non è la capitale del paese e nemmeno di una delle regioni europee della costa mediterranea, ma cresce con enorme slancio, grazie al suo clima mite anche in inverno, al miglioramento delle sue infrastrutture di trasporto aereo e ferroviario, all'apertura di diversi musei di arte contemporanea, e a incentivi fiscali attraenti per quei lavoratori autonomi che, alla fine della pandemia, si sono rifiutati di torna-re alle grandi città e hanno continuato a lavorare in remoto in campagna o sulla spiaggia. Una città in pieno fermento.

La cultura locale è cattolica, ci sono numerose scuole di ispirazione cristiana e le celebrazioni della Settimana Santa sono famose per la loro arte e le loro tradizioni. Tuttavia, la vita religiosa nella diocesi è meno fiorente di quanto potrebbe essere. Forse l'aumento dell'opulenza, l'atmosfera rilassata propria di una destinazione turistica per le folle e le tendenze sociali che caratterizzano le società europee contemporanee magari hanno qualcosa a che fare con questo.

Un giorno, una signora di circa 35 anni si recò negli uffici dell'arcivescovado, e chiese di parlare con «qualcuno che comandi sui preti». La richiesta era canonicamente poco precisa, ma l'addetta alla reception capì cosa volesse e, dopo averle chiesto dove abitasse, la portò nell'ufficio di don Andrea, il vicario di quella zona della città.

Appena il vicario fu libero, la ricevette nel suo ufficio e le chiese che cosa poteva fare per lei. La signora si presentò: si chiamava Antonia (anche se tutti la chiamavano Tola), era una parrucchiera e, pur essendo nata in una città costiera, era in città da molti anni. Dopo il tipico prolegomeno, Antonia sbotta all'improvviso quello che era venuta a dire:

– «Guardi, signor vicario, sono venuta a dirle che il P. Alberto P. è una persona molto maligna, fa del male alla gente. Lo so bene io, che vivo con lui da quasi quattro anni! Ho appena scoperto che mi tradisce con altre donne e che ha un sacco di video pornografici. È proprio cattivo!»

La signora gli racconta che si erano conosciuti cinque anni fa, hanno cominciato a vedersi regolarmente, e quattro anni fa il prete si è trasferito ad abitare a casa di Tola, che si trova dall'altra parte della città rispetto alla parrocchia di don Alberto. Che siano una coppia di conviventi lo sa tutto il quartiere, e infatti hanno smesso di dissimularlo molto tempo fa.

Il vicario non era del tutto sorpreso. Aveva già sentito dire che don Alberto non era impeccabile nella sua condotta. Sì, svolgeva i suoi compiti parrocchiali senza nulla di straordinario, e partecipava alle altre attività pastorali della diocesi (pellegrinaggi, processioni, ecc.) come tutti, senza farsi notare per nulla. Dava una mano anche in curia una mattina alla settimana, collaborando con l'economo. Ma nessuno lo aveva accusato con la stessa credibilità della sua stesso amante.

La signora fece seguito con una richiesta:

– «Per favore, portatelo via dal mio quartiere, non voglio mai più vederlo. Ha fatto del male a un sacco di gente, mi creda!»

Don Andrea non osa chiedere cosa abbia spinto la donna a denunciare il suo compagno, sarebbe come entrare nelle sabbie mobili. Avrà il tempo di affrontarlo con il parroco in persona. Ma avverte che Tola è ancora un po' sconvolta. Si capisce che qualcosa la turba, ma la signora non aggiunge altro. Sembra che la risposta del vicario («non si preoccupi, gli parlerò, e probabilmente gli trasferiremo in un altro luogo, il più lontano possibile da lei») sia riuscita a rassicurarla. «Si vede che ha bisogno di tempo per assimilare la cosa», pensa il vicario. E la signora torna da dove era venuta.

Appena se ne è andata, il vicario va a trovare il vescovo, che ha il suo ufficio in fondo al corridoio, a soli venti passi. Una settimana dopo, don Alberto fu trasferito ad Alba, un piccolo villaggio di montagna a 150 chilometri dalla città, adducendo motivi di salute.

Sei mesi dopo, due agenti di polizia sono arrivati senza preavviso alla curia diocesana e hanno chiesto del vicario. Quando sono soli nel suo ufficio, quello con il grado più alto gli dice:

– «Siamo venuti per informarvi che oggi abbiamo arrestato il prete Alberto P. per quattro casi di violenza sessuale e cinque reati contro la privacy. A dire il vero, non conosciamo ancora il numero esatto delle vittime, ma pensiamo che potrebbero essere più di dieci. Abbiamo già il permesso del tribunale di perquisire la sua casa, e altri colleghi lo stanno facendo in questo momento. Ma volevamo chiedere l'autorizzazione per poter controllare il suo computer qui negli uffici della diocesi».

Al volto sorpreso del vicario, gli agenti gli dissero che la signora Antonia era andata in questura il giorno prima, dicendo che non ce la faceva più, e svuotò il sacco.

Raccontò loro che, sospettando che don Alberto la stesse ingannando, aveva approfittato dell'assenza del prete per controllare il suo computer. Non è riuscita ad accedervi perché era protetto da password, ma in un cassetto del tavolo ha trovato una *pendrive*. «Vediamo cosa c'è qui», si disse, e lo portò al computer della parruccheria.

Qual è stata la sua sorpresa quando ha trovato decine di video in cui si vedeva il sacerdote abusare di donne che sembravano ubriache o almeno non opponevano resistenza.

A quanto pare, il sacerdote approfittava delle escursioni con i gruppi della parrocchia e altre situazioni per drogare donne adulte, versando un forte sonnifero su qualsiasi cosa stessero bevendo, per poi approfittarne. A peggiorare le cose, filmava tutto con il suo cellulare per poter in seguito, già a casa, ricreare la scena.

Appena lo scoprì, Tola cercò l'indirizzo degli uffici della diocesi e vi si recò con l'intenzione di raccontare tutto. Ma alla fine è rimasta a metà: ha parlato di video pornografici, ma senza specificare altro. Sei mesi dopo, il rimorso ha avuto la meglio su di lei («e se questo farabutto ha continuato a fare lo stesso con altre donne?»), ed è per questo che si è rivolta alla polizia. Non voleva più che don Alberto fosse mandato via, ma che fosse messo in prigione.

Don Andrea, senza pensarci troppo, rispose agli agenti che la diocesi avrebbe collaborato volentieri con le indagini della polizia, li condusse in ufficio e diede loro il computer desktop usato settimanalmente da don Alberto.

Il vicario percepì certo sollievo nei volti dei poliziotti, per non aver dovuto fare una perquisizione forzata nella curia diocesana, ma notò anche una certa diffidenza. Come se dubitassero che la diocesi non sapesse nulla del comporta-mento criminale del prete. «Come potevano non saperlo, quando tutto il vicinato sapeva dove e con chi abitasse, e nei bar si scherzava persino sul "prete dalla mano lunga»! Agli occhi dei poliziotti, il fatto che la diocesi l'avesse mandato via fuori dalla città in fretta e furia sembrava loro una prova evidente che la curia lo sapesse, o almeno lo sospettasse.

Ma né loro né il vicario dissero nulla. Gli agenti di polizia hanno firmato una ricevuta e se ne sono andati con il computer. Immediatamente, il vicario si recò nell'ufficio del vescovo, bussò alla porta e, senza aspettare la risposta, entrò come un ciclone.

– «Don Augusto, Alberto P. è stato arrestato e accusato di aver drogato diverse donne per violentarle».

Poi gli raccontò della conversazione che aveva avuto con la polizia e dei suoi sospetti. L'arcivescovo lo ascoltò attentamente e gli disse di chiamare immediatamente il vicario generale e il cancelliere.

Quando i quattro furono insieme, cominciarono a discutere su cosa avrebbero dovuto fare. Dopo due ore, prevalse il criterio del vescovo: non dire nulla finché non fosse stato il momento giusto, e nel frattempo chiamare l'avvocato della diocesi per una consulenza urgente.

Quattro giorni dopo, il principale quotidiano del Paese (non della città, ma proprio della capitale della nazione) ha pubblicato un reportage a tutta pagina sul caso, raccontando in dettaglio tutto ciò che era accaduto. L'articolo conteneva interviste a parrocchiani, ai vicini di casa e persino dichiarazioni di una vittima, che ha detto che la polizia è venuta a trovarla perché l'ha riconosciuta in uno dei video, ma lei non ricordava assolutamente nulla di ciò che la polizia le aveva spiegato.

La cosa più pesante dell'articolo è stata l'accusa contro la diocesi: «il vescovo lo sapeva perché l'amante del prete l'ha detto alla diocesi sei mesi fa, ma non hanno fatto altro che mandarlo ad Alba».

La valanga della stampa locale è stata indescrivibile. Il giorno dopo, i giornali della città pubblicarono la stessa notizia, ma in prima pagina e dedicandole diverse pagine. La vicenda era raccontata con tutti i particolari più scabrosi, conseguenza della conoscenza dell'ambiente da parte dei giornalisti locali: più vittime, più parrocchiani, più vicini, e anche i commenti dei cittadini di Alba: «Ma guarda quale tipo ci hanno mandato! La verità è che non l'abbiamo visto molto da queste parti in questi mesi. Diceva la messa e se ne andava».

Anche le televisioni nazionali e locali hanno banchettato con le notizie, illustrate con i video e le foto del sacerdote che hanno trovato sui social network: con i giovani alla GMG di Lisbona, con un gruppo di parrocchiani in pellegrinaggio a Fatima, ecc.

La diocesi si è limitata ad informare con un comunicato di aver ritirato le licenze ministeriali al sacerdote, come passo preliminare di un eventuale processo canonico, e di non sapere nulla dei video. Dopodiché, la curia non disse più nulla per tre giorni.

Alla fine, il presidente della conferenza episcopale (probabilmente spintonato dal direttore della comunicazione dei vescovi, che non ce la faceva più) lo chiamò al telefono e gli disse:

– «Per l'amor di Dio, dica qualcosa, ci stanno coprendo di letame!»

Poiché la diocesi non aveva un responsabile della comunicazione, il vescovo chiese a don Andrea di preparare una dichiarazione da inviare per iscritto ai media.

Domande

È una buona idea rilasciare una dichiarazione?
Quali dovrebbero essere le idee principali?
Quali sono, secondo lei, le cause di questo scandalo?
Cosa si dovrà fare quando le acque torneranno al loro corso?

45. Tesoriere senza scrupoli

L'abbé Louis Merckx, sacerdote della diocesi di Malines, dirigeva dal 2001 l'ONG belga *Dita Unite*. In nove anni era riuscito a trasformare quella che una volta era un'associazione parrocchiale, che distribuiva coperte e vestiti usati agli immigrati magrebini della città, in una delle ONG con più progetti di aiuto allo sviluppo nei paesi dell'Africa francofona.

Un giorno entrò nella parrocchia Eddie Hinault, un suo vecchio compagno di studi che ora lavorava per l'agenzia pubblicitaria *Seerche & Seerche*, il quale si offrì di fare «ciò che serviva» durante i fine settimana.

L'abbé Merckx non si lasciò sfuggire l'occasione: chiese infatti a Hinault di realizzare gratuitamente uno *spot* su *Dita Unite*. Grazie ad altri amici, lo *spot* fu messo in onda - sempre gratuitamente - sulle reti televisive locali prima e poi sul primo canale nazionale, ed ebbe un tale successo che vinse un Leone d'Oro al festival di Cannes del 2002 e fu trasmesso più volte in molte reti televisive francofone di altri Paesi.

Da quel momento iniziarono a giungere generose donazioni dalla Francia, dalla Svizzera e dal Belgio e ciò che era un'occupazione marginale dell'abbé Merckx diventò, per ordine del vescovo di Malines, un lavoro a tempo pieno come direttore esecutivo, così come per altre sei persone: il presidente Georges Poulidor (più che altro, onorario), il tesoriere Philippe Reno, tre *project manager* e Jeannette Piaf, una segretaria dell'ufficio stampa molto capace con l'incarico anche del coordinamento generale dell'istituzione.

Il 7 ottobre il quotidiano economico *Les evenements economiques* pubblicò una lista dei grandi investitori in borsa, che attraverso società finanziarie operano in internet, nella quale comparve il nome di Philippe Reno, tesoriere della *Dita Unite*. Sfortunatamente, quel giorno Jeannette Piaf non lesse la stampa economica, quindi non vide l'articolo.

Il lunedì successivo, il 10 ottobre, il settimanale *Les Points* fece un breve accenno alla notizia, ma al nome di Reno associò anche il collegamento con l'ONG; Jeannette Piaf lesse la notizia, ma non le diede importanza, non la commentò nemmeno con l'abbé Merckx: «Non posso fargli perdere tempo con tali futilità», pensò tra sé.

Tre giorni più tardi, il 13 ottobre, nel programma radiofonico notturno *La Lanterne* – il *talk-show* con più ascolto del Paese – uno degli invitati commentava: «Mi sembra sospetto che un tesoriere di un'ONG così ricca faccia affari *on-line*, non credete?».

Il commento non fu ascoltato da Jeannette, anche perché il programma non era tra i suoi preferiti, ma apparve, quasi letteralmente, sul quotidiano *Le Globe*, nell'editoriale dello stesso invitato al *talk-show* della notte prima.

Quando Jeannette lo lesse, si inquietò e passò il ritaglio di stampa all'abbé Merckx. Appena egli lesse l'articolo, andò subito nell'ufficio di Reno per chiedergli se vi fosse qualcosa di vero nella notizia. Con molta disinvoltura, Reno rispose che era tutto falso:

– «Magari avessi tanti soldi da poter investire in borsa!».

Il tesoriere attribuì l'errore al fatto che in città ci fossero più di quindici Philippe Reno.

L'abbé Merckx rimase soddisfatto: erano quattro anni che Reno lavorava a *Dita Unite* e mai aveva avuto una sola lamentela sul suo lavoro, che svolgeva con rigore e competenza. Inoltre, il mese scorso aveva riguardato con attenzione i conti e non vi aveva riscontrato nessuna irregolarità (anche se, doveva riconoscerlo, lui non era un esperto in contabilità).

Quindi, poco più tardi, quando Jeannette gli chiese notizie a riguardo, la tranquillizzò: «Non c'è niente di niente: la tipica immaginazione eccitata di un giornalista anticlericale». Ed entrambi ritennero non fosse il caso di smentirlo per non dare al fatto troppa importanza.

Due giorni dopo quella conversazione, il 16 ottobre, un giornalista di *Le Globe* chiese, tramite posta elettronica, quale fosse la posizione ufficiale di *Dita Unite* a riguardo di ciò che *Les Points* aveva pubblicato. Poiché Merckx non era in ufficio in quel momento, Jeannette smentì senza dubitare:

– «È una notizia falsa».

Successivamente, prevedendo che gli altri quotidiani facessero eco allo stesso commento, preparò una breve smentita e la inviò ai media. Il comunicato diceva:

> «In relazione a una notizia pubblicata dal settimanale *Les Points*, l'Organizzazione Non Governativa *Dita Unite* smentisce che il suo tesoriere, Philippe Reno, sia coinvolto in operazioni finanziarie irregolari di qualunque tipo».

La previsione di Jeannette si dimostrò fondata: il giorno successivo, molti quotidiani pubblicarono la notizia, sebbene sfumata dalla smentita dell'ONG.

Ma la sorpresa più sgradevole arrivò il giorno seguente: il giornale *Libertè*, di orientamento anticristiano in molti ambiti dell'informazione, pubblicò un ampio e documentato servizio sugli investimenti di Philippe Reno che non corrispondevano al suo patrimonio personale. Il servizio era esauriente: quantità, date, dividendi, fotocopie di contratti e perfino un'intervista ad un analista finanziario che ne confermava tutti i dati.

Come ci si doveva aspettare, il telefono non smise di suonare: donatori che volevano sapere se i loro soldi erano davvero arrivati ai bisognosi in Africa; giornalisti che chiedevano informazioni; lettori del giornale che chiamavano semplicemente per protestare...

Ad aggravare la situazione, le telecamere della seconda rete della televisione nazionale arrivarono alla sede di *Dita Unite* e cominciarono a riprenderne la facciata nell'esatto momento in cui entravano dei poliziotti in uniforme per informare che Philippe Reno era scomparso e per chiedere se *Dita Unite* fosse in grado di offrire dati che contribuissero ad una sua localizzazione.

Domanda

Cosa deve proporre Jeannette al suo capo?

46. L'ufficio "Gay & Catholic"

Michael Reiziger insegna liturgia presso il seminario interdiocesano di Utrecht, nei Paesi Bassi. Quest'anno, il tema del congresso teologico nazionale è proprio la liturgia, e per questo il vescovo Frank de Boer lo ha incaricato di coordinare le questioni logistiche con il segretario del comitato scientifico, il prof. Winston Bogarde, un olandese che insegna all'Istituto di filosofia e teologia Sankt Georgen di Francoforte, nella vicina Germania.

Il budget del seminario è limitato, e per poter contare non solo su relatori locali, ha escogitato lo stratagemma di programmare due interventi per ogni relatore straniero: uno in seminario, per i partecipanti al congresso, in maggioranza sacerdoti e operatori pastorali delle diocesi neerlandesi; e un altro nella facoltà di teologia della vicina università statale, che è sempre interessata a ospiti prestigiosi, e non ha problemi finanziari. In questo modo, l'università copre le spese di viaggio, vito e alloggio in albergo, e il seminario paga solo una quantità per l'intervento specifico.

Poiché il suo compito è solo organizzativo, Michael non si è preoccupato dei contenuti del congresso, che è direttamente supervisionato dal vescovo ausiliare. Ecco perché è molto sorpreso, quando vede, nel programma già stampato, che ci sarà una sessione dedicata ad un nuovo rituale speciale per benedire le coppie omosessuali... e lui ne sarà il moderatore!

Non credendo a quello che legge, decide di cercare su Google i nomi dei due relatori di quella sessione: il rettore di Sankt Georgen, prof. Oscar Wucher, e il decano della cattedrale cattolica di Francoforte, Johannes Waltz.

Subito appare sullo schermo un servizio del quotidiano *Franfurter Allgemeine Zeitung* (FAZ), che alla fine del 2015 ha pubblicato un'inchiesta sullo stato della diocesi di Limburgo (a cui appartiene la città di Francoforte), un anno dopo che papa Francesco ha accettato le dimissioni dell'allora vescovo, Franz

Peter von Tebartz-van Elst. per uno scandalo di enormi dimensioni, legato alla costruzione di un lussuoso palazzo vescovile.

Michael sa che *FAZ* è il giornale più serio e prestigioso in Germania, ed è per questo che è stupito quando ha letto alcune dichiarazioni controverse dei *suoi* relatori.

Da un lato, il Prof. Wucher afferma di aver benedetto l'unione di coppie dello stesso sesso in diverse occasioni, anche se – a differenza di altri sacerdoti della diocesi – non in una cerimonia pubblica. E dichiara:

> «È importante trattare gli omosessuali con apertura e apprezzamento (...). Fortunatamente, gli omosessuali hanno già trovato il loro posto all'interno della Chiesa, come membri critici ma a pieno titolo».

D'altra parte, il decano Waltz annuncia che stanno studiando la formula di un rito ufficiale di benedizione e di una cerimonia specifica per i matrimoni omosessuali: «È una questione di giustizia che non possiamo più non soddisfare».

Il giornale, sempre bilanciato, si fa eco anche delle critiche di un noto blogger cattolico, Mathias von Lundorff, che ha sottolineato come il teologo sia ben noto per le sue stravaganti posizioni teologiche, e che

> «le sue tristi dichiarazioni dimostrano ancora una volta come in certi ambienti ecclesiastici in Germania ignorino il magistero cattolico e la prassi della Chiesa universale per entrare in una *strada* tutta loro».

Per non sbagliare, Michael vuole assicurarsi quale tipo di approvazione ufficiale abbia questa iniziativa liturgica. Quindi, visita il sito web della diocesi di Limburgo e trova una scheda chiamata *Gay & Cattolico*.

Lì viene a sapere che la diocesi ha recentemente approvato tre progetti in questo senso: primo, l'assegnazione di altre due persone al dipartimento per la cura dei gay all'interno della Chiesa; in secondo luogo, la creazione di una commissione per studiare un nuovo rito di benedizione delle coppie dello stesso sesso, sia all'interno che all'esterno della Messa, che propone un testo al prossimo Sinodo locale; e infine, una proposta per la promozione dei diritti sociali per queste coppie.

Il dipartimento è guidato dallo stesso Prof. Wucher e da suor Olga Weidermann, che hanno molta esperienza nella cura della comunità LGTB+, poiché sono stati i pionieri del primo centro diocesano per omosessuali, di cui in questi giorni si celebra il 25° anniversario.

L'insegnante è responsabile della parte teologica e liturgica, mentre la suora (che è la superiora della comunità del suo ordine a Limburgo), si occupa più direttamente della formazione e del sostegno su temi importanti per chi segue uno stile di *vita omosessuale*: fedeltà e impegno, sicurezza economica quando si raggiunge la vecchiaia, come spiegare la propria condizione a un parente, e via dicendo.

Per suor Weidermann è importante accogliere gli omosessuali in modo aperto e riconoscente, poiché molti hanno voltato le spalle alla Chiesa.

Michele è perplesso: da un lato, sa bene come Francesco abbia parlato con grande comprensione degli omosessuali, e abbia chiesto che siano trattati con grande rispetto e senza discriminazioni di alcun tipo. Allo stesso tempo, pensa che il papa non sostenga questo tipo di iniziative.

Prima di andare dal vescovo, Michael decide di parlare con Clarence Seedorf, il direttore della comunicazione della sua diocesi, per chiedere la sua opinione.

– «Cosa vuoi che ti dica? Naturalmente sarà un problema per loro parlarne al Congresso. Le sessioni sono di solito aperte, sicuramente qualche giornalista dei media cattolici verrà, e ne scriverà qualcosa».

– «E non si potrebbero svolgere le sessioni a porte chiuse?»

– «Lo scandalo sarebbe maiuscolo... E lasceremmo fuori solo i giornalisti più favorevoli, perché gli altri non vengono mai. Del resto, non otterremmo nulla: tenete presente che lo stesso giorno parleranno anche all'università, dove ci saranno più giornalisti che al seminario».

«Uff... Potresti aiutarmi a parlare con il vescovo? Dobbiamo fare qualcosa».

«Sinceramente, preferirei non essere coinvolto – risponde Clarence – non è una mia responsabilità. In fondo, il vero problema non è la notizia di quello che diranno, bensì il fatto che li abbiamo invitati. E non voglio che il vescovo mi dica di parlare con i media perché non pubblichino nulla... Provaci tu se vuoi».

– «Davvero che mi lasci da solo con questo?»

– «Beh, sì. Meno ho a che fare con quelle persone, meglio è. Ho già una cattiva reputazione nella diocesi per interferire dove non mi chiamano, e se me immischiassi in questo potrebbe finire male per me. Ma un consiglio sì te lo do: forse si può convincere il vescovo se gli racconti che Waltz è stato uno dei promotori della campagna contro l'ex vescovo del Limburgo, che l'ha portato alle dimissioni. Mi sembra di ricordare che von Tebartz-van Elst si opponeva fortemente a che i preti della sua diocesi impartissero benedizioni alle coppie dello stesso sesso».

Domande

È condivisibili il punto di vista di Clarence? Perché?

Oltre ai giornalisti, quali altri pubblici prioritari ha il seminario in questa situazione?

Che cosa farebbe se, nonostante i tentativi di Michael, una tale sessione avesse luogo al congresso teologico?

A chi potrebbe chiedere aiuto il seminario?

47. Fondatore poco esemplare

James Deere è docente alla facoltà di comunicazione di Sydney, Australia, dove insegna relazioni pubbliche. Qualche anno fa aveva lavorato per la GMG 2008 di Sydney, come responsabile del social network Xt3 agli ordini del coordinatore generale, il vescovo Anthony Fisherman, vescovo ausiliare della città. In seguito, aveva lavorato in un'università cattolica, come *community manager*. Ma nel 2010 il coordinatore generale della GMG di Sydney era stato nominato vescovo di Melbourne, e si era portato James con sè come suo direttore di comunicazione e portavoce.

La rete Xt3 è stata la prima piattaforma digitale ad essere utilizzata alla GMG e i risultati sono stati molto buoni. Per questo motivo, il dicastero per i laici, la famiglia e la vita (DLFV) invitò James a tenere una conferenza alla sua assemblea annuale e, pochi mesi dopo, lo nominò membro del dicastero. Un bel onore, e un regalo molto utile: ogni due anni era invitato a venire a Roma per partecipare all'assemblea, e approfittava di quell'occasione per incontrare persone interessanti in Europa, che mai o quasi mai viaggiavano a Melbourne – o all'Australia in generale.

Questa mentalità la spiegava con il famoso aforisma: «Se la montagna non va da Maometto, allora Maometto va alla montagna».

All'assemblea del 2017, mentre i membri e i consultori del DLFV aspettavano nella sala Clementina del Vaticano l'arrivo del papa per la consueta udienza alla fine dell'assemblea, James si è seduto per puro caso accanto a Eugene Lampara, preside di una scuola superiore nelle Filippine promossa dal Movimento di Apostolato Cristiano (MAC).

Siccome sono arrivati con molto anticipo, si sono presentati e hanno cominciato a chiacchierare. Nella conversazione è emerso che James aveva in agenda un viaggio a Manila, qualche mese dopo, per tenere alcune lezioni sull'uso dei social network nella Chiesa, invitato dalla conferenza episcopale filippina. Eugene invitò James a tenere una sessione ai genitori della sua scuola sullo stesso argomento, e lui accettò volentieri.

Con l'avvicinarsi della data del viaggio, Eugene ha parlato con James su Skype, per chiedere se potessero cambiare la sessione:

– «Abbiamo un problema serio nella famiglia religiosa a cui appartengo, e vorrei chiedervi di darci una mano. Potrebbe dedicarci un po' di tempo?»

James non conosceva a fondo l'istituzione di Eugenio, ma non gli ci volle molto per scoprire che il MAC fa parte di una famiglia spirituale abbastanza articolata: è composto da una Società di vita apostolica chiamata Cavalieri Apostoli (CA), a cui appartengono sacerdoti e laici; un'altra società femminile, chiamata Dame Apostoliche (DA); una congregazione di suore, chiamata Sorelle Apostoliche (SA); e appunto del laicale Movimento Apostolico Cristiano (MAC).

Eugenio è il moderatore generale del movimento laicale, da cui dipendono le scuole, anche se esse vanno avanti con la collaborazione dei membri delle altre istituzioni della famiglia spirituale.

I Cavalieri sono stati fondati nel 1965 a Quezon City, e dal 1992 sono un'istituzione di diritto pontificio, e quindi dipendono dal dicastero per la vita consacrata; le Dame sono state fondate nel 1980 come società di vita apostolica di diritto diocesano, e dipendono dall'arcivescovo di Manila; Anche le suore hanno avuto un'approvazione solo diocesana, ma sono in via di costituzione come congregazione religiosa; e il movimento è un'associazione internazionale di fedeli, che dipende dal DLFV.

A parte questi pochi fatti, e il fatto che hanno case in sette paesi di lingua inglese, James non era a conoscenza del resto: del loro spirito, dei loro apostolati, ecc.

Oltre a sapere di comunicazione digitale, James insegna da anni (prima a Sydney e ora a Melbourne) Media relations e Crisis Management. A lezione usa il suo manuale intitolato *Nothing to Hide: Communication Guidelines for Bishops*, un libro sulla gestione delle crisi per istituzioni ecclesiastiche. Così comprese l'angoscia pressante di Eugenio e gli rispose affermativamente:

– «Certo. Di cosa si tratta?»

– «Ebbene, tra due settimane, esattamente il giorno dopo al suo arrivo a Manila, sarà messo in vendita un libro con 30 racconti di abusi commessi dal nostro fondatore e da alcuni dei suoi più stretti collaboratori. E siamo molto preoccupati, perché siamo certi che alcuni di questi casi sono veri».

– «Che tipo di libro è?»

– «La verità è che non l'ho ancora letto, perché l'editore sta trattando il manoscritto con molta segretezza, e non l'ha mostrato a nessuno. L'unica cosa che so è che è stata scritta da un ex Cavaliere, che ha intervistato altri membri, che raccontano le loro esperienze personali; e so che almeno cinque di quelle 30 testimonianze raccontano storie autentiche».

James avrebbe voluto leggere il libro prima di ogni altra cosa, ma rinunciò: non sarebbe stato possibile. Così proseguì chiedendo:

– «E cosa pensate di fare quando il libro sarà pubblicato?»

– «Questo è il problema. Come lei sa, io sono il direttore del movimento e dell'associazione delle scuole della famiglia apostolica, ma sono i Cavalieri Apostolici che decidono davvero tutto. Il superiore dei CA ci ha detto che il libro contiene molte falsità e attacchi, e che non hanno intenzione di cedere al ricatto... Ma al MAC non sappiamo cosa fare. Potresti aiutarci?»

– «Sì, le confermo la mia disponibilità. Potrebbe mandarmi un riassunto di quelle accuse che sa di essere vere?»

– «Preferirei di non inviare nulla per iscritto: l'e-mail non ha alcuna privacy. Glielo racconterò a voce quando lei venga a Manila. Ci piacerebbe che lei incontrasse il comitato direttivo del MAC e ci consigliasse sul da fare».

– «Va bene, posso arrivare un giorno in anticipo e dedicarlo a lavorare con voi. Nel frattempo, penso che guadagneremo tempo se lei e i membri del comitato leggessero il mio libro».

– «Ma molti di noi l'abbiamo già letto! Perciò le abbiamo chiesto aiuto. Siamo convinti che un suo parere riguardo le nostre circostanze sarebbe davvero utile».

– «Ok, ne sono lusingato. Ma mi serve almeno sapere una cosa: di quale tipo di accuse stiamo parlando?»

– «Si tratta per lo più di abusi di autorità e di pressioni psicologiche sui giovani membri della famiglia apostolica. Il fondatore aveva un brutto carattere, e quando si arrabbiava, urlava, spintonava, minacciava che sarebbero andati all'inferno se non gli avessero obbedito... Inoltre, metteva alla prova l'obbedienza dei nuovi arrivati con indicazioni quantomeno ridicole: costringerli a rimanere in mutande e a fare cose ridicole affinché perdessero il senso di vergogna; colpirli sul sedere con un righello, e cose simili».

James si calma un po'. Si temeva un secondo "caso Maciel", ed – almeno per quanto ne sa – non è così grave. In ogni caso, preferisce non dire quello che pensa, e continua a chiedere:

– «C'è qualcos'altro, o questo è tutto?»

– «Per quanto riguarda il fondatore, sì. Coloro che hanno avuto i comportamenti più riprovevoli sono stati il vicario generale, Vivencio Esternon, e altri due membri, che hanno anche abusato sessualmente di diverse persone dell'organizzazione, sia uomini che donne».

– «E il fondatore non c'entrava niente?»

– «Personalmente sembra di no, o almeno non ho dati. Quello che succede è che alcuni degli abusati lo hanno informato, e lui non solo ha difeso i suoi collaboratori, ma ha anche lanciato una campagna diffamatoria contro coloro che accusavano, e hanno finito per andarsene».

– «Quando è morto il fondatore?»

– «Ups, mi sembra che tu sappia poco su di noi... Il nome del fondatore è Silver Pagtanac ed è molto vecchio ma ancora vivo. Dal 2013 vive appartato, in una comunità dei CA in California, con altri tre cavalieri».

– «Come mai?»

– «Perché quell'anno si è scoperto che Jess Espinoza, un cavaliere che lavorava nella Santa Sede da dieci anni come traduttore inglese, aveva ricevuto dal fondatore l'incarico di fare il postulatore della causa di Vivencio Esternon, morto nel 2004. In quelle indagini, Jess scoprì che Esternon non aveva avuto una vita esemplare: anzi. Appena si seppe che stava preparando la *positio super virtutes*, diverse persone che avevano lasciato i CA gli dissero che Esternon aveva abusato di loro. E quei racconti svegliarono in Jess qualcosa che era quasi riuscito a cancellare dalla sua memoria: che anche lui era stato vittima dell'Esternon.

– «Com'è possibile che non se ne fosse accorto prima?»

– «Perché era successo quando Jess era molto giovane, a 17 anni. Sternon oltrepassò i suoi limiti, ma anche se Jess non abbia ceduto, nella sua memoria quello che è rimasto come inciso a fuoco fu il commento di Sternon: "è stata colpa tua, mi hai provocato". Solo ascoltando altre persone raccontare storie simili alla sua fece capire a Jess che non aveva sedotto Vivencio, ma era stato il contrario».

A quel punto, Jess andò a trovare Silver per convincerlo di fermare la causa di beatificazione. Ma il fondatore lo cacciò dal suo ufficio in malo modo, e mise in circolazione la bufala che Jess fosse impazzito. Nel giro di poche settimane, Jess lasciò i CA.

– «E perché il fondatore non dirige più l'istituto?»

– «Perché quando se ne andò, Jess scrisse a tutti i membri del consiglio direttivo dei CA dicendo che o desistevano dal promuovere la beatificazione di Esternon, o avrebbe raccontato a tutti quelli che conosceva in Vaticano quello che era successo. Il fondatore decise allora di dimettersi (anche se la spiegazione ufficiale fu «per motivi di salute»), e Mamerto Saflor, il nuovo superiore (o cavaliere supremo) delle CA, decise di sospendere definitivamente la causa di Esternon.

– «Grazie mille per avermelo detto, immagino non sia stato facile. OK, penserò a proporvi un piano, e ci vediamo presto a Manila».

Sono passate due settimane. È sabato e, dopo un lunghissimo viaggio – ma con solo due ore di differenza di fuso orario – James Deere è appena arrivato alla capitale delle Filippine. Dalla stanza d'albergo chiama Eugene Lampara:

– «Eugene, sono già arrivato. A che ora ci incontriamo?»

– «Benvenuto a Manila! Lei è arrivato proprio in tempo: il libro di cui abbiamo parlato è uscito ieri, e lo stiamo studiando proprio ora. Se vuole, vengo a prenderlo in hotel domani alle 2:00pm per incontrare poi il comitato direttivo del MAC. Abbiamo un bel po' di domande per lei, quindi vi preghiamo di prenotare l'intero pomeriggio per noi. Poi lo invitiamo a cena e lo riaccompagniamo in albergo».

– «Ok: ero venuto a Manila nel fine settimana per questo. Ho lezioni dal lunedì al giovedì, e magari possiamo avere una seconda riunione il venerdì. Rientro a Melbourne sabato mattina».

– «Ottimo, a domani allora».

Domenica mattina, dopo essere andato a messa nella chiesa del Santo Niño, James rilegge quanto è stato pubblicato nei media digitali e sulle reti sociali, in modo da poter arrivare preparato all'incontro del pomeriggio.

La copertura informativa è stata molto intensa: la notizia sul libro ha fatto molto scalpore in un Paese a maggioranza cattolica come le Filippine. I principali giornali di venerdì hanno dedicato ampi commenti al libro, quasi tutti in tono apprezzativo, e sabato diverse reti televisive hanno intervistato l'autore del libro e persino un paio di accusatori.

Ma quello che ha sorpreso James di più è vedere che Mamerto, il cavaliere supremo dei CA, ha rilasciato una lunga intervista al principale giornale del paese, dove afferma di avere la coscienza pulita, perché ignorava quelle accuse; e che, non appena ne è venuto a conoscenza, ha messo il caso nelle mani della Santa Sede, affinché possa indagare e prendere le decisioni necessarie. L'intervista conclude con parole solenni:

> «Il mio polso non tremerà per fare ciò che deve essere fatto: nel frattempo, dobbiamo lasciare che la Chiesa scopra i fatti».

Le conversazioni sui social network sono un vero e proprio pandemonio. Accuse e insulti contro Silver, il fondatore, e contro l'intera famiglia spirituale; attacchi al cardinale di Manila per aver nascosto il problema, e alla Chiesa in generale per essere un covo di abusatori; scherzi e meme ironici di ogni tipo.

Al di là degli attacchi, tanti i commenti dei genitori che portano i figli nelle scuole della famiglia spirituale mostrando dubbi e preoccupazione.

Nel primo pomeriggio, la riunione inizia con il consiglio direttivo del MAC, composto da quattro uomini e tre donne. Eugene ha dato il benvenuto all'ospite, e introduce la sessione dicendo:

– «Grazie mille per essere venuto, James. Abbiamo molte domande per lei! Anzi, in questo momento abbiamo più dubbi che certezze...».

– «Sono a vostra disposizione. Ma mi sembra che io non vi possa essere più utile: ho letto stamattina l'intervista al cavaliere supremo, e sembra che tutto sia sulla buona strada... »

– «Magari fosse così. In verità, quello che ha detto non è vero: Mamerto sapeva cosa stava succedendo, eppure per anni non ha fatto nulla. Nelle ultime ore, infatti, diverse persone hanno pubblicamente smentito su Facebook quanto lui detto nell'intervista, indicando quando e dove hanno parlato con lui per denunciare gli abusi, e come lui non aveva fatto nulla al riguardo».

Un altro dei presenti aggiunge:

– «Noi stessi cerchiamo dal 2012 di convincerli a riconoscere i fatti, a chiedere perdono e a rinnovarsi interiormente. Abbiamo infatti rinnovato il nostro modo di governarci, per eliminare le vestigia di autoritarismo e segretezza che esistevano fin dalla fondazione; ma i CA si sono categoricamente rifiutati di cambiare. Ecco perché la nostra famiglia spirituale è divisa».

– «E cosa ne pensano le dame e le suore?»

– «La stragrande maggioranza è d'accordo con noi. Si sentono le più ferite dalla situazione, perché ci sono donne tra le vittime. Infatti sono anni che chiedono di cacciare il fondatore. Ma mai sono state ascoltate».

– «Siete andati dall'arcivescovo?»

– «Sì, anni fa. Quando siamo venuti a conoscenza di alcuni abusi, abbiamo informato il cardinale, che ha avviato un processo. Il giudice diocesano ha stabilito che tre cavalieri dovevano essere espulsi e ha trasmesso la documentazione al dicastero vaticano. Ma questi tre individui sono ancora negli CA... Non sappiamo che ha fatto la Santa Sede al riguardo».

– «Capito. E adesso, quali sono i vostri dubbi?»

Uno per uno, i presenti pongono le loro domande:

– «Dovremmo rilasciare una dichiarazione, separandoci di quanto ha detto Mamerto, o meglio non dire niente? Abbiamo paura che se stiamo zitti, i genitori delle scuole se la prenderanno contro di noi e porteranno via i loro figli. Il corso finisce il mese prossimo, e quindi sarebbe molto facile per loro trovare un'altra scuola. Ma se parliamo e diciamo la verità, avremo un problema con i CA».

– «Nel movimento MAC ci sono molte famiglie dei membri dei CA e delle DA, che sono molto turbate da ciò che hanno letto sui giornali. Li va detto qualcosa?».

– «Neppure sappiamo cosa dire alle vittime di abusi. Alcuni ci hanno chiamato, per sapere da che parte stiamo».

– «Dovremmo parlare con l'arcivescovo, o conviene farlo con il nunzio?»

– «Dovremmo scrivere al dicastero dal quale dipendiamo?»

– «Sarebbe bene parlare con le Dame, in modo tale che alche loro facciano pressione su Mamerto?»

Domande

Mettiti nei panni di James e rispondi alle domande del MAC.

Quali altre informazioni dovrebbe James chiedere?

Come si evolverà la situazione?

James ha offerto a Eugene di dedicare il venerdì anche a loro. Quale piano di lavoro suggeriresti?

48. Reliquie del passato

I Missionari della Misericordia costituiscono una famiglia ecclesiale alquanto complessa. Sono costituiti da una società sacerdotale, alla quale appartengono quasi 300 chierici; due istituti secolari, uno maschile (con un migliaio di fratelli) e un altro femminile (con il doppio di sorelle); e un'associazione internazionale di fedeli, con quasi diecimila uomini e donne, per lo più sposati.

I Missionari sono stati fondati in Messico nel 1952 dal sacerdote Antonio Hernández, morto nel 1992 ed attualmente in corso di beatificazione. Ogni ramo ha i propri organi direttivi, ma i superiori della società sacerdotale partecipano anche al governo delle altre tre istituzioni, e il suo presidente è anche il moderatore generale dell'insieme.

Il suo scopo fondante è quello di essere lievito di vita cristiana nelle famiglie. Le sue opere apostoliche (in particolare le scuole, i centri di formazione per coppie e i centri di assistenza sanitaria di base per le famiglie prive di risorse) sono sparse in dieci paesi dell'America Latina e del sud degli Stati Uniti.

Queste iniziative apostoliche sono nate come potevano: con fede immensa, ingente entusiasmo umano, innumerevoli sacrifici e scarse risorse economiche. Molti hanno abbandonato il loro posto di lavoro (i celibi dei due istituti secolari lavorano nel mondo) per occuparsi della gestione, mentre tutto il resto fu affidato a professionisti assunti: insegnanti per le scuole e i centri di formazione, medici e infermieri per i centri sanitari.

Così, all'inizio, tutto ciò che riguardava la logistica (manutenzione degli impianti, servizi di pulizia e cucina, amministrazione e contabilità, ecc.) era curato da donne dell'istituto femminile, che lavoravano come volontarie (cioè senza contratto).

Questo modo di agire fu il risultato di diversi fattori. In primo luogo, era ormai la norma negli ordini e nelle congregazioni religiose, che erano il modello da seguire per i primi istituti secolari a partire dal 1950. Inoltre, in Messico c'era molta informalità in queste professioni di servizio, che venivano pagate poco e al di fuori del sistema lavorativo. In più, nella cassa dei missionari non avanzavano neanche gli spiccioli, e come mai sprecare il 25% di quegli stipendi in tasse allo Stato, quando poi sarebbero tornati nelle casse comuni? Aveva perfettamente senso che le spese personali delle sorelle che lavoravano internamente fossero coperte dagli stipendi di coloro che continuavano a lavorare e pure dai contributi dell'associazione dei fedeli. Infine, anche se forse era la ragione più importante, lavorare in queste opere apostoliche era visto come "lavorare negli affari di famiglia", qualcosa che non si doveva pagare: ci vollero ancora decenni prima che il lavoro delle donne in casa fosse socialmente riconosciuto.

Questo modo di procedere è stato applicato a quasi tutte le scuole e i centri sanitari, anche se ci sono stati paesi – gli Stati Uniti, per esempio – in cui le opere apostoliche sono state adattate fin dall'inizio al sistema lavorativo legale del paese, forse a causa della mentalità giuridica dei missionari che hanno fondato in quelle terre.

Con l'arrivo del terzo millennio, le trasformazioni sociali, giuridiche e lavorative cambiarono radicalmente in Messico. Da quel momento in poi, le opere apostoliche della famiglia ecclesiale dei Missionari della Misericordia (MM) si adattarono alle nuove realtà. Le risorse erano ancora scarse, ma non così tanto come nei primi anni di fondazione, e inoltre l'istituzione aveva acquisito maturità e le priorità erano diverse.

Pertanto, dall'anno 2000 in poi, tutti i fratelli e le sorelle che lavoravano nelle opere apostoliche dei MM avevano il loro stipendio, l'assicurazione sanitaria e la pensione contributiva in vista della pensione.

Questo adattamento è stato fatto rapidamente e senza intoppi in Messico, ma in altri paesi (Bolivia, Paraguay, Guatemala) ha richiesto più tempo per essere implementato. Coloro che avevano aperto la strada in quelle nazioni venivano dal Messico, e applicarono alla lettera ciò che avevano vissuto lì senza chiedersi se fosse una buona soluzione al di là degli anni immediatamente successivi alla fondazione. Le cose sono rimaste inalterate in quei paesi per altri due decenni, poiché i cambiamenti legislativi e sociali là sono arrivati più tardi. Finalmente, nel 2019, tutte le opere apostoliche erano in ordine.

Questo modo di operare aveva un punto debole: la situazione di chi, dopo aver lavorato per anni (e a volte decenni) alle opere apostoliche dei MM, ha abbandonato la sua vocazione, per qualunque motivo. Dovevano allora tornare al mondo con una professione sottovalutata, senza risparmi, senza un rapporto di lavoro che permettesse loro di ricevere l'indennità come disoccupati mentre trovavano un altro lavoro, e senza contributi a un fondo pensione.

Se la persona che se ne andava aveva una famiglia che poteva sostenerla, o era abbastanza giovane da rifarsi un futuro e mettere su famiglia, la cosa non andava più in là. Ma se queste circostanze non si fossero adempiute, le situazioni sarebbero potute diventare difficili.

Queste difficoltà colpivano soprattutto le donne, perché era meno frequente che i fratelli dell'istituto secolare maschile abbandonassero completamente il loro lavoro professionale per dedicarsi alle opere apostoliche dei MM, e quindi il loro rientro nel mondo era meno problematico. Per non parlare del machismo di alcuni ambienti latinoamericani...

Per molti anni, l'evidente situazione di vulnerabilità di queste persone non è stata percepita dai superiori dei MM come un problema proprio. Avevano visto con dolore la partenza di fratelli e sorelle, ma capivano che queste persone avevano deciso ai loro tempi di lavorare liberamente e generosamente in quelle opere apostoliche (cioè non avevano lavorato per le iniziative del MM ma *per Dio in quelle opere apostoliche*), e avevano anche deciso liberamente, anni dopo, di intraprendere un altro cammino di vita. Dio li avrebbe sicuramente ricompensati per i loro sforzi, ma da quel momento in poi, "ogni bastone doveva reggere la sua candela", pensavano.

Il "seguire ciascuno la propria strada" non era solo economico, ma vitale. I superiori pensavano che non avesse molto senso continuare a frequentarsi come se nulla fosse accaduto, perché sarebbe stato mettere sotto gli occhi delle sorelle e dei fratelli fedeli un "cattivo esempio" che avrebbe potuto danneggiare la loro vocazione (a quel tempo, la maggior parte degli ordini e delle congregazioni religiose riteneva che abbandonare la propria vocazione fosse una sorta di morte spirituale).

Pertanto, sia i rapporti professionali che quelli umani di amicizia sono stati bruscamente interrotti. È vero che in molte occasioni i sacerdoti dei MM hanno continuato a prendersi cura spiritualmente dei loro ex fratelli e sorelle, ma hanno dovuto farlo nelle parrocchie o in altri luoghi, fuori dalle case dei MM.

Quella mancanza di relazione significava che se qualcun ex membro attraversava momenti di difficoltà, non era noto tra i suoi ex fratelli. Né chiedevano aiuto, né li veniva offerto spontaneamente.

Nel 2019 è avvenuta una di queste partenze: Inocencio, un avvocato guatemalteco di 40 anni, ha abbandonato l'istituto. A differenza di quanto di solito succedeva, la rottura non è stata serena e pacifica, ma traumatica e piena di risentimento. La causa di questo conflitto non è rilevante qui: l'unica cosa che conta è che, per il – secondo lui – dispetto subito, ha deciso di dare una lezione ai MM.

Il modo più efficace che è venuto in mente a Inocencio per soddisfare la sua sete di giustizia (o per perpetrare la sua vendetta, a seconda di come la si guardi) fu quello di trovare attraverso una campagna sui social network gli ex fratelli e sorelle che pure si sentivano maltrattati dai MM, e offrirli di usare il suo studio legale, CCS, per rappresentarle in una causa per danni contro la famiglia ecclesiale.

Secondo l'offerta, tutto quello che dovevano fare era firmare un contratto di rappresentanza, raccontare tutti i dettagli della loro storia personale e promettere di non parlarne con nessuno, "per evitare le pressioni dei MM che inevitabilmente sarebbero arrivate".

Da un punto di vista economico, chi aderiva alla causa non doveva anticipare denaro: lo studio legale si è fatto carico di tutte le spese procedurali e di gestione; e, se avesse ottenuto un risarcimento, avrebbe avuto diritto a un terzo dell'importo ottenuto.

Dopo molte indagini, l'avvocato è riuscito a far firmare a 24 ex sorelle il contratto di rappresentanza con quello studio legale. Erano tutte donne del Guatemala, con l'eccezione di tre boliviane, e a seconda dei casi avevano trascorso tra i 13 e i 26 anni nel MM. Le cause della sua partenza furono di vario genere, ma le ferite non erano ancora guarite, nonostante nella maggior parte dei casi fossero trascorsi più di quindici anni dalla sua dipartita.

L'avvocato, vedendo che sarebbe stato difficile vincere in tribunale (il presunto reato tributario e per un lavoro senza equa retribuzione è scaduto dopo dieci anni), ha scelto una strategia articolata.

- Da un lato, Inocencio ha scritto una lettera al superiore del MM in Guatemala, annunciando una denuncia davanti al giudice del lavoro del distretto di Tegucigalpa, a meno che non avesse accettato di pagare 10 milioni di dollari ai suoi 24 rappresentati.
- A sostegno della sua domanda, l'avvocato ha ingaggiato un'agenzia di comunicazione digitale per filmare le interviste con le querelanti in cui hanno raccontato la loro esperienza di intenso lavoro non retribuito in condizioni estreme (a volte in giornate di oltre 12 ore, e riposo settimanale), e della durezza della loro vita quando hanno lasciato il MM. Queste drammatiche testimonianze sono state rilasciate nei social network, accompagnate dal messaggio: "Se anche tu hai subito queste umiliazioni, contatta lo Studio Legale CCS".
- In terzo luogo, più che altro per fare pressione, Inocencio ha inviato una lettera al tribunale della Segnatura Apostolica, denunciando l'abuso di potere che il MM aveva commesso contro queste donne, e chiedendo una punizione pubblica esemplare.
- In fine, ha convinto diversi giornalisti a scrivere sul "caso delle 24", facendo eco alla loro "imminente causa davanti al sistema giudiziario guatemalteco", e che "la Santa Sede ne era a conoscenza e stava già indagando sul MM".

Dopo un primo momento di sorpresa, le autorità dell'istituto femminile, dopo averlo studiato con il moderatore generale, hanno deciso che c'era un certo debito di giustizia con queste persone, ma si sono rifiutate categoricamente di negoziare con loro attraverso quell'avvocato. Volevano invece parlare con loro da sole, perché le circostanze di ogni caso erano diverse e volevano raggiungere una soluzione equa con ciascuna di esse.

Inoltre, sembrava loro che, dopo tanti anni, la guarigione delle ferite fosse più importante del risarcimento economico. Era per loro motivo di pena che persone che per anni si erano dedicate con enorme generosità e impegno personale a queste opere apostoliche non avessero un buon ricordo di quel periodo giovanile (e, peggio ancora, che l'allontanamento dalla MM potesse avere la conseguenza di allontanarsi da Dio).

Ma riuscirci non sarebbe stato facile. In primo luogo, a causa dell'impegno firmato con Inocencio (che legalmente non era vincolante, ma loro non lo sapevano); in secondo luogo, poiché la causa non era stata presentata davanti al giudice, ma solo annunciata ai media, ignoravano i dettagli di ogni richiesta di compensazione, e persino i nomi delle denuncianti; infine, perché la superiora in Guatemala e alcune delle sue più strette collaboratori erano stati a capo dell'istituto femminile per molti anni, e alcune delle querelanti potevano nutrire sentimenti negativi nei loro confronti, come causa della loro partenza.

Un'altra questione che doveva essere decisa era se, oltre ad accettare o meno i fatti, sarebbe stato necessario chiedere perdono. Papa Giovanni Paolo II aveva infranto l'idea saldamente consolidata che né la Chiesa né i suoi pastori dovevano chiedere perdono per le colpe del passato: erano colpe individuali, non istituzionali. Da quel momento, non solo il papa ma anche diverse conferenze episcopali, diocesi, ordini e congregazioni avevano chiesto perdono per diversi motivi: abusi sessuali su minori, partecipazione ad azioni violente nel corso della storia, uso di schiavi, pratiche discriminatorie contro un'etnia o una religione, collaborazione con dittatori, ecc.

Per questo motivo, una delle domande sul tavolo dei superiori del MM era se chiedere o meno perdono. I consulenti legali dei MM lo rifiutavano categoricamente, perché qualsiasi ammissione di colpa avrebbe potuto aumentare la responsabilità civile. Ma le testimonianze erano così drammatiche che avevano fatto pendere l'ago della bilancia verso posizioni più umane.

Se così fosse deciso, altri dettagli avrebbero dovuto concretizzarsi. In primo luogo, chi dovrebbe chiedere scusa: i direttori di queste opere apostoliche che non avevano pagato soldi, il superiore locale delle sorelle o persino il moderatore generale. Poi, a chi dovevano rivolgersi: solo a quelle 34 denuncianti, anche ad altre che si facessero avanti in futuro, o addirittura dovrebbero prendere l'iniziativa e andare a cercarli. Infine, come farlo: una per una in privato, o anche pubblicamente.

Da un punto di vista economico, c'era una buona disponibilità a compensare. I fondi non erano abbondanti (nelle istituzioni ecclesiali non lo sono mai), ma oggi i MM avevano abbastanza amici a cui rivolgersi per creare un fondo che servisse a fornire un equo risarcimento.

Le modalità erano diverse: un'indennità in denaro una tantum, un importo periodico, il versamento degli importi a un fondo pensione che non era stato versato all'epoca, o soluzioni miste.

Gli importi dovrebbero essere determinati caso per caso, ma dovevano essere fissate tabelle per garantire la coerenza di tali pagamenti. Per quanto gli accordi fossero riservati, i superiori dei MM erano consapevoli che sarebbe stato impossibile che rimanessero segreti (non si poteva escludere che queste donne parlassero tra loro). Sarebbe un peccato da un punto di vista umano – e un disastro dal punto di vista dell'opinione pubblica – se misure volte a favorire la guarigione finissero per approfondire le ferite.

Era chiaro che ogni soluzione doveva essere multidisciplinare, perché richiedeva decisioni spirituali, giuridiche ed economiche. Ma gli aspetti comunicativi creavano molta incertezza. Gli articoli sulla stampa e le testimonianze sui social network cominciarono ad avere un impatto notevole su amici e benefattori, sulle famiglie dei fratelli e delle sorelle, sui genitori degli alunni delle scuole, sul personale assunto dalle opere apostoliche, sui vescovi del Guatemala...

E prima ancora, sulle sorelle che avevano vissuto e condiviso gioie e dolori con le denuncianti.

Per il momento, l'informazione negativa si era diffusa solo in Guatemala, ma non sarebbe sorprendente se arrivasse presto in altri paesi dove i MM avevano opere apostoliche. Gli echi potevano raggiungere facilmente anche la Santa Sede, dal momento che il segretario di Stato era guatemalteco, e si diceva che seguisse molto da vicino tutto ciò che accadeva nella sua patria.

A causa di questa complessità e di questa sfaccettatura pubblica, le superiori dell'istituto femminile nel Guatemala hanno affidato la preparazione di una proposta a Flora Castán, responsabile della comunicazione dell'istituto secolare femminile in Guatemala. Flora aveva aderito al MM nel 2005, quando le due cause alla radice del problema odierno (legato ai diritti dei lavoratori e alle modalità con cui avvenivano le dimissioni) erano già cose del passato. Il suo compito principale era la formazione di nuove vocazioni, ma dedicava due pomeriggi alla settimana alla comunicazione della famiglia ecclesiale.

I superiori in Guatemala hanno incaricato Flora di contattare Fara Onaindía, la direttrice dell'ufficio comunicazioni dei MM in Messico, per sviluppare insieme un piano sulla risposta istituzionale al problema.

Domande

Qual è il problema che i Missionari della Misericordia devono affrontare?

Come pensi che potrebbe evolvere?

Quali dovrebbero essere le priorità di questa famiglia ecclesiale?

Come articolare queste priorità nelle azioni di comunicazione?

Cosa faresti con ciascuno degli stakeholder dei MM per ottenere la guarigione?

Chi dovrebbe essere l'interlocutore con le querelanti e con il loro avvocato?

49. Un Giuda di plastica

Leoncio Boneke, cittadino della Guinea Equatoriale, aveva calcolato tutto per rubbare i soldi di Dio. Con un abito nero di Zara, una camicia con il colletto da prete, una vecchia copia dell'Annuario Pontificio e un iPad con la Vergine di Medjurgorje in copertina, aveva scoperto un modo per guadagnarsi da vivere senza sforzo.

Il piano era ben studiato, con tutte le opzioni previste. Visitava sistematicamente i conventi feminili spagnoli e con l'incanto del suo accento, il castigliano arcaico tipico della sua terra, la sua buona presenza e i suoi contatti nelle alte sfere cattoliche (era stato volontario nel dipartimento di accoglienza dei vescovi dell'Incontro Mondiale delle Famiglie a Valencia), acattivava le suore con le storie di vita cristiana del suo paese, dove c'era addirittura lista d'attesa per entrare in alcuni conventi.

Immediatamente, il tema della mancanza di sangue giovane in molti conventi usciva fuori nella conversazione. E in quel momento Leoncio si offriva di mediare per vedere se poteva ottenere qualcuna delle numerose vocazioni.

Un paio di settimane dopo, Leoncio tornava in convento con la buona notizia: due o tre novizie guineane erano pronte a venire in convento. L'unica cosa che la comunità doveva fare era coprire le spese di viaggio, passaporto e visto delle giovane candidate.

Le superiore più credulone abboccavano immediatamente all'esca e inviavano un bonifico su un conto corrente di una banca spagnola («perché il dittatore Teodoro Obiang controlla le banche guineane in modo ferreo», spiegava Leoncio). Altre, più prudenti, vollero vederli di persona, e allora, per dare credibilità all'inganno, Leoncio portava in convento una o due ragazze, che dopo solo pochi giorni di permanenza (appena ricevuto il bonifico), lasciavano il convento con il pretesto di «non essere preparati alla dura vita religiosa in Spagna».

Nella sua prima rapina ha ottenuto solo 1.800 euro, ma si è svolto alla perfezione: il convento non sapeva nemmeno che si trattasse di una messa in scena. A poco a poco perfezionò la sua tecnica: scriveva prima via e-mail presentandosi qua o là come il direttore spirituale di un convento guineano, mostrava le foto delle candidate (tratte dai siti web degli ordini religiosi legittimi) e aveva persino una lettera di presentazione del console spagnolo a Bata.

A poco a poco il numero delle pseudo-novizie aumentò, e con esso le somme di denaro. Alla fine, gli importi che ha truffato in media erano di 10.000 euro per due o tre candidate.

In un'innovazione ulteriore, Leoncio ha contattato Donato Mekuy, titolare di un'agenzia di collocamento a Malabo, che era la copertura di un'operazione di immigrazione clandestina nell'Unione Europea. In questo modo, Leoncio e Donato si repartivano gli 8.000 euro che chi voleva migrare nella UE doveva pagare per avere i documenti necessari per il visto, con il motivo «entrare in un convento spagnolo».

Ma l'ingordigia ha rovinato tutto. Nel 2008, Leoncio ha frodato un ordine religioso di Ondarribia di 13.000 euro per l'ammissione di quattro presunte suore guineane che, 10 giorni dopo, hanno deciso di porre fine alla loro reclusione e hanno abbandonato le loro presunte aspirazioni religiose. Ma la superiora sospettava qualcosa, e denunciò i fatti alla polizia.

Sulla base di tale denuncia, la brigata per gli stranieri e le frontiere della Polizia Nazionale ha avviato un'indagine. Non è stato facile entrare in possesso di tutti i dati (alcuni dei conventi che hanno ricevuto la visita degli agenti non hanno voluto denunciare i fatti e nemmeno dichiarare quanti soldi erano stati truffati), ma alla fine gli inquirenti hanno scoperto che in diversi conventi entravano novizie di nazionalità guineana che, poco dopo, uscivano dal centro religioso con argomenti simili.

Sulla base del modus operandi, la polizia tese una trappola con la collaborazione di un convento domenicano, e Leoncio è stato arrestato a Donostia dalla Polizia Nazionale, e messo a disposizione del tribunale d'istruzione numero 1 della capitale della Gipuzkoa, accusato dei reati di favoreggiamento dell'immigrazione clandestina, frode, usurpazione e violazione della legge sugli stranieri.

Si presume che l'importo economico della truffa sia elevato, dal momento che il falso prete ha portato avanti il suo piano in vari ordini religiosi in tutta la Spagna (per il momento, la sottodelegazione del governo ha solo segnalato la tentata truffa commessa nel convento che lo denunciò).

Juan Pacheco è il direttore della comunicazione della conferenza episcopale spagnola. Ha appena sentito la notizia alla radio, mentre guidava verso il suo ufficio in via Añastro. Quasi nello stesso momento il suo telefono ha iniziato a ricevere chiamate, alcune da giornalisti che ha nella memoria del cellulare, e altre... probabilmente da altri giornalisti.

Immaginando di cosa si tratta, pensa: «questo è il turno del buon vecchio Kepa». Kepa Onaindía è il delegato per i media del vescovado di Gipuzkoa e un buon amico di Juan.

Tuttavia, quando arriva in ufficio e consulta il suo giornale digitale preferito, è sorpreso di vedere che alla fine della notizia si dice:

«Il vescovado di Gipuzkoa ha rifiutato ieri di fornire informazioni su eventi che, come ha sottolineato un portavoce, si sono verificati durante la guida del precedente vescovo».

Compito

Prepara una proposta di lavoro per Juan da presentare al segretario generale della conferenza episcopale, suo superiore diretto.

50. Se mi tocchi sono guai

Il María Auxiliadora de Trujillo è una delle scuole più prestigiose della città natale di Pizarro, il conquistatore del Perù, come recita la lapide ai piedi della grandiosa statua che presiede la piazza principale della città dell'Estremadura, a pochi passi dalla cattedrale. Si trova alla periferia della città, ha più di mille studenti, e i suoi insegnanti – i salesiani – sono amati e apprezzati dai genitori.

Per questo, nulla lasciava presagire che in una mattina di novembre fino ad allora tranquilla e pacifica, poco prima di pranzo, una cinquantina di giovani hanno preso d'assalto la scuola, gridando «dove sono i preti, li bruceremo».

Dopo aver scosso il portiere e averlo gettato a terra quando ha cercato di impedirgli di entrare, i giovani hanno cercato di entrare con la forza nelle aule, dove si trovavano gli studenti a lezione, con l'obiettivo di strappare i crocifissi.

Diversi insegnanti li hanno affrontati e li hanno esortati ad andarsene, anche se gli aggressori si sono rifiutati e hanno risposto con minacce verbali e spintoni. Gli assalitori portavano bandiere repubblicane e bollavano gli insegnanti del centro come «fottuti fascisti» e hanno attaccato anche gli studenti del centro.

A loro volta, hanno cercato di rubare alcuni computer portatili dalle aule e hanno avuto accesso alla sala da pranzo della scuola, che era ancora vuota di scolari, e hanno gettato sul pavimento il cibo che era in vista, oltre a scrivere sul muro in enormi lettere rosse «Los curas y las monjas chupan como esponjas» (i preti e le suore succhiano come spugne), e altri graffiti rozzi in tutto il centro. Hanno anche timbrato una pagnotta di pane sulla statua di San Domenico Savio e hanno usati i tubi per l'irrigazione per bagnare gli studenti attraverso le finestre aperte.

La maggior parte degli insegnanti è riuscita a impedire loro di accedere alle aule in uso, chiudendole a chiave e appoggiando il tavolo contro la porta. I più pazzi hanno poi cercato di entrare dalle finestre, le cui persiane sono state rapidamente chiuse da insegnanti e studenti dall'interno delle aule.

La parte peggiore l'ha subita un'insegnante, che è rimasta ferito nelle dita quando ha chiuso una porta che gli assalitori stavano cercando di forzare. L'insegnante si è poi recata al pronto soccorso dell'ospedale di Trujillo, dove è stata curata dalla ferita e congedata a casa per due settimane.

I giovani selvaggi hanno usato i cellulari loro per registrare *l'avventura* e pubblicarla in TikTok, ma anche per avere le prove se gli insegnanti cercassero di allontanarli dal centro con la forza: «Voi mi toccate, vi denuncio e vi cadono tre anni sono minorenne», gridavano con arroganza.

Sentendo il trambusto, Julio Rosales, il direttore della scuola, si è affacciato alla finestra del suo ufficio e ha chiamato immediatamente il 112. Pochi minuti dopo, due furgoni della polizia sono arrivati a scuola, hanno chiuso la strada al traffico per impedire l'accesso a un secondo gruppo di assalitori e si sono messi tra gli insegnanti e gli aggressori.

Gli agenti hanno cercato di reprimere l'atteggiamento dei giovani, anche se hanno sempre evitato l'uso della forza e hanno cercato di dialogare per calmare gli animi. Il direttore si è anche avvicinato ai manifestanti per spiegare che «non solo l'insegnamento pubblico ha subito tagli, anche le scuole private ne hanno sofferto, ma la scuola salesiana si è sempre impegnata a risolvere i problemi da e con l'educazione», ha detto Rosales. Come previsto, le sue parole non sono servite a molto.

Tra gli assalitori c'erano chiaramente due gruppi: quello dei capibanda, composto da dieci giovani tra i 15 e i 17 anni, che erano i più violenti; e altri quaranta compagni della stessa età, che hanno intonato gli insulti e gli slogan dei primi e causato danni materiali, ma non hanno attaccato nessuno.

Tutti provenivano da una manifestazione in difesa dell'istruzione pubblica, laica e gratuita, tenutasi il secondo giorno di sciopero nell'istruzione pubblica contro i tagli all'istruzione. La manifestazione è passata prima attraverso due istituti, e dove non ci sono stati alterchi perché erano deserti. Lo sciopero continuerà per tutta la settimana, quindi la direzione del centro prevede di rafforzare la sicurezza per domani, in previsione di subire nuovi attacchi con caratteristiche simili.

Gli organizzatori della manifestazione hanno chiamato i media per dissociarsi dagli eventi e ad assicurare che, dall'esterno della scuole, non hanno visto nulla e non sanno se qualcuno potrebbe accedere all'interno del centro educativo senza il loro permesso.

Anche Javier Aguado, presidente del sindacato studentesco e membro del comitato coordinatore dello sciopero, ha detto che hanno cantato, ma ha negato di aver aggredito un'insegnante: «È stato un incidente. Mentre lei cercava di impedire ad alcuni di loro di entrare nella scuola, si è fatta male con una serranda. Ma non siamo stati noi a farle del male», ha detto Aguado.

Tuttavia, alcuni testimoni hanno detto di aver visto che molti altri manifestanti non hanno potuto unirsi all'aggressione perché glielo ha impedito l'arrivo quasi immediato della polizia, ma che hanno intonato le stesse grida degli aggressori e lanciato alcune pietre.

Domande

Chi sono i destinatari prioritari della scuola e quale messaggio dovrebbe trasmettere loro la scuola?

Quali sono le idee principali che il dirigente scolastico dovrebbe trasmettere nelle sue interviste con la stampa?

Quali vantaggi e svantaggi avrebbe l'avvio di un procedimento legale contro gli aggressori?

Quali iniziative dovrebbe mettere in campo la scuola dopo quanto accaduto, nella comunicazione e in altri aspetti?

51. Tradizioni indegne

St. Andrews è una delle scuole più prestigiose ed esclusive degli Stati Uniti, le cui aule sono fonte di membri del congresso e senatori, e dove ha studiato l'attuale Segretario di Stato. Il suo campus si estende su quasi cento acri di dolci colline intorno a Middlesburg, nel Maryland, ed è stato progettato dall'architetto inglese Calvert Vaux, lo stesso architetto che ha progettato il Central Park di New York. La bellezza del luogo spiega perché qui sono stati girati molti film: *The Dead Poets Club, Private School, Secret Society*, ecc.

Purtroppo, le prime pagine dei giornali di oggi non parlano delle sue strutture, dei suoi numerosi titoli sportivi di lacrosse, tennis e canottaggio, o dei riconoscimenti accademici dei suoi professori, ma di un evento terribile: l'accusa contro Owen L., un diciannovenne di una nota famiglia del Vermont, di aver violentato una studentessa di 15 anni nel terrazzo di uno degli edifici del campus.

La notizia è balzata ai media non appena Owen è stato arrestato, il 15 maggio. Le prime reazioni sono state di indignazione e di dubbio: era possibile che un rappresentante del settore più privilegiato della società, che aveva ricevuto un'attenta educazione in quella scuola cattolica elitaria, potesse abusare di un adolescente? Come si può spiegare una tale deplorevole eccezione in un ambiente idilliaco di eccellenza accademica e morale?

Tuttavia, dopo diversi giorni di inchieste da parte della stampa nazionale arrivata in massa a Middlesburg per coprire gli eventi, il panorama è cambiato radicalmente. L'opinione pubblica ha potuto conoscere una realtà molto diversa, di cui Owen L. non è un'eccezione ma la regola.

Con una freddezza glaciale, come se fosse la cosa più normale del mondo, il presunto stupratore si è dichiarato non colpevole dei gravi reati di cui era accusato. Ma ha detto agli investigatori che è considerato un onore per gli *veterani* di St.

Andrews «fare sesso con le ragazze più giovani» prima di diplomarsi. Ha anche detto che questa pratica comune ha anche un nome, il *Senior Salute*, vissuto come un vero e proprio tributo che deve essere reso dagli studenti più giovani agli studenti dell'ultimo anno.

Secondo questa tradizione, i futuri laureati fanno a gara per vedere chi ha avuto più rapporti sessuali durante il corso. «Volevo solo essere il numero uno», ha detto Owen, senza alcun senso di colpa, «e credo sono riuscito».

L'imputato ha negato di aver violentato la denunciante, sebbene abbia riconosciuto di aver avuto rapporti senza consumazione. Owen ha detto agli investigatori di aver avuto «un momento di ispirazione divina» che lo ha portato a interrompere la relazione prima di andare avanti. Alla domanda sul perché la ragazza avrebbe mentito, Owen ha dichiarato che «è una grande motivazione per le giovani studentesse fare sesso con gli studenti senior».

Queste dichiarazioni, rese pubbliche dall'avvocato di Owen, hanno sollevato un grande scandalo prima tra le famiglie degli studenti, ma anche nella vicina Middlesburg, il comune dove si trova il centro.

L'accusa ha annunciato la sua intenzione di chiamare a testimoniare ex e attuali studenti di St. Andrews per chiarire la questione del *Senior Salute*; una mozione cittadina ha chiesto al sindaco di ritirare tutti i benefici fiscali di cui gode la scuola; e la Ivy League Association, che riunisce otto università esclusive negli Stati Uniti, ha annunciato che non accetterà studenti di St. Andrews fino a quando i fatti non saranno chiariti.

Il nome completo della scuola è St. Andrews Catholic School. Non appartiene alla diocesi, ma è una scuola privata di proprietà di un trust, il cui consiglio di amministrazione comprende prestigiosi uomini d'affari usciti dalle sue aule. L'arcivescovo di Baltimora ne è il presidente onorario, una posizione senza poteri esecutivi. Il prelato ha voce in capitolo ma non ha diritto di voto nelle sue deliberazioni e, secondo gli statuti del centro, può nominare solo il cappellano.

Wesley Knopf è il direttore delle comunicazioni dell'arcidiocesi di Baltimora. Per chiarire i dubbi, è andato dall'avvocato per scoprire se l'arcidiocesi avesse qualche legame con la scuola. L'avvocato gli ha risposto di no, e che, secondo la legge dello stato del Maryland, la Chiesa non è responsabile per procura di nulla di ciò che accade nella scuola. «Secondo me, la cosa migliore da fare è rimanere zitti: l'ho appena detto all'arcivescovo», gli ha detto.

Domande

Se i media lo chiamano per commentare la notizia, Wesley ha qualcosa da dire?

Che cosa poteva fare Wesley per la scuola, per il bene della Chiesa?

52. Adozioni a rischio

A differenza della Cina, dove la politica del figlio unico attuata decenni fa ha ridotto la natalità a tassi davvero pericolosi, l'altro gigante asiatico, l'India, continua a crescere costantemente e, secondo le statistiche ufficiali, la sua popolazione supererà quella cinese entro il 2025.

La scorsa estate, il governo indiano ha rivisto i regolamenti per accelerare il processo di adozione, che di solo dura mesi e persino anni. Il governo era preoccupato per l'alto numero di bambini abbandonati che vivevano nei poveri orfanotrofi delle popolose città dell'India, quasi senza risorse per vestirli e nutrirli.

Accorciare i termini per l'adozione, ha pensato il governo, avrebbe molti vantaggi: i bambini sono accolti più rapidamente dalle famiglie che si prendono cura del loro vito e della loro istruzione. Entrando nelle nuove famiglie in età precoce, l'integrazione è facilitata. Inoltre, diminuiscono le spese statali per l'orfanotrofi.

Secondo le autorità, questo processo deve essere adattato a un modello di gestione serio e trasparente. In parte, il nuovo sistema ha anche lo scopo di portare ordine in un mondo poco chiaro: il numero degli orfani in India è tutt'altro che affidabile. L'anno scorso sono state registrate solo 4.300 adozioni, mentre ci sono 9.000 genitori in attesa di fare il passo. E questo senza contare le richieste che arrivano dagli Stati Uniti e dall'Europa.

Le agenzie di adozione svolgono un ruolo chiave nel processo di adozione. Sono loro che selezionano le richieste che arrivano, le classificano, selezionano i potenziali genitori e si assicurano che tutti i requisiti siano soddisfatti; finalmente, mediano tra i genitori "approvati" e gli orfanotrofi, che non hanno le persone o le risorse per fare tutto questo da sole.

Sebbene le agenzie siano istituzioni private, non statali, e molte di esse appartengano a istituzioni religiose (principalmente cattoliche e anglicane), agiscono come braccio operativo delle autorità.

E questo, in un paese che si considera leader del mondo non allineato e sempre più statalista, non è accettabile. È un'offesa nazionale che le istituzioni religiose «di ispirazione straniera» svolgano una funzione sociale così importante, come se gli indiani non potessero farlo da soli.

La legge recentemente approvata ha cercato di cambiare questa situazione e ridurre il ruolo delle agenzie. Il Dipartimento per lo sviluppo delle donne e dell'infanzia sostiene che il vecchio sistema, in cui gli orfanotrofi e le agenzie gestivano individualmente il processo, invitava alla corruzione, alla tratta, ai favoritismi e ai ritardi. In effetti, Maneka Gupta, il suo segretario generale, li ha accusati in numerose occasioni di «lesinare migliaia di vite» ritardando il processo.

Secondo le nuove norme, gli orfanotrofi devono registrare i bambini presso l'Autorità centrale per le risorse per l'adozione (CARA) in cui sono iscritti anche i genitori genetici. Il sistema di selezione è svolto da questo ente e non consente discriminazioni nei confronti delle famiglie che vogliono adottare.

Qualsiasi coppia, sposata o meno, può adottare, e anche i singoli. L'unica limitazione imposta è che un uomo senza una compagna non può adottare una bambina.

Il cambiamento è notevole. Ora, l'autorità centrale propone ai futuri genitori tra i quattro e i sei bambini, mentre con il modello precedente l'agenzia ne offriva solo uno, in modo che se i genitori non erano interessati a quel bambino dovevano mettersi alla coda della fila per che ne venisse offerto uno nuovo, cosa che poteva richiedere anni.

La nuova legislazione non è stata priva di opposizione. Infatti, quando Maneka Gupta annunciò il progetto di legge, tutte le agenzie di adozione e gli orfanotrofi gestiti da entità cristiane visitarono le autorità per spiegare la loro opposizione, che secondo loro avrebbe «trasformato i bambini in merci».

Ma il governo è mantenuto la sua ferma posizione. Come ha commentato Gupta, la resistenza delle istituzioni a registrare i loro minori nel database centralizzato era dovuta a «questioni ideologiche, perché non vogliono essere accettare un sistema unico, omogeneo e laico».

La conferenza episcopale indiana ha convocato a Mumbai i rappresentanti delle istituzioni cattoliche che gestiscono orfanotrofi. Per il segretario generale, mons. Pratheesh Kerketta, è importante coordinare la risposta cattolica alla nuova legislazione. Ma – ha aggiunto subito, all'apertura dell'incontro – ogni istituzione deve decidere autonomamente: i vescovi non imporranno nulla agli ordini e alle congregazioni religiose.

Il turno di parola segue l'ordine del tavolo. I primi interventi coincidono nell'affermare di non aver ancora preso una decisione. In alcuni casi, dicono, dipende dalla sede dell'ordine, che è a Roma, e da lì hanno chiesto alla Santa Sede. Non sanno quando riceveranno una risposta, o che senso avrà.

Quando è il turno delle missionarie della carità, la loro rappresentante, suor Sunita Kumar, spiega che hanno già preso una decisione, anche se non avevano intenzione di comunicarla per un altro mese: lascieranno il sistema pubblico.

> «Abbiamo chiuso le nostre case di adozione e trasferito gli orfani ad altre organizzazioni cattoliche, per evitare che i bambini orfani delle nostre case finissero nelle mani di genitori single, come consentito dalle nuove regole dell'India».

I presenti, dopo aver appreso la decisione dell'ordine fondato da santa Teresa di Calcutta di interrompere e cessare di prestare quel servizio, chiedono ulteriori spiegazioni.

«Soddisfare tutti i requisiti sarebbe stato molto difficile per noi – ha riconosciuto suor Kumar –, ma soprattutto temiamo che i minori finiscano in pericolo. Quando si tratta di genitori single, non possiamo sapere con certezza se si preoccuperanno davvero dei bambini. Cosa accadrebbe se venissero maltrattati?»

Ma per i missionari non è solo una questione di sicurezza dei bambini, è anche un conflitto morale che si scontra con i loro valori.

> «Le nuove linee guida feriscono la nostra coscienza. E se il padre single che diamo al nostro bambino si rivelasse gay o lesbica? Quale sicurezza o morale riceveranno questi bambini? Le nostre regole consentono solo alle coppie sposate di

> adottare. Né daremmo un menore a una persona divorziata».

Dopo l'intervento della missionaria della carità, la sala viene divisa in tre. Alcune congregazioni pensano di dover resistere nel sistema, per non abbandonare gli orfani, che – dicono – «sarebbe come abbandonarli per la seconda volta».

Altri pensano che non sia poi così male, e che in fondo il nuovo sistema impedirà il traffico di bambini, di cui sono consapevoli.

Infine, il terzo gruppo semplicemente non sa cosa pensare.

All'incontro, in qualità di osservatore, è presente Kalu Kallarakkal, direttore della comunicazione della conferenza episcopale indiana. Al momento di andarsene, si avvicinò al suo capo, monsignor Kerketta, e disse:

– «Cosa facciamo se i media ci chiedono come stanno le cose?»

– «Più che i giornalisti, mi preoccupa la decisione che prenderanno gli orfanotrofi che dipendono dalle diocesi», dice il segretario della conferenza, «non ho idea di cosa deciderà ogni vescovo».

Compito

Progetta i punti fondamentali dei tre scenari più probabili e ripara un piano di comunicazione per ciascuno di essi, per conto di Kalu.

53. Un caratteraccio

Per molte persone l'auto è un mezzo di trasporto come un altro, forse più costoso ma certamente più comodo dell'autobus o della metropolitana. Non per Anna: la sua auto (una piccola ibrida color vino) è molto di più. È come un'oasi di quiete tra due mari agitati, il lavoro e la famiglia.

Il suo tempo in macchina (che ha anche un nome: Giuditta) segue una routine fissa: si siede, guarda una cartolina della spiaggia di Nanín che riporta alla mente ricordi felici, chiude gli occhi per tre minuti fino a quando il ritmo della respirazione si calma e il suo cuore scende a 60 battiti, e poi accende la radio. E non ascolta un programma a caso: sempre musica degli anni '80 e '90, perché conosce le parole a memoria e le piace cantare. L'esperienza gli ha dimostrato quanto sia vero il consiglio per chi è triste: *canta che ti passa*!

Solo dopo quell'invariabile liturgia, e con il sorriso sulle labbra, l'auto si mette in moto. In questo modo, riesce a fare del tragitto di 30 minuti dall'ufficio a casa una parentesi che gli permette di affrontare tre ragazzi, di 2, 5 e 7 anni, che combinano tanti guai ai loro vicini che meriterebbero di essere accusati davanti alla Corte Internazionale di Giustizia dell'Aia, che solo la causa di una rotazione costante di *babysitter*.

«Non sono bambini, sono armi di distruzione di massa», pensa Anna, «ma a volte il mio vescovo è più capriccioso di loro».

Andare d'accordo con Mons. Elkana, è tutta una sfida. Il vescovo è il pastore di Toledo, una delle diocesi più estese della Spagna, confinante all'ovest con la Extremadura.

Spesso Anna è stanca che il vescovo prenda decisioni che influiscono sulla comunicazione senza consultarla prima; che non la ammetta nelle riunioni del consiglio episcopale (non sa se perché non si fida di lei perché comunicatrice, perché donna o semplicemente perché se ne dimentica), tenendo conto ti quanto sarebbe utile poter dare la sua opinione *prima* che vengano prese le decisioni, non dopo; e soprattutto, perché il rapporto del vescovo con alcuni giornalisti ha alti e bassi tremendi: quando sono in buona grazia, dice loro tutto, anche quello che non dovrebbe; e quando si arrabbia con loro, non vuole nemmeno vederli, e chiede ad Anna di non invitarli alle conferenze stampa e di non inviare loro i comunicati...

Anna è la direttrice della comunicazione della diocesi, e coordina un team di quattro persone: Jeroam gestisce il sito web, Penny i profili social, Eliud il disegno e la produzione di pubblicazioni, poster e brochure per la diocesi, e infine Antonio, alias Tohu, che funge da segretario per tutto: archiviazione, fotocopie, corrispondenza, e a volte anche come autista.

Anna ha riservato per sé il rapporto con i giornalisti (era una reporter del principale giornale della città, e conserva ottimi amici «dall'altra parte della barriera»), e naturalmente, tutto ciò che si riferisce al vescovo.

Anna non è del tutto sodisfatta come comunicatore istituzionale: si aspettava di più. È convinta che sarebbe molto più utile alla diocesi se si fidassero di lei..., ma le cose stanno così.

– «In fondo è logico: il vescovo è circondato da gente che dice di sì sempre e a tutto, e chiunque diventerebbe capriccioso. Mi sembra di essere l'unico marziano qui che di tanto in tanto lo contraddice».

Ma non c'è bisogno di drammatizzare. E' evidente che nei due anni in cui Anna è stata in carica ha ottenuto notevoli miglioramenti. La speranza di ulteriori progressi la incoraggia a continuare nella breccia. Quello, e le idee che gli vengono in mente con Giuditta...

Inoltre, il papa verrà a Toledo a ottobre, e ciò comporterà più lavoro, ma anche una grande opportunità per prendere l'iniziativa con i media:

– «Di solito non mi prestano attenzione, ma con l'arrivo del papa tutti vogliono cose da me».

Sono le 13:30 di un venerdì di primavera e manca solo un'ora e mezza per lasciare l'ufficio. Il weekend sta per iniziare... Ma tutto va storto quando Anna riceve un avviso da Google, con il seguente titolo: «Arcivescovo Elkana: che Dio prenda presto il Papa».

Allarmata, clicca sul link, e legge una notizia che le provoca un immediato mal di testa: alcune dichiarazioni del vescovo contro il papa, al quale egli addirittura desidera di morire.

A quanto pare, una stazione radio locale ha un programma comico nel quale chiamano al telefono personaggi famosi imitando la voce di persone vicine a loro, e poi l'emittente trasmette le registrazioni, suscitando le risate degli ascoltatori. Oggi la vittima è stato il vescovo: il comico lo ha chiamato per conto del segretario della conferenza episcopale (non è stato difficile imitare la sua nota voce rauca, perché parla molto nei programmi radiofonici), e mons. Elkana ha abboccato all'amo.

Prima il segretario fraudolento lo informò che il papa aveva cambiato il programma del suo prossimo viaggio nel paese, e aveva sostituito la tappa a Toledo con un'altra nella diocesi vicina. Con l'evidente disagio a malapena contenuto, il vescovo disse che era molto dispiaciuto.

Lo informò poi che il suo contributo alle spese della visita papale sarebbe aumentato del 15%, perché il governo aveva ritirato il sussidio che aveva promesso. A questa provocazione il vescovo rispose:

> «Che farabutti sono i politici! Ti promettono di tutto e di più, e quando arriva il momento della verità ti lasciano nei guai. E il peggiore di loro è il primo ministro: mente più di quanto parla!»

Ma ciò che lo ha fatto esplodere è stato quando il segretario fittizio gli ha detto che il papa aveva appena deciso che la sua diocesi avrebbe perso il monastero di Guadalupe (un gioello del secolo XIV, che si trova nella nella vicina regione dell'Estremadura). Il pontefice aveva accettato la richiesta ormai plurisecolare dei vescovi *estremeños*, che volevano che la sua santa patrona dipendesse da loro, non da una diocesi di un'altra regione.

In quel momento, l'arcivescovo Elkana perse la pazienza e disse (tra le altre cose che non possono essere messe per iscritto) che magari il Signore chiamasse il Papa alla sua presenza il prima possibile, «oggi meglio di domani!»

Anna è sbalordita. Poiché non ci crede, va sul sito web della stazione radio e decide di ascoltare la registrazione con le proprie orecchie. Questo finisce per deprimerla, perché è molto peggio dell'articolo, perché la voce arrabbiata del vescovo produce un effetto devastante...

Poi, già molto provata, guarda cosa sta succedendo sulle reti, e l'hashtag *#Elkanaantipapa* è diventato *trending topic* ed è increscendo. E ancora peggio: i meme sono... esilaranti!

Cinque minuti dopo, il telefono della diocesi inizia a squillare senza sosta: i giornalisti vogliono una dichiarazione del vescovo; il "vero" segretario della conferenza episcopale vuole parlare con il vescovo in mezzo; tanti parroci chiamano per sapere cosa hanno da dire ai loro parrocchiani...

Domande

Se tu fossi Anna, cosa faresti e in quale ordine?

Se dovessi fare una dichiarazione ai media, cosa diresti?

Quali linee guida darebbe al responsabile delle reti sociali della diocesi?

In che modo ciò che è accaduto potrebbe essere utilizzato per migliorare la comunicazione nella diocesi?

54. Per chi suonano le campane?

Il monastero di San Vicente, a un centinaio di metri dalla spiaggia (nella lingua locale, tale distanza si direbbe «a una carreriña do can», quanto corre un cane), è una delle chiese più tradizionali di una cittadina marinara della costa atlantica.

Qui, come in tanti luoghi del Paese, il suono delle campane è uno dei segni più *risonanti* della secolare presenza della Chiesa nei villaggi di campagna. Non è più necessario per sapere che ora sia – tutti hanno l'orologio – o per chiamare tutti a spegnere un incendio, o fuggire da vichinghi e pirati (fino al XVIII secolo le incursioni dei corsari inglesi erano frequenti nei mesi estivi). Ma la sua costanza conferisce un'aura di tradizione, e costituisce una testimonianza (discreta, se non muta) del soprannaturale nella vita di tutti i giorni.

Ecco perché chi viene svegliato molto prima dell'ora di alzarsi non si arrabbia più di tanto: basta rannicchiarsi di nuovo sotto le coperte, e sussurrare un delizioso «Ho ancora mezz'ora di tempo!»

Ma i tempi cambiano. Ci sono sempre più persone a cui la perseverante chiamata ai fedeli alle funzioni sacre, e persino il semplice ricordo che ci sono chiese, sono cose fastidiose e insopportabili.

Per questo don Anxo non si stupisce quando, leggendo serenamente il *Diario di Arousa* nella quiete del dopo cena del mercoledì, scopre che l'associazione Ribeira Laica ha denunciato il convento di San Vicente per non aver rispettato l'ordinanza di convivenza suonando le campane di prima mattina, disturbando il sonno dei vicini.

Don Anxo Corredoira è il cappellano delle suore... e parroco di tre comuni della zona: Corrubedo, Boiro e Portomouro.

Perché Ribeira, che conta circa ventisettemila abitanti e vive di pesca e frutti di mare, ha ordinanze precise sul rumore. Un'altra cosa è che vengano rispettate dai locali notturni strapieni da vacanzieri, dalle terrazze dei ristoranti, dalle fabbriche di conserve di tonno e dall'impianto di trattamento delle cozze. Ma le norme ce ne sono, eccome.

Nella sua lettera al consiglio comunale di Ribeira, l'associazione afferma di farsi eco delle lamentele dei residenti della zona e chiede al sindaco di intervenire e costringere il convento a rispettare i regolamenti.

Questo monastero di monache di clausura si trova alla fine del villaggio, guardando verso l'isola di Sálvora, in una zona molto battuta dai venti. Infatti, l'alto muro che circonda il convento funge da frangivento per le case più vicine. Ma naturalmente, quando c'è vento da nord, le campane si sentono in tutto il paese come se fossero a pochi metri di distanza.

Come racconta al giornalista il coordinatore dell'associazione, Andrés Torres, durante la settimana il primo suono delle campane avviene alle 6:00 del mattino, il che colpisce il sonno dei vicini, soprattutto di quelli che vanno a lavorare più tardi o hanno il turno di notte, mentre nei fine settimana il primo suono suona alle 7:00.

L'associazione estende la situazione alle altre due chiese della città, San Roque e Santa Salomé, anche se è nel caso di San Vicente, dice Torres, che il suono delle campane ha «maggiore impatto».

Nella lettera presentata al consiglio comunale chiedono che i regolamenti siano applicati a tutti allo stesso modo: «Non c'è animosità da parte di Ribeira Laica nei confronti della Chiesa cattolica, si tratta solo che dal punto di vista della laicità ci sono uguali diritti per tutti e la legge è applicabile a tutti», ha detto Torres.

Dopo aver presentato la denuncia, finisce la notizia, il coordinatore dell'associazione si è recato all'arcivescovado di Santiago per incontrare il vicario generale, il quale, secondo Torres, ha promesso di trovare una soluzione al problema.

Don Anxo non ama le inteferenze su competenze che considera proprie. Quindi, prende il telefono e chiama la superiora del monastero, María del Carmen Caamaño, per prendere l'iniziativa, prima che il vicario lo chiami.

Come era prevedibile, Madre María del Carmen si è lamentata del fatto che l'associazione non si è rivolta a loro prima per sollevare il problema.

– «Tutto il paese è abituato alle campane del monastero e delle altre chiese, e nessuno ha mai detto nulla.»

Dopo una lunga conversazione, ha convinto la suora a chiamare direttamente Torres, invitarlo a visitare il monastero ed esprimere la sua disponibilità a trovare una soluzione.

– «Tenete pronta la risposta alla richiesta di di non suonare più le campane maggiori almeno così presto, o di suonare solo una campana piccola che si senta solo all'interno del monastero», le ha anticipato don Anxo.

– «In questi tempi, siccome la gente non crede, danno fastidio anche le campane, di cui si è sempre detto che sono la voce di Dio», rispose la superiora. Ma alla fine gli ha assicurato che si sarebbe incontrata con l'associazione e si sarebbe impegnata a trovare una soluzione.

Da parte sua, l'Assessore alla Mobilità e alla Protezione Civile, Uxía Queiruga (Mareas, un partito nazionalista di sinistra), ha spiegato al notiziario di Radio Atlántica che, dopo aver ricevuto il denuncia, l'area Ambiente ha accettato di avviare il servizio di mediazione dei conflitti per la risoluzione di questo tipo di questioni legate al rumore eccessivo, e che contatterà le suore per cercare di convincerle a rimandare un po' il primo tocco.

Quello che Don Anxo non sa è che, all'ultima riunione dell'associazione Ribeira Laica, hanno deciso che la loro prossima battaglia sarà quella di chiedere alla Xunta di espropriare un lembo del loro giardino alle suore, per terminare la passeggiata pedonale che continua in riva al mare, e che collega la città con la spiaggia di Corrubedo.

Domande

Come può il convento ingraziarsi i vicini?

Come si potrebbe trasformae ciò che è accaduto in un'opportunità?

Cosa si dovrebbe fare con le campane?

55. Davanti alla "morte degna"

L'Austria è una delle nazioni più ricche del mondo... economicamente. Dal punto di vista religioso, è impoverita in bella vista. Non si tratta di un fenomeno recente, certo: pur essendo sempre stato uno dei Paesi più cattolici d'Europa, da diversi decenni il Paese si sta allontanando dalle sue radici cristiane a ritmi accellerati.

Non è chiaro cosa sia causa e cosa sia effetto, ma il fatto è che la pratica religiosa è scesa sotto il 10% tra i battezzati, il numero di vocazioni sacerdotali e religiose è al minimo, e gruppi di base come *Noi siamo Chiesa* sono in ascesa.

Forse il problema imperversava da anni, ma esplose nel 1995 a seguito dello scandalo per le accuse di pedofilia contro l'allora cardinale arcivescovo di Vienna. Di fronte a una risposta percepita come tiepida e poco chiara (non c'è stato alcun processo civile perché il presunto reato era scaduto, né ce n'è stato uno canonico: solo al cardinale è stato ordinato di ritirarsi in un monastero), 400.000 cattolici austriaci hanno firmato una petizione popolare per riformare la Chiesa cattolica.

Da allora si sono ripetute manifestazioni di dissenso ecclesiale. Ad esempio, la *Pfarrer-Iniciative* (chiamata alla disobbedienza), guidata dall'ex vicario generale dell'arcidiocesi di Vienna e firmata da un significativo gruppo di sacerdoti. Tra le altre cose, chiedevano:

> «L'ordinazione delle donne (sacerdozio femminile) e delle persone sposate; che i laici e le laiche preparati, celibi o sposati, possano officiare la messa e guidare le chiese senza un parroco; permettere ai divorziati di risposarsi; che i protestanti possano ricevere la comunione; e di rendere volontario il celibato sacerdotale».

Un altro esempio della situazione in cui si trovano certi ambienti cattolici è l'episodio della diocesi di Linz: il papa aveva nominato un vescovo ausiliare, ma di fronte alle proteste generali, guidate da un canonico della diocesi che non nascondeva la sua convivenza con una donna, è stato costretto a dimettersi per essere «troppo conservatore».

È difficile valutare la gravità della situazione. I dati non sono incoraggianti: da un sondaggio promosso dalla televisione pubblica austriaca ORF emerge che il 72% dei sacerdoti sarebbe favorevole alla «chiamata alla disobbedienza»; il 71% vorrebbe abolire l'obbligo del celibato; e il 55% consentirebbe l'ordinazione delle donne.

La conferenza episcopale, ovviamente, si è espressa contro la *Pfarrer-Iniciative*, ma ha resistito alle voci, dentro e fuori l'Austria, che incoraggiavano i vescovi a confrontarsi con i ribelli perché, hanno sottolineato, «imporre sanzioni sarebbe controproducente».

In questo contesto, non sorprende che anche la legislazione si allontani dai principi cristiani. Tutto sembra indicare che la prossima battaglia per difendere la visione cristiana dell'uomo sarà l'eutanasia. Attualmente, come nella vicina Germania, l'eutanasia passiva è tollerata se il paziente la richiede. Ma sono sempre di più le richieste di regolamentare la materia e di non lasciarla alla libera interpretazione di medici e ospedali.

Il problema

Sarah Hassler è la direttrice della comunicazione dell'Ordine Ospedaliero di San Giovanni di Dio (OOSG) in Austria. È appena tornato a Vienna da Roma, dove ha partecipato a un seminario per comunicatori della Chiesa organizzato da un'università pontificia. Torna colpita da una delle conferenze, in cui la relatrice – capo dell'ufficio comunicazione della conferenza episcopale belga – ha spiegato la situazione dell'eutanasia nel suo Paese, e le conseguenze della nuova legge sull'eutanasia per le istituzioni ecclesiali che lavorano nel campo della salute.

Approfittando del fine settimana, Sarah ha riletto i suoi appunti di lezione:

Il Belgio è stato il secondo paese al mondo a legalizzare l'eutanasia nel 2002, pochi mesi dopo i vicini Paesi Bassi. La legge imponeva alcune condizioni:

> «Deve essere consapevolmente richiesta da una persona maggiorenne o da un minore emancipato, capace, con prognosi di malattia irreversibile, che soffra di costanti e insopportabili sofferenze fisiche o mentali o di una grave malattia incurabile. La richiesta di eutanasia deve essere fatta per iscritto, volontariamente e ripetutamente e per iscritto e firmata dal paziente o da un adulto designato dal paziente».

Dalla sua legalizzazione, il numero di morti per eutanasia in Belgio non ha smesso di crescere. A questi dati vanno aggiunti quelli *involontari*: come ha mostrato un rapporto del *Canadian Medical Association Journal*, 120 infermieri belgi (il 49% su un totale di 248 intervistati in maniera anonima) hanno ammesso di aver applicato l'eutanasia senza la richiesta del paziente.

Parte del problema è che l'eutanasia si pratica senza controlli, visto che nel 50% dei casi i requisiti legali non sono stati adimpiuti. In pratica, nessuno controlla la decisione dei medici. Nello specifico, come si evince dall'analisi dei certificati di morte, fino al 50% dei casi non vengono riportati come eutanasia.

L'altra faccia della medaglia è che l'uso delle cure palliative è diminuita. Nonostante le promesse che la legalizzazione dell'eutanasia sarebbe stata accompagnata da miglioramenti significativi nelle cure palliative, il fatto è che l'eutanasia, essendo un processo più semplice, economico e veloce per gli ospedali, viene promossa di più.

A dieci anni dalla legalizzazione, nel 2012, la commissione di controllo del Ministero della Salute ha riconosciuto l'impossibilità di conoscere il numero reale di eutanasia:

> [L'eutanasia,] «inizialmente legalizzata a condizioni rigorose, è diventata un atto normale e persino ordinario (...). Il silenzio da parte dell'establishment politico ha provocato un senso di impunità da parte dei medici coinvolti e un senso di impotenza da parte di coloro che sono preoccupati per l'evolversi delle cose».

Secondo i dati ufficiali, tra il 2008 e il 2011 il numero di casi è aumentato del 61%; e l'eutanasia è aumentata in quei pazienti la cui morte non era prevista a breve termine, così come nei casi di disturbi neuropsichiatrici.

Gli studi indicano che solo il 5% delle richieste di eutanasia viene respinta, il che indica che i medici molto raramente rifiutano l'eutanasia quando richiesta. Questi dati indicano l'effetto trasformativo che la legalizzazione dell'eutanasia ha sulla condotta medica.

Nello stesso anno 2013, a seguito di un sondaggio che mostrava che il 75% dei belgi ne era in favore, il Belgio ha aperto il dibattito all'eutanasia dei minori e a novembre la commissione giustizia del Senato belga l'ha legalizzata. Il cambiamento dell'opinione pubblica mostrava come cambia una società quando si approva l'eutanasia.

Il dibattito politico è segnato da quello che è noto come il cosiddetto pendio scivoloso. Invece di cercare un modo per limitare la legge ed evitare, almeno, alcuni dei casi, si intende fare una lettura più ampia dei regolamenti per evitare che i casi attuali siano considerati illegali.

Nel febbraio 2014, e contrariamente all'opinione dei pediatri, che affermavano che «non risponde a una domanda reale, nessun bambino chiede di morire, con i palliativi non soffre, l'eutanasia legale costringe il bambino», il Belgio ha approvato l'eutanasia dei bambini. E sette mesi dopo, 15 prigionieri belgi hanno chiesto l'eutanasia 24 ore dopo che era stata concessa a un altro detenuto.

La situazione in Belgio sembra fuori controllo. La legge è interpretata in modo così ampio che l'eutanasia è disponibile à la carte e i medici somministrano l'iniezione letale ai disabili, ai malati mentali, ai pazzi e persino ai depressi. Come osserva il *Journal of Medical Ethics*, il numero di casi di eutanasia è passato da 235 nel 2003 a 1.807 nel 2013; e «la maggior parte dei casi riguarda pazienti che vengono aiutati a morire senza averlo chiesto».

L'obiezione di coscienza sotto i riflettori

Il successivo argomento di discussione è l'obiezione di coscienza. Finora, la legge belga consente ai medici di esercitare l'obiezione di coscienza, ma non menziona se le istituzioni ospedaliere godano dello stesso diritto.

La questione è venuta alla ribalta in occasione della denuncia contro una casa di cura cattolica, presentata dalla famiglia di un'anziana malata di cancro. A quanto pare, la paziente di 74 anni aveva chiesto l'eutanasia, ma il centro si è rifiutato di somministrare l'iniezione letale presso la sua sede. La signora è stata poi trasferita dall'ospedale di San Agustín a una residenza privata, dove pochi giorni dopo è stata anestetizzata da un medico ed è morta.

Tuttavia, i querelanti sostengono che la decisione del centro cattolico ha causato sofferenza mentale e fisica alla loro parente: «È stato qualcosa di terribile per mia madre», ha detto la figlia della malata, «perché era molto cosciente».

Il rifiuto dell'ospedale cattolico ha fatto arrabbiare politici e medici pro-eutanasia, e hanno chiesto che i centri sanitari della Chiesa siano privati di tutti i finanziamenti pubblici se non autorizzano l'eutanasia a essere praticata in essi.

I sostenitori dell'eutanasia sostengono che «nessuno può negare il diritto all'eutanasia» e chiedono al parlamento di legiferare contro il diritto all'obiezione di coscienza agli ospedali, e in particolare agli ospedali cattolici, dal momento che la maggior parte degli ospedali e dei manicomi nelle Fiandre sono gestiti dalla Chiesa.

La Chiesa, d'altra parte, sostiene che – nelle parole dell'arcivescovo di Bruxelles – «in nessun ospedale o casa di cura della Chiesa cattolica l'eutanasia sarà praticata in nessuna circostanza».

Uno scenario preoccupante oltre i confini. Ad esempio, un gruppo di parlamentari inglesi in visita nel Belgio lo hanno descritto come un attacco alla libertà di religione e alla libertà di associazione; e hanno chiesto che «nel contesto del campo della difesa dei diritti umani in Europa, sia garantito che i diritti dei pazienti che non sono in grado di esprimere le loro preferenze siano debitamente protetti».

Finito l'intervento al congresso romano, durante il colloquio posteriore, uno dei presenti si è rivolto alla presentatrice:

– «Cosa consiglierebbe a chi come noi lavoriamo nella comunicazione della Chiesa in Paesi dove l'eutanasia non è ancora legale?»

– «Consiglierei due cose: che si mettano subito al lavoro perché, anche se è iniziato nel mio Paese, è un movimento globale coordinato a livello internazionale, ed è molto importante sensibilizzare la popolazione su quello che ho definito un pendio scivoloso. In secondo luogo, che le cose possono sempre peggiorare: pensavamo che con l'eutanasia non potessimo più peggiorare, e il fatto che oggi sia in gioco la sopravvivenza degli ospedali cattolici ci ha colto un po' di sorpresa».

Sarah sa che deve fare qualcosa, perché il suo istituto è in prima linea nell'hospice e nell'assistenza agli anziani, ma non sa da dove cominciare.

La prima cosa che le viene in mente è parlare con Wolfgang Maier, il direttore della comunicazione della conferenza episcopale, e decide di andare a trovarlo. Ma non vuole sprecare il suo tempo, quindi scrive uno schizzo di un piano per affrontare quella minaccia.

Domande

Quale struttura e contenuto dovrebbe avere questo piano?
Quali argomenti useresti per difendere la vita?
A chi potrebbe chiedere consiglio e aiuto Sarah?

56. Disordini in cappella

Di solito si trovano in luoghi molto discreti. Tanto che molti studenti terminano la laurea senza mai sapere della sua esistenza. Ma le cappelle universitarie della città sono un centro di evangelizzazione come richiesto da papa Francesco: andare nelle periferie esistenziali (e non c'è dubbio che il mondo universitario di questo Paese è una periferia lontana dalla Chiesa), e testimoniare lì il Dio della misericordia.

La messa viene solitamente celebrata la mattina presto, e poi la cappella è aperta per la preghiera o la meditazione per il resto della giornata. In media assistono a Messa ogni giorno una ventina di persone, e nell'arco della giornata ne passano quasi un centinaio: alcuni per pregare, altri per le sessioni di catechesi per gli studenti universitari organizzate dalle associazioni cattoliche; alcuni in cerca di confessione e altri per curiosità. Da questi incontri, ogni anno una dozzina di giovani ricevono il battesimo, e quasi cinquanta decidono di essere cresimati.

Non sorprende che le visite siano scarse, considerando che il fervore religioso nel paese è diminuito drasticamente tra i giovani e le persone con istruzione universitaria. Secondo i dati dell'Istituto Nazionale della Gioventù nel 2020, solo il 10,3% delle persone tra i 15 e i 29 anni si considera cattolico praticante, venti punti percentuali in meno rispetto al 2000; e il 45% dei giovani si identifica con la definizione di cattolico non praticante.

Infatti, l'uso delle cappelle aumenta ogni volta che c'è un attacco di vandalismo o profanazione: i cattolici organizzano atti di riparazione, ai quali di solito partecipano centinaia di giovani. «Ci siamo riuniti per pregare e leggere testi per riparare un'offesa così notevole a Dio stesso, che è nel tabernacolo, e a tutti i cristiani», ha detto il coordinatore di uno di questi atti dopo l'ultimo episodio di intolleranza.

L'esistenza di cappelle universitarie è diventata una questione controversa in città. L'arcidiocesi dispone di venti cappelle nelle università pubbliche della capitale, che sono locali ceduti dai rettorati su richiesta di studenti e professori, e che l'arcivescovado gestisce. Ce ne sono in tutte le università tranne una, dove il rettore, un socialista, non ha mai acconsentito alle richieste ricevute dai suoi studenti.

Per molti, compresi professori e studenti, non ha senso che in un'università pubblica ci sia una cappella: se i cattolici vogliono pregare, dovrebbero andare in una chiesa. Si va all'università per studiare, non per fare altro, e l'esistenza di una cappella va contro il principio di separazione tra Chiesa e Stato.

Per altri, la religione è una parte normale della vita, ed è logico che l'università si occupi della richiesta di coloro che desiderano avere uno spazio religioso permanente, allo stesso modo che viene concessa a coloro che richiedono una sala per organizzare gruppi di teatro, cinema o samba.

Invece, la maggioranza non è preoccupata affatto: pensano che l'università è afflitta da problemi molto più seri dell'esistenza o meno di cappelle; se sono comuni in altri paesi occidentali, sarà che non è qualcosa di antidemocratico; neppure comporta una spesa straordinaria (le università forniscono solo lo spazio), e sono luoghi pacifici, al di là di sporadiche proteste da parte dei laicisti.

Alcuni mediatori hanno suggerito una via di mezzo: una sala multiconfessionale, senza iconografie di nessuna religione, aperta a chiunque voglia ritirarsi a pregare o meditare, e senza offrire servizi regolari di alcuna confessione.

Ma questa formula non convince nessuno, né i cattolici né i laicisti: «Non vediamo che la soluzione sia "caffè per tutti", perché non ha senso. Questi spazi dovrebbero essere aboliti per tutte le religioni, invece di aprirli a tutte le religioni», ha detto Joe Dumars, portavoce dell'organizzazione Europa Laica.

La tensione non diminuisce, perché il conflitto non riguarda solo l'università: cresce di anno in anno il numero delle persone che non vedono di buon occhio l'esistenza di cappelle e cappellani nelle carceri, negli ospedali pubblici e nelle caserme.

L'anno scorso, la facoltà di lettere è stata teatro di un duro scontro. Il comitato direttivo della facoltà, senza consultarsi con nessuno, decise di sgomberare la cappella dai locali che utilizzava, e lo comunicò ufficialmente attraverso un volantino, che appese sulla porta della cappella. A nulla servì che ci fosse un accordo firmato con l'arcivescovado, vigente ancora per tre anni.

Di fronte a questo modo di procedere, gli animi si sono surriscaldati. L'arcivescovado cercò più volte di negoziare con il decano, «per raggiungere un accordo equo e consensuale». Ma le autorità accademiche hanno fatto orecchie da mercante.

Tuttavia, ciò che cambiò i toni della disputa fu l'ingresso sulla scena di un'intraprendente associazione cattolica. Sentendosi trattati ingiustamente (qualsiasi gruppo, dagli *Ammiratori del Lupo Iberico* agli *Studenti Vegani*, per non parlare di tutte le associazioni politiche di sinistra vicine al rettore avevano una sede), ha deciso che non avrebbe ceduto volentieri, ma avrebbe difeso i propri diritti, e ha indetto una manifestazione di protesta davanti al decanato attraverso i social network.

Studenti e professori in favore delle cappelle si divisero in due gruppi: il primo seguì le direttive dell'arcivescovado, riconobbe l'autorità e la competenza che il consiglio di facoltà ha sulla riorganizzazione degli spazi del centro, e si adoperò per indire al dialogo.

La seconda, quella più combattiva, promosse una raccolta firme per chiedere le dimissioni del decano e invocò manifestazioni di protesta. In più di un'occasione, questi raduni si conclusero con insulti e sfoghi nei confronti delle autorità accademiche. Intervenne anche il rettore dell'università, che ha denunciato pubblicamente di aver ricevuto minacce di morte per il trasferimento della cappella.

Di fronte a queste strategie diametralmente opposte, l'ufficio diocesano di Pastorale Universitaria ha commentato in X l'ultima di queste manifestazioni di protesta:

> «Vogliamo far sapere che l'ufficio diocesano di Pastorale Universitaria, così come il gruppo di giovani che partecipano abitualmente alle sue attività, prendiamo le distanze dalle proteste di coloro che sono radunati davanti alla cappella da quando il decano ha deciso di chiuderla, e non abbiamo nulla a che fare con essi. Come è già stato ribadito più volte, il vescovado e le autorità academiche stanno negoziando una soluzione condivisa, e qualunque forma di pressione sociale

solo serve a tensare ulteriormente l'atmosfera. Vogliamo solo pregare e dialogare. Non ci sentiamo rappresentati da alcun gruppo politico».

Alla fine, e per non trovarsi nel bel mezzo di una guerra, l'arcivescovado accettò il trasferimento forzato ad un altro luogo, molto più piccolo (non c'era infatti posto nemmeno per i banchi), e in una zona quasi priva di traffico studentesco; e successivamente ha firmato un nuovo accordo con l'università.

Sembrava che questo nuovo accordo sarebbe servito per chiudere la controversia. Tuttavia, è stato solo una pausa nel mezzo della tempesta.

Poche settimane dopo, un giovedì verso l'una del pomeriggio, una cinquantina di giovani hanno fatto irruzione nella cappella della facoltà di scienze mentre il cappellano, Fr. Isaiah Thomas, celebrava la messa, portando striscioni del papa con una svastica, e gridando slogan con un megafono. Una volta dentro, hanno circondato l'altare, hanno letto un manifesto contro la Chiesa e la sua dottrina, e hanno affitto manifesti sulle bacheche all'ingresso della cappella e sui banchi.

Nel bel mezzo della protesta, alcune ragazze si sono spogliate nude dalla vita in su e hanno iniziato a cantare bestemmie e rime offensive contro la Chiesa, il papa e il cristianesimo. In seguito, hanno lasciato la cappella pronunciando frasi come «brucerai come nel trentasei» e «L'unica chiesa che illumina è quella che brucia».

La scenata è durata una ventina di minuti, ed è stata fotografata e filmata dai rivoltosi, per poi essere condivisa in rete.

Alla luce di questi fatti, l'arcivescovado ha sollevato la sua denuncia al Rettorato, ed in un comunicato stampa ha respinto «comportamenti assolutamente riprovevoli, che sono oggetto di un reato, e che denigrano in primo luogo coloro che li commettono». Inoltre, la diocesi ha affermato anche:

«È indegno che, in una società democratica basata nel rispetto delle persone e delle istituzioni, che riconosce la libertà religiosa, alcuni giovani possano macchiare con questo tipo di comportamento il buon nome e il lavoro della comunità universitaria».

L'arcivescovado si è preso un po' di tempo per decidere se presentare una denuncia formale ai tribunali. Finalmente, la diocesi ha presentato una denuncia, seppur limitata contro i due capofila dell'attentato alla cappella, «con intenzione preventiva: al fine di scoraggiare azioni di questo tipo in futuro», come ha dichiarato l'avvocato Bill Leimbeer, managing partner dello studio legale C&S, principale consulente legale dell'arcivescovado.

Quattro anni dopo, il tribunale penale numero 6 ha aperto il processo contro queste due persone, per un presunto crimine contro la libertà di coscienza e i sentimenti religiosi. La procura ha chiesto due anni di carcere per entrambi gli imputati.

Tuttavia, in questi quattro anni sono successe molte cose. Uno di queste è che una degli accusati non è più una studentessa. Ha aderito a un movimento politico di recente costituzione, è entrata nelle sue liste elettorali, alle ultime elezioni comunali è riuscita ad essere eletta, il suo partito ha raggiunto un accordo con altri gruppi per governare, e oggi è consigliere comunale e portavoce del sindaco.

Quando le è stata notificata l'accusa, l'imputata ha sottolineato che si trattava di una «protesta pacifica a favore della laicità nelle istituzioni pubbliche come le università», e che non era contro una confessione specifica ma «per l'uso di uno spazio pubblico in uno Stato non confessionale per attività non accademiche». Ha anche detto che «probabilmente» si dimetterebbe se alla fine fosse condannata per aver partecipato, come studentessa, a questa azione di protesta.

Quando il documento del tribunale divenne pubblico, il vicario generale ha convocato una riunione affinché l'aiutassero a fare una proposta da presentare all'arcivescovo. All'incontro partecipano Vinnie Johnson, vicario della pastorale universitaria, l'economo Mark Aguirre (l'arcidiocesi ha molti fascicoli aperti presso il consiglio comunale, per permute di terreni per la costruzione di nuove chiese), Chuck Daly, direttore dell'ufficio stampa dell'arcivescovado; il cappellano padre Isaiah Thomas e l'avvocato Leimbeer.

Domande

Quali sarebbero i vantaggi e gli svantaggi di continuare con la causa o di abbandonare, dal punto di vista legale e anche dal punto di vista comunicativo?

Cosa dovrebbe dire l'arcivescovado dell'accusa dell'attuale consigliere?

Quali azioni comunicative dovrebbero essere intraprese, vista la prevedibile attenzione mediatica al caso?

Cosa ci dice questo episodio sul consenso sociale e cosa si potrebbe fare a lungo termine?

57. La polizia e il decano[1]

Il Boston College (BC), gestito dai Gesuiti, è la più antica istituzione di educazione superiore nell'area di Boston (Stati Uniti) e una delle università più prestigiose del paese, con particolare attenzione alle arti liberali, alla ricerca scientifica e alla formazione degli studenti.

Nel 2012, Joe, uno studente *senior* del BC, è stato comissionato dal giornale studentesco *The Heights* per scrivere un reportage su un evento organizzato da un gruppo di studenti con l'approvazione dell'università, che doveva svolgersi durante una crociera.

Secondo la ricostruzione fatta da *Inside Higher Ed*, più di 600 persone a bordo riempivano la nave. Mentre Joe attraversava la pista da ballo su uno dei ponti, una studentessa, indicata nei documenti del tribunale come AB, si voltò e iniziò a rimproverarlo. Più tardi, lo ha accusato di averle allungato la mano sotto la gonna e di averla penetrata con il dito.

Confuso dalle urla della giovane donna, ma incapace di capirle dalla musica fragorosa, Joe si allontanò da AB e si avvicinò al suo gruppo di amici. A quanto pare, uno di loro, identificato come JK e che, durante l'incidente, gli era passato davanti, si è girato e ha detto: «Mi dispiace, amico, è colpa mia». Joe non capì quel commento.

Pochi minuti dopo, le guardie di sicurezza hanno trattenuto Joe fino a quando la nave non ha attraccato in porto. La polizia del Massachusetts lo ha arrestato. Gli agenti hanno messo sacchetti di plastica nelle mani per preservare qualsiasi prova fisica che potesse essere in essi. E quando sono arrivati alla stazione di polizia, hanno prelevato campioni delle sue dita e dei

---

[1] Versione abbreviata di "Boston College: La policía vs el decano", Castelló, Guzik & La Cierva (2024), Gestión de crisis en universidades – Casos, buenas prácticas y manual de crisis, Pamplona: Eunsa).

suoi vestiti e lo hanno tenuto in custodia per tutta la notte. Dopo tutto questo, è stato accusato di aggressione sessuale.

La denuncia è stata comunicata al dipartimento di polizia dell'università. Il rapporto sull'incidente scritto da un agente affermava erroneamente che Joe stava ballando con AB quando ha eseguito la penetrazione digitale senza il consenso della vittima. Affermava anche che la ragazza ha visto la persona che l'ha aggredita e sapeva chi fosse. Questa versione degli eventi è stata condivisa con gli amministratori del BC.

Da parte sua, Joe ha affermato invece che considerava molto probabile che JK avesse commesso l'aggressione, il che spiegherebbe il suo commento la notte dell'incidente. Joe, che ha detto di non ricordare di aver parlato con Joe, aveva inviato un messaggio a Joe e ai suoi amici dopo la crociera, chiedendo perché la sicurezza lo avesse preso.

Più tardi, i due hanno avuto una conversazione telefonica, registrata da un investigatore privato, durante la quale Joe ha spiegato a JK le accuse della donna. La risposta di quest'ultimo, secondo la causa, è stata: «Che puttana. Che tipo di ragazza va su una pista da ballo del genere e non si aspetta di essere toccata o palpeggiata?»

La polizia alla fine ha ritirato tutte le accuse per mancanza di prove: non avevano trovato alcuna prova fisica incriminante sulle mani o sulle dita di Joe.

Inoltre, le immagini delle telecamere di sicurezza della nave hanno rivelato che Joe si trovava ad almeno due metri di distanza da AB nel momento in cui si stima sia avvenuta l'aggressione, e nessuno lo ha visto commettere l'aggressione. La vittima si è girata dopo l'incidente, lo ha visto nelle vicinanze e ha pensato che fosse lui. Anche il compagno di ballo di AB, che stava guardando Joe quando è successo tutto, non lo ha visto perpetrare l'aggressione.

Nonostante tutto ciò, gli amministratori del BC hanno deciso di non aspettare la fine dell'indagine penale. Nel novembre 2012, un mese dopo l'evento della nave da crociera e prima della decisione della polizia, le autorità universitarie hanno tenuto un'udienza in relazione alle accuse mosse contro Joe. Lo studente è stato ritenuto responsabile dei reati di aggressione indecente e aggressione (condotte non menzionate nei protocolli disciplinari), e Joe è stato espulso per più di un anno.

Commentando l'episodio, il giornalista di *Forbes* Evan Gerstmann ha affermato che le reazioni di BC erano discutibili per due motivo.

In primo luogo, il preside ha interferito in modo inammissibile nelle deliberazioni del comitato disciplinario. Le prove contro Joe erano deboli (motivo per cui la polizia ha ritirato le accuse) e quindi il comitato trovava delle difficoltà a decidere sulla sua colpevolezza. Il presidente del comitato ha rivelato al decano che stavano valutando la possibilità di concludere che non c'erano prove sufficienti per condannare lo studente, ma il decano lo dissuase da un tale proposito, così nella decisione finale si pronunciarono contro Joe. La pressione del decano sulla giuria è stata un'interferenza indebita nelle deliberazioni della commissione.

In secondo luogo, l'amministrazione universitaria ha anche interferito riguardo il coinvolgimento di JK negli eventi. Joe lo aveva indicato direttamente come un probabile vero colpevole, ma gli amministratori dell'università erano ostinati dall'idea della sua colpevolezza. Invece di chidere la commissione di indagare seriamente sull'altro possibile colpevole, hanno detto al loro presidente di «far sentire JK a suo agio», per incoraggiare la sua testimonianza. Questo, come notato, ha costituito un'altra indebita interferenza nelle deliberazioni del panel.

Trascorso il periodo di sospensione, Joe è tornato al BC e si è laureato nel 2014. Poco dopo, lui e la sua famiglia hanno citato in giudizio l'università per discriminazione ai sensi del Titolo IX, e chiesto 3 milioni di dollari di danni.

Nel 2016, un giudice federale ha respinto la maggior parte delle richieste. Tuttavia, la corte d'sppello degli Stati Uniti ha stabilito nel 2018 che l'università potrebbe aver violato il suo contratto con Joe non rispettando l'obbligo di indagare adeguatamente sulle accuse di violenza sessuale e che i funzionari della BC potrebbero aver violato il principio fondamentale dell'imparzialità. Queste circostanze, se confermate, costituirebbero violazioni della legge statale.

Di conseguenza, il caso è stato riesaminato su questi punti e la giuria ha assegnato a Joe più di $ 100.000 di danni ($ 24.800

per la retta universitaria per il semestre che ha perso e $ 77.600 per il reddito che non è stato in grado di guadagnare a causa del ritardo nell'inizio della sua attività professionale).

Il motivo per cui il risarcimento non è stato più elevato è che, sebbene la giuria abbia ritenuto che il BC avesse agito in modo sleale, la domanda è stata presentata per violazione del contratto, non per discriminazione.

Si è trattato di discriminazione?

Joe ha affermato che il BC lo aveva discriminato a causa della sua mascolinità, ma i requisiti legali per accettare quel tipo di reclamo sono molto esigenti e il giudice ha respinto la sua richiesta molto prima che raggiungesse una giuria. A differenza delle denunce di discriminazione, le denunce di violazione del contratto raramente comportano danni punitivi o la condanna degli imputati al pagamento delle spese.

Commentando la decisione della corte, il portavoce della BC Jack Dunn ha dichiarato in una dichiarazione scritta:

> «Questo processo riguardava una richiesta di violazione del contratto in relazione al procedimento disciplinare del BC, non una situazione di discriminazione ai sensi del Titolo IX. Siamo delusi dal verdetto, che riteniamo non tenga conto delle prove presentate al processo sulle questioni definite in modo molto restrittivo davanti alla giuria. L'università esaminerà la questione internamente per determinare le sue opzioni future».

Samantha Harris, Vice Presidente della Foundation for Individual Rights in Education (FIRE), un'organizzazione con sede negli Stati Uniti dedicata alla difesa delle libertà civili nel mondo accademico e, in particolare, della libertà di espressione e di pensiero, ha commentato:

> «Questo tipo di disprezzo per la verità dovrebbe avere più conseguenze, perché dimostra che l'università era disposta a mettere a repentaglio il futuro di uno studente innocente e anche a ignorare le prove che un altro dei suoi studenti del campus potesse essere un predatore sessuale. È quindi

> gratificante vedere una giuria riconoscere il comportamento oltraggioso del BC in questo caso. Tutto ciò suggerisce che le procedure che tante università utilizzano per risolvere questo tipo di casi non resistono al controllo pubblico».

Secondo Gerstmann, ci sono tre lezioni dal caso:

Prima, le università hanno bisogno di norme più precise su come gestire i comitati che esaminano le aggressioni sessuali, poiché né i decani né i professori hanno le competenze legali necessarie. Le procedure avrebbero dovuto essere molto più chiare, al fine di evitare che il decano facesse pressione sull'organo decisionale per emettere una risoluzione con cui i suoi membri non si sentivano a proprio agio. Né un decano può dare istruzioni in un'indagine, schierandosi contro uno studente (Joe) e scartando qualsiasi responsabilità di un altro (JK), che sembrava essere il vero colpevole.

I comitati presieduti da avvocati o da giudici in pensione, che godono di formazione ed esperienza nella nozione di giusto processo, sono più in grado di evitare le pressioni amministrative, che non ci si può aspettare da un accademico.

La mancanza di un processo equo danneggia anche le vittime, non solo gli studenti falsamente accusati di violenza sessuale. Questo caso ne è un buon esempio: l'aggressore AB non è stato punito e, se ciò che i documenti del processo dicono su JK è vero, aveva l'atteggiamento di un recidivo e rappresenta un pericolo continuo per gli studenti del Boston College.

Il lascito del caso

Questo episodio è stata la prima causa contro un'università derivante da aggressione sessuale ad andare a un processo con giuria dal 2011, quando l'amministrazione Obama ha cambiato le regole su come le autorità universitarie devono indagare e punire la violenza sessuale nei campus.

La decisione della corte è stata accolta con favore dagli attivisti per i diritti umani, che ritenevano che le regole imposte dal presidente Obama fossero insufficienti a garantire un giusto processo agli studenti accusati. Così, hanno presentato la sentenza riguardante il BC come la conferma che le procedure del campus erano ingiuste e potevano danneggiare le carriere accademiche e il futuro professionale di studenti innocenti.

Harris di FIRE ha dichiarato:

> «Il chiaro verdetto della giuria suggerisce che, come tante situazioni che coinvolgono sia la libertà di espressione che il giusto processo, le università non possono difendere in pubblico ciò che fanno in privato».

Per Peter Lake, direttore del Center for Excellence in Higher Education Law and Policy presso la Stetson University, sebbene questo non fosse un caso del Titolo IX perché, nel 2016, un tribunale distrettuale ha respinto le richieste relative a quella legge, aveva connotazioni che la associavano a questa regola e probabilmente ha contribuito all'intenso dibattito su come le università dovrebbero gestire i casi di violenza sessuale:

> «È difficile non pensare a queste cose sotto il Titolo IX, perché, più o meno, lo sono. [...] È un segno che, quando viene presentata una richiesta relativa a questa legge, spesso ce ne saranno anche altre ad essa associate, che ora potrebbero avere successo di fronte a una giuria».

Lake ha anche osservato che la decisione dimostra che le giurie sono già meno inclini a favorire le università, e quindi presto i dibattiti politici potrebbero influenzare i tribunali.

Come molte altre università, il BC ha utilizzato il modello a investigatore unico, in cui una singola persona indaga e decide in relazione alla presunta aggressione sessuale. Questo modello è oggetto di forti critiche da parte di coloro che difendono il diritto a un giusto processo.

Ad esempio, in un altro caso che si è verificato un anno dopo sempre nel BC, uno studente accusato si è lamentato del fatto che l'università non gli ha permesso di rivolgere domande al suo accusatore durante le indagini.

Il suo avvocato, Jeannie Suk Gersen, professore di legge ad Harvard, ha spiegato dopo l'udienza che il querelante ha sostenuto che entrambe le parti in un caso di violenza sessuale in un college dovrebbero avere il diritto a un confronto. Tuttavia, gli avvocati del BC hanno sostenuto che la clausola costituzionale del giusto processo non si applica alle università private. Quindi, in questo contesto, se il centro notifica a uno studente le accuse contro di lui e gli dà l'opportunità di essere ascoltato, ha già soddisfatto il requisito di equità.

In questo contesto, Betsy DeVos, Segretaria all'Istruzione durante l'amministrazione del presidente Donald Trump, ha ordinato lo sviluppo di nuove regole per le università che ricevono fondi federali. Due gruppi di lavoro di giuristi, uno dell'American Bar Association e uno dell'American College of Trial Lawyers, sono stati formati per cercare il consenso tra avvocati, gruppi di difesa delle vittime e politici, sulle raccomandazioni per rendere il sistema più equo per gli studenti accusati.

Non è stato facile, «ma con un sacco di caffè, entusiasmo e pressione per ascoltare e cedere di più, Laura Dunn [fondatrice del gruppo di difesa delle vittime *SurvJustice*] e gli altri hanno escogitato una serie di regole che tutti potevano rispettare».

Queste sono state le raccomandazioni emesse dal gruppo di lavoro guidato dall'American Bar Association:

- Assicurarsi che gli avvocati degli studenti possano intervenire durante le udienze.
- Dare agli studenti l'accesso a tutte le prove in esame e consentire ad entrambe le parti di svolgere, se lo ritengono opportuno, un interrogatorio attraverso domande scritte.
- Evitare il modello del ricercatore unico, in cui la stessa persona indaga e dà anche opinioni.
- Esigere che le decisioni del panel siano prese all'unanimità, invece di far decidere una sola persona. Su questo tema, Dunn ha detto: «Questa raccomandazione è una sorta di 'regalo' a coloro che erano preoccupati per i diritti degli accusati. [...] Abbiamo fatto in modo che le università devano essere davvero sicure nel prendere una decisione».
- Abbandonare concetti come *prove preponderanti o chiare e convincenti* e usare invece categorie più facili da capire. «Abbiamo stabilito che coloro che decidono devono essere persuasi», ha spiegato Cynthia Garrett, una

partecipante alla task force. «Devono credere davvero nelle prove. Non ci deve essere spazio per le congetture».

- Innalzare gli standard per l'accettazione delle prove.
- Assumere esperti. L'università dovrebbe stabilire il quadro in cui gli specialisti con la necessaria formazione professionale possono indagare e decidere sui reclami e lasciare che «gli accademici si concentrino su ciò che sanno fare meglio: insegnare», ha detto DeVos nel presentare le raccomandazioni.

Poco dopo, la Segretaria ha avviato la tramitazione per abrogare tre delle norme del Titolo IX che erano state aggiunte durante l'amministrazione Obama. Le nuove regole regolano il processo da seguire nelle università quando rispondono a un incidente segnalato ai sensi del Titolo IX, limitando la flessibilità e la discrezionalità che le autorità universitarie avevano in precedenza per sviluppare le proprie procedure. Il presidente Trump ha firmato l'emendamento nel 2020.

Nel 2021, l'amministrazione del presidente Biden ha presentato un disegno di legge che avrebbe invertito alcuni aspetti, non tutti, delle regole del 2020. Quando questo caso è stato chiuso, la legge non era ancora stata approvata.

Domande

In che modo le università dovrebbero coniugare la protezione delle vittime di abusi sessuali con la salvaguardia della buona reputazione degli accusati e la trasparenza istituzionale?

Cosa dovrebbero dire le università agli studenti, ai docenti, alle famiglie e ai media riguardo a un caso segnalato ai loro amministratori?

Secondo lei, un'università cattolica dovrebbe trattare un caso di violenza sessuale in modo diverso da come fa un'università laica?

58. Fondazione studentesca: proteggere la reputazione

Margarita, avvocatessa con esperienza nella gestione di residenze universitarie, aveva iniziato a lavorare presso la Fondazione Studentesca (FS) nel 1999, come direttrice di progetti. Dopo quasi 15 anni, nel 2014 il patronato della fondazione l'aveva nominata direttore esecutiva.

La FS era stata fondata nel 1971 da Borja, presidente della Banca dei Mutui (BM), per dare sistematicità alle attività sociali finanziate dalla banca. Borja era un giovane professore di giurisprudenza all'università della sua città, che nel 1960 aveva iniziato a lavorare alla BM grazie a suo zio Miguel, che ne era il vicepresidente.

All'interno della BM Borja svolse diverse mansioni. Dieci anni dopo, quando lo zio andò in pensione, il consiglio di amministrazione nominò Borja presidente esecutivo.

Poco tempo dopo, Borja fu in grado di mettere in pratica la sua visione. Le banche devono rispondere a diversi obblighi: fornire un buon servizio ai loro clienti, trattare bene i loro dipendenti e dare buoni profitti ai loro azionisti. Ma a Borja piaceva aggiungere un quarto dovere: aiutare a risolvere problemi sociali. A suo avviso, le banche, come qualsiasi azienda, hanno l'obbligo di contribuire alla soluzione dei problemi delle persone che non possono recarsi in banca come clienti.

Il modo in cui Borja aveva escogitato affinché una banca potesse aiutare senza tradire la sua natura commerciale fu quello di creare una fondazione senza scopo di lucro per soddisfare bisogni sociali.

I principi di questa fondazione erano i seguenti: non fare donazioni, ma prestiti a lungo termine senza garanzie reali come pegni, ecc., confidando che sarebbero stati rimborsati; sostenere solo progetti sostenibili nel tempo; coprire solo una parte di un bisogno, e richiedere che ci fossero altre persone e istituzioni a collaborare; e dare il primato ai progetti personali: lauree, tesi di dottorato, la pubblicazione di un libro scientifico, ricerche varie, ecc.

Questo modello era all'epoca una novità. A quel tempo le banche aiutavano sporadicamente le cause sociali, ma senza che questi contributi costituissero una delle loro linee strategiche; e quelle poche che sì avevano una fondazione, non erano che strumenti per investire nell'arte o finanziare iniziative culturali come concerti, mostre, ecc., sfruttando i benefici fiscali concessi alle fondazioni.

Per dotare la BM, Borja destinava metà del suo stipendio annuale a questi progetti. Ma, più importante ancora, era riuscito a convincere i membri del consiglio di amministrazione della BM a donare alla fondazione le attenzioni statutarie per partecipare al consiglio.

(Secondo la legislazione in vigore nel paese, i membri del consiglio di amministrazione di qualsiasi società potevano assegnarsi tra il 3% e il 5% degli utili annuali, in un importo determinato poi nello statuto. Per questo motivo, questi importi venivano chiamati attenzioni statutarie).

Borja convinse queste persone, quasi tutte grandi azioniste della banca, con il seguente argomento:

> «Renderemo la banca molto redditizia e tu guadagnerai dai dividendi delle tue azioni. In cambio, ti chiedo di rinunciare alle tue attenzioni statutarie, e insieme possiamo portare avanti cause sociali di vario genere».

Borja mantenne la parola data e fece di BM una delle banche più redditizie d'Europa per diversi decenni, e venne considerato un banchiere modello.

In questo modo, tra queste attenzioni statutarie (che significavano il 5% degli utili di una banca molto ben gestita) e la generosa collaborazione di altre persone (amici e colleghi di Borja), la FS creò il suo patrimonio fondamentale in azioni e proprietà, e i suoi interessi o rendite venivano utilizzati per fini sociali.

Inoltre, l'impatto positivo si moltiplicava perché – fatta eccezione per un numero esiguo di contributi a fondo perduto –

queste somme erano restituite nel tempo per poi essere nuovamente prestate, dando vita a un circolo virtuoso.

Una filosofia di vita

Il banchiere aveva appreso questa responsabilità sociale dal fondatore dell'Opus Dei, l'istituzione cattolica a cui Borja apparteneva.

A suo avviso, la FS era il modo concreto in cui una banca poteva aiutare le persone in difficoltà, senza privarle di dignità con doni a fondo perso, come se fossero incapaci di superare i problemi e ricostruire le loro vite. Allo stesso tempo, la gestione di questi fondi era stata professionalizzata nella fondazione, senza distrarre il personale della banca dagli obiettivi commerciali.

La FS prestava soccorso a persone di ogni tipo: a una famiglia che aveva perso la casa a causa di un'alluvione, a un convento per ricostruire un tetto in cattive condizioni, a un ex detenuto da poco uscito di prigione che voleva avviare un negozio, a un autore esordiente che non poteva pubblicare la sua tesi di dottorato, a una congregazione religiosa che chiedeva il 50% di un pulmino per svolgere missioni rurali, et ita dicendo.

Gran parte di questi aiuti erano destinati a persone o istituzioni dell'Opus Dei: club giovanili che chiedevano un prestito per l'acquisto di canoe; studenti che andavano in altri paesi; ampliamenti di una residenza che aveva una lista d'attesa perché era diventata piccola...

All'inizio i beneficiari erano solo del propio paese, ma presto la FS iniziò a collaborare anche con progetti in altre nazioni.

Le regole per la concessione degli aiuti erano le stesse per tutti. L'unica cosa che cambiava era che, se la persona che chiedeva era un'istituzione cattolica, a volte l'importo diventava una donazione; mentre alla gente dell'Opus Dei venivano concessi solo prestiti, che dovevano rimborsare.

Forse qualche numero può dare un'idea dell'attività della fondazione: negli ultimi cinquant'anni la SF ha prestato o regalato circa 540 milioni di euro; il 80% era stato indirizzato a progetti di istituzioni cattoliche; Il 72% dei beneficiari erano studenti o iniziative che in un modo o nell'altro avevano a che fare con l'Opus Dei; ma in termini di denaro quella percentuale si riduceva al 52%, perché dovevano poi restituire i soldi, che a sua volta venivano prestati di nuovo.

Dal punto di vista della comunicazione, Borja aveva applicato due criteri molto chiari: da un lato, a chi riceveva una sovvenzione era vietato raccontarlo (voleva evitare le code di persone che chiedevano, e dover dire di no a tanti). Dall'altro, teneva informati gli azionisti della BM su tutte le iniziative finanziate dalla Fondazione Studentesca tramite il rapporto annuale, che veniva distribuito anche ai benefattori, agli organi di controllo statali delle fondazioni e alla stampa economica.

Per il resto, Borja aveva imposto un profilo pubblico molto basso per la FS. A suo avviso, non bisognava vantarsi di aver aiutato, poiché chi veramente meritava un riconoscimento era la gente che riceveva con l'impegno di restituire, e anche i direttori che rinunciavano alle loro somme (e non volevano che si conoscesse la loro attività filantropica).

In effetti, molto era stato scritto sulla stampa su Borja come grande banchiere, ma nessuno aveva pubblicato nulla sul suo aspetto di benefattore, perché si era sempre opposto alla sua notorietà.

Cambiamenti profondi

Borja è andato in pensione nel 2004 e poi è morto nel 2006. Gli è succeduto alla presidenza il fratello Ignacio, che non aveva nulla a che fare con l'Opus Dei.

Cambiò anche la composizione del consiglio di amministrazione, che non era più composto dai principali azionisti, ma sono entrati diversi amministratori indipendenti, che volevano ricevere un equo compenso per il loro operato. Di conseguenza, le attenzioni statutarie hanno cessato di arrivare alla FS.

Inoltre, tra poco la BM cessò di essere la banca talmente redditizia come lo era stata fino al 2000. Ma la fondazione aveva già il suo endowment, e continuò con i suoi scopi fondamentali, navigando indipendentemente dalla banca.

Tale indipendenza ha permesso alla FE di sopravvivere quando BH è andata in perdita, e persino quando è stata sciolta nel 2016. Da allora, la fondazione ha continuato la sua attività come se nulla fosse accaduto (anche se con meno soldi di quelli che aveva nel suo periodo d'oro).

La minaccia

Nel novembre 2023, Carlos G., meglio conosciuto come "Il Pato G." (così firmava le sue cronache), giornalista americano della rivista *Newsweek*, ha chiesto di intervistare Margarita per un libro che voleva pubblicare su Borja.

L'intervista si è svolta in un'atmosfera amichevole e rilassata. Il giornalista era molto interessato a questo aspetto sconosciuto della personalità di Borja e a come aveva aiutato molte istituzioni dell'Opus Dei in tutto il mondo. Le interessavano i destinatari, le quantità e le date.

Con grande disponibilità, Margarita ha risposto alle sue domande, e poi gli ha inviato via email le informazioni che aveva richiesto. La maggior parte di quei dati erano già stati pubblicati nei rapporti annuali della banca e della fondazione, ma Margarita li andò a trovare, li selezionò e li ordinò proprio come li voleva Carlos.

Con sorpresa di Margarita, nel marzo 2024 un amico le ha inoltrato un tweet di Pato, in cui annunciava la pubblicazione di un libro intitolato "Opus". Il contenuto veniva riassunto così:

> «Un'emozionante racconto che svela come i membri dell'Opus Dei, una setta cattolica segreta e ultraconservatrice, abbiano promosso la loro agenda radicale all'interno della Chiesa e in tutto il mondo, utilizzando miliardi di dollari dirottati da una delle più grandi banche d'Europa».

L'uscita del libro è stata annunciata per ottobre negli Stati Uniti, in uno dei più grandi editori del paese, ma il tweet indicava che il pre-acquisto era già possibile.

Vedendo che Carlos non era il tipo di giornalista che pensava, Margarita chiamò Rocío, una consulente di comunicazione aziendale che aveva pure lavorato a diversi progetti per la Chiesa cattolica, e le chiese di proporre un piano per contrastare ciò che stava arrivando.

Compiti

Disegna la mappa di pubblici della FS

Prepara un piano di comunicazione per la Fondazione Studentesca riguardo il libro del Pato.

59. Monaca superstar

Adrian si era laureato in comunicazione istituzionale della Chiesa a Roma, tre mesi fa. Prima di prendere la licenza, il suo vescovo gli aveva chiesto dove avrebbe voluto lavorare al suo rientro in diocesi. Gratamente sorpreso, Adrian aveva comunicato le sue preferenze: la delegazione diocesana per i *media*, oppure una parrocchia in un quartiere con molte famiglie giovani, oppure come docente al seminario.

Appena tornato in diocesi, sembrava proprio che il vescovo gli avesse dato retta, ma in maniera inaspettata: ad Adrian era stata affidata la delegazione diocesana, i corsi di diritto canonico al seminario (poiché prima di diventare sacerdote, Adrian si era laureato in giurisprudenza) e in più la nuova parrocchia dedicata a san Giovanni Paolo II.

Nuova in tutti i sensi. C'era solo il terreno. Si doveva formare la comunità parrocchiale, allestire una chiesa provvisoria, trovare i fondi per la costruzione del nuovo tempio, edificarlo...

«Ed io che speravo di avere un po' di tempo per fare il dottorato... Meno male che non ho menzionato fare il cappellano del carcere!», fu il suo primo commento scherzoso.

Il lavoro alla delegazione era quello che ormai si aspettava: doveva scrivere le tracce dei discorsi del vescovo in ambito civile, curare il sito *web* della diocesi, redigere i post nel profilo ufficiale in X della diocesi, ogni tanto preparare un comunicato stampa e mensilmente andare a pranzo con giornalisti, ecc. Tutto normale.

Fortunatamente, la piccola televisione diocesana – collegata alla rete nazionale proprietà dai vescovi – non dipendeva da lui ma da don Celedonio, che faceva quel lavoro da anni.

L'unica cosa che non si aspettava Adrian al suo rientro era scoprire che il personaggio cattolico mediaticamente più rilevante in città non era il vescovo bensì la superiora del monastero di san Filomeno, monaca carmelitana.

Madre Edwige era stata eletta dalla comunità poco dopo il sinodo sui giovani nel 2018, dove aveva avuto interventi di grande impatto, sia dentro dell'aula Paolo VI che fuori, davanti alle telecamere del centro stampa di Via della Conciliazione. Da allora – con qualche eccezione per motivi di salute – aveva sempre guidato il monastero, che si ergeva davanti alla cattedrale e gli faceva quasi da contrappunto: il barocco estremo del Duomo contrastava con la sobrietà gotica di S. Filomeno, ma creavano insieme una piazza bellissima e molto apprezzata dai turisti.

Anche i pareri su madre Edwige erano contrastanti. Da una parte c'era chi pensava che la frenetica attività della monaca fosse eccessiva e smodata: scriveva libri di spiritualità che diventavano sempre *best-sellers*; riceveva in udienza un elevato numero di persone di ogni tipo che andavano a trovarla per chiederle un consiglio; intratteneva un'intensa corrispondenza epistolare con personaggi della politica, della cultura e dell'arte, e persino dello sport e dello spettacolo; esercitava un notevole influsso sulle comunità di religiose di tutta la regione, e non sempre era d'accordo con le preferenze di alcuni vescovi...

Fino a qui poteva anche andare. Ma quello che non andava giù a molti era un'intensa attività nelle reti sociali. In tutte.

Madre Edwige era entrata per la prima volta in Instagram con motivo della GMG di Cracovia. Da allora, piano piano, era diventata una influencer di primo piano, in quella ed in altre social network. Inoltre, riceveva molte richieste di parlare in scuole cattoliche, seminari e circoli culturali sull'evangelizzazione tramite i media digitali, che accettava sempre.

Troppe cose per una monaca contemplativa, pensavano in tanti. Alcuni commenti avevano fatto scalpore nel movimento sinodale tedesco (secondo loro, Edwige parlava troppo su papa Francesco). Persino il precedente nunzio apostolico (l'attuale invece le ha manifestato apprezzamento) aveva detto pubblicamente di lei che era «una donna disobbediente e iperattiva, che si lasciava guidare dalla vanità e del capriccio, parlando di tante cose che ignorava». Da parte sua, il superiore dei Carmelitani aveva fatto sapere che era infastidito per via di alcuni giudizi della monaca nei suoi confronti (perché, secondo la monaca, il superiore non frequentava mai i giovani, e cose del genere).

Allo stesso modo i sostenitori della monaca non mancavano. Anzi, erano in tanti a difenderla, in primo luogo il vescovo, che molte volte l'aveva incoraggiata a continuare a scrivere su carta e sullo schermo del telefonino, perché i suoi testi facevano molto bene alle anime. E poi, erano molti coloro che la stimavano, che raccontavano di come avesse avuto un ascendente benefico sulle loro vite, ecc. Il fatto era che madre Edwige non era indifferente a nessuno.

Tutto ciò non dava alcun pensiero ad Adrian. Almeno fino al giorno in cui...il vescovo ricevette una lettera dall'emittente televisiva EWTN, in cui si chiedeva l'autorizzazione per invitare madre Edwige ad essere l'ospite principale di un programma settimanale di spiritualità da mandare in onda in tedesco per la Germania, l'Austria e la Svizzera.

A dire il vero, la lettera dell'emittente non chiedeva solo l'autorizzazione, ma anche l'intercessione del vescovo per convincere la monaca. «Tutti sanno che la Madre accetta sempre volentieri tutte le cose che le consiglia il Sig. vescovo», finiva la lettera.

Prima di decidere, il vescovo aveva fatto una copia della lettera e l'aveva mandata ad Adrian, con un bigliettino che diceva: «pensaci sopra, e domani mi dici cosa dovrei fare. Ti prego, non vorrei avere un'altra grana con i miei fratelli vescovi...».

Domande

Quali sono i rischi e le opportunità di questo programma?
Ti sembra un progetto che merita il supporto del vescovo?
Se va avanti, come potrebbero evitarsi problemi e conflitti?
Se non va avanti, ti viene in mente una proposta alternativa?

60. Gli ultimi samurai

Paco non riusciva a darsi pace. Per due anni aveva lavorato duro per costruire un seminario e sei mesi dopo l'apertura, il seminario era stato chiuso e i seminaristi invitati ad andarsene. «Come mai succedono queste cose?», si diceva sconsolato.

Tutto era cominciato tre anni prima. Paco, imprenditore spagnolo nel campo dell'arte ormai in pensione, era stato chiamato da Lucas, il *leader* del MFC, Movimento Familiare Cristiano, del quale Paco era uno dei membri di vecchia data.

– «Senti, Paco, ti ho fatto venire dalla Spagna perché vorrei chiederti di prendere in mano un progetto bellissimo, ma che richiede solide spalle per portarlo avanti».

Questo inizio di conversazione non sorprese Paco più di tanto, poiché era ormai normale che Lucas chiedesse delle pazzie ai membri più fidati del Movimento... pazzie agli occhi degli uomini! Neanche si spaventò quando gli fu spiegato di cosa si trattava: la costruzione di un seminario in Giappone.

– «Ci sono molti ragazzi in quel Paese che dopo aver frequentato la catechesi grazie all'azione del nostro Movimento, vorrebbero diventare sacerdoti e non possiamo scontentarli: questi desideri sono come un comando di Dio», gli disse Lucas.

Paco accettò il compito, ben consapevole che promuovere seminari non era parte essenziale della missione del Movimento; tuttavia era pure vero che negli ultimi dodici anni erano stati costruiti dal MFC più di quindici seminari, molti dei quali in paesi con minoranza cattolica, e i frutti spirituali erano stati enormi: vocazioni sacerdotali in città dove da decenni non entrava nessuno nel seminario diocesano, molte famiglie avvicinate alla Chiesa e un cambio di atteggiamento di tante persone verso la fede cristiana.

D'accordo con sua moglie e i figli, ormai tutti già cresciuti, Paco pensò che la cosa migliore per reperire i fondi necessari per la costruzione fosse convincere i suoi amici artisti a regalargli un dipinto, per poi organizzare una serata a scopo benefico e venderli al miglior offerente.

Non si sa se per la genialità dell'idea o per la sua capacità persuasiva, Paco riuscì a raccogliere settanta opere d'arte d'avanguardia e poi a venderle durante una cena di gala, organizzata dall'Associazione di imprenditori alla quale lui apparteneva da quasi trent'anni. Con il ricavato e alcune piccole donazioni, Paco riuscì a raccogliere i quattro milioni di dollari che servivano per il Seminario.

Lucas, nel frattempo, era riuscito ad avere il permesso della Congregazione per l'Educazione Cattolica per erigere il seminario e, dopo un paio di viaggi in Giappone, gli era stata data anche l'autorizzazione da parte della Conferenza Episcopale giapponese. Un'autorizzazione non facile perché pochi vescovi erano disposti ad avere nella propria diocesi un seminario *parallelo*. Al MFC risultava un po' strano che ci fosse opposizione persino da parte di presuli che non avevano né seminario né seminaristi in altre diocesi...

Comunque, grazie agli amici di Lucas in Vaticano, gli fu presentato mons. Toichiro Takamoto, vescovo di Murasaki. Mons. Takamoto fu molto lieto di apprendere che il Movimento Familiare Cristiano volesse avviare un seminario in Giappone e accettò volentieri che si costruisse nella sua diocesi.

– «La messe è tanta e gli operai troppo pochi: siete benvenuti a Murasaki», fu la risposta del presule.

Il vescovo aggiunge che non poteva contribuire economicamente al seminario, ma fece del suo meglio per dare una mano: presentò a Lucas un suo nipote, architetto, che accettò di fare il progetto pro bono, e un cattolico che lavorava in una ditta edilizia, che gli fece un prezzo da amico.

La costruzione del seminario, iniziata dopo la stagione delle piogge, si concluse dopo nove mesi: oltre la cappella, la sala pranzo e le aule, c'erano trenta stanze singole arredate in una maniera allegra e sobria. Nel mese di settembre, il seminario – dedicato alla Madonna con il titolo di *Stella Orientis* – aprì le porte e si riempì di ragazzi giapponesi che volevano diventare sacerdoti.

A Natale, però, accadde l'imprevisto: mons. Takamoto morì di polmonite. Pochi mesi dopo, ad aprile, la Santa Sede nominò mons. Isikawa Kenzaburo vescovo di Murasaki. Per il Movimento non fu certamente una buona notizia, poiché mons.

Kenzaburo era stato uno dei più agguerriti oppositori alla costruzione del seminario. Uno dei motivi di questa opposizione era che mons. Kenzaburo aveva fondato, quindici anni prima, un'associazione cattolica molto simile al MFC e alcune voci malevoli insinuavano che il nuovo vescovo non accettava concorrenti. Lucas non diede più di tanto importanza a questo fatto e si disse: «sicuramente non accadrà nulla».

La sua speranza si dileguò presto. Lo stesso amico che gli aveva presentato mons. Takamoto, disse a Lucas che mons. Kenzaburo si apprestava a chiudere il seminario *Stella Orientis*.

– «Devi fare qualcosa – gli disse l'amico – e devi farlo quanto prima, perché altrimenti il seminario sarà chiuso durante l'estate».

Dopo aver chiesto consiglio ai suoi più stretti collaboratori, Lucas decise di indirizzare una lettera alla Congregazione per l'Educazione Cattolica comunicando quello che stava per succedere. La Congregazione, molto preoccupata dal calo delle vocazioni sacerdotali in Asia, convocò a Roma mons. Kenzaburo e il Presidente della Conferenza Episcopale giapponese, l'arcivescovo mons. Akio Osaki, per studiare la questione.

La riunione ebbe luogo la prima settimana di luglio in un clima molto cordiale. I due vescovi giapponesi manifestarono solo delle preoccupazioni per l'orientamento dottrinale di alcuni professori del seminario *Stella Orientis* e per i criteri di selezione dei candidati. Non fu difficile per Lucas dimostrare l'ortodossia e la fedeltà alla sede di Pietro dei docenti e la validità dei requisiti di ammissione.

L'incontro finì con l'impegno di mons. Kenzaburo a lasciar attivo il seminario e di Lucas a redigere ogni cinque anni un rapporto sull'andamento del seminario da inviare a mons. Kenzaburo e alla Congregazione.

La seconda settimana di agosto, però, mentre la Congregazione era chiusa per ferie e gran parte dei vescovi fuori del Paese per partecipare alla Giornata Mondiale della Gioventù a Madrid, mons. Kenzaburo comunicò per lettera al rettore che aveva revocato l'autorizzazione del suo predecessore e che il seminario – che in quel momento era chiuso poiché i seminaristi sparsi in diverse parrocchie del paese – doveva chiudere i battenti.

– «La prego di comunicare quanto prima ai seminaristi – concludeva la lettera – che si rivolgano ad altri seminari affinché possano continuare la loro formazione sacerdotale».

Quello stesso giorno, Lucas chiamò Paco per informarlo: «Ci hanno chiuso il seminario di Murasaki» e gli raccontò tutta la storia. Il Movimento era rimasto a mani vuote, poiché – come era abitudine per loro – il palazzo e tutte le sue attrezzature erano stati acquistati e intestati a nome della diocesi.

Paco non poté non dirlo alla sua famiglia, poiché tutti si erano dati da fare per trovare i finanziamenti per il seminario. Uno dei suoi figli, Pepe, giornalista sportivo, lo disse a un suo collega e amico, durante la birra con cui abitualmente finivano la settimana di lavoro, che a sua volta lo disse a un altro, e così... arrivò a chi forse non sarebbe dovuto arrivare.

Fatto è che, una settimana dopo, Paco ricevette una nuova telefonata da Lucas, ma questa volta il tono non fu di tristezza, ma di rabbia:

– «A chi hai raccontato la storia di Murasaki? – tuonò Lucas –. Mi ha appena chiamato una giornalista del mensile *Fatti e disfatti* chiedendomi informazioni al riguardo. Dice che ha i contatti di tre benefattori del seminario che hanno protestato contro il Vaticano, ma non vuole pubblicare niente prima di avere la versione ufficiale del Movimento».

Domande

Cosa dovrebbe fare Lucas?
Come si sarebbe dovuta preparare l'istituzione in anticipo?

Indice tematico

Casi in base al tipo di istituzione interessata:

Casi in base al tipo di problema:

Termini chiave:

www.ingramcontent.com/pod-product-compliance
Lightning Source LLC
LaVergne TN
LVHW050529160826
845677LV00011B/1980

* 9 7 8 8 8 5 4 8 7 8 6 0 0 *